2013年度教育部人文社会科学研究青年基金项目
（批准号：13YJC751037）研究成果

文史哲研究丛刊

刘知幾及其《史通》 文学观研究

吕海龙　著

上海古籍出版社

图书在版编目(CIP)数据

刘知幾及其《史通》文学观研究 / 吕海龙著. —上
海：上海古籍出版社，2017.11
（文史哲研究丛刊）
ISBN 978-7-5325-8619-6

Ⅰ.①刘…　Ⅱ.①吕…　Ⅲ.①史学理论－中国－唐代
②《史通》－文学理论－研究　Ⅳ.①K092.42②I206.2

中国版本图书馆 CIP 数据核字(2017)第 239067 号

文史哲研究丛刊

刘知幾及其《史通》文学观研究

吕海龙　著

上海古籍出版社出版发行

（上海瑞金二路 272 号　邮政编码 200020）

　　(1) 网址：www.guji.com.cn

　　(2) E-mail：gujil@guji.com.cn

　　(3) 易文网网址：www.ewen.co

惠敦印务有限公司印刷

开本 890×1240　1/32　印张 7.875　插页 2　字数 194,000
2017 年 11 月第 1 版　2017 年 11 月第 1 次印刷
印数 1—1,300
ISBN 978-7-5325-8619-6
I·3218　定价：35.00 元
如有质量问题,请与承印公司联系

序

吕海龙准备出版《刘知幾及其〈史通〉文学观研究》，多次向我求序。最近，他送来了书稿的打印件。我翻阅这书稿，其中有些题目和篇章比较眼熟，是当年我曾经看过，提过意见，甚至动手批改过的。面对这些熟悉而又新鲜的文字，思忖着该如何作序，不禁油然想起许多往事……

海龙是我在上海大学带的第二届博士生，2008年进校，当时我正在做"中国文学叙事传统研究"的课题，他的师兄师姐也都参加了。等到海龙学完必修课程，积够学分，准备开题时，我们的课题已进入中后期，没有适合他做的小题目了。他和我商量，我也为他博士论文的题目踌躇。

博士论文选题，一般是两种情况。一种是学生心中早就有了打算，甚至已有了相当充分的准备，老师觉得那题目可行，于是师生两便，论文题目顺利地确定下来。另一种是学生起初并无想法，主要想听老师的，也就是要老师来出题目。这后一种情况，比前一种为难，但却也经常会遇到。我遇到这种情况，往往便会仔细询问学生读书的情况，特别是他硕士阶段的学习情况，常常通过对他硕士论文的了解，发现和指出那论文还有可以深入开掘之处，引导他就在已经初步开垦过的地方继续做下去。我尽可能不让他另起炉灶，做一个陌生的题目。这样做，效果往往也不错。当然还有一种情况,就是老师正在做某个课题,题目比较大,同学又颇感兴趣,于是就因势利导地将学生组织进来,把项目的部分内容与他们的论文相结合,一面让他们分担一些任务,一面也就完成了相对独立的论文,这可以说是一举两得,皆大欢喜。

可是,吕海龙的情况与这三种都不大相同。他并未带着想做的或可继续做的题目来攻博,也无法加入我们的课题组。怎么办呢?幸好他对我充满信任,表示愿意听我的,给他一个题目就行。

做《史通》研究这个题目,是我提出来跟他商量的。当时,我自己正在写刘知幾《史通》叙事观的文章,把《史通》来回读了几遍,越读越觉得《史通》博大精深,即使仅就叙事观和文史关系而言,也不是我一两篇文章所能阐说得完的,我的研究只是触碰了刘知幾和《史通》的一小角而已。作为唐代一位文史大家,刘知幾这个人值得全面研究;作为穿越一千三百年时光传到今天的一部基本完整的大著作,《史通》更需要深入研究。虽然历代学者在这块科研的沃土上已有所开垦,但我觉得继续开拓的空间还很大,海龙如果在此安营扎寨深耕细作,必会有所收获,也许够他忙活半辈子甚至一辈子的。我把这个意思告诉他,同时也把我设想的研究步骤,把他在所剩两年左右的博士生时间大概能够做到何种程度,尤其是研究的种种困难告诉他,让他好好想一想再做决定。

海龙竟然很快就义无反顾地投入了。从读浦起龙的《史通通释》开始,从梳理《史通》所涉及的大量人名、书名入手,反复理解,多方核查,细心辨析,努力吃透,做出了两个很有用的《索引》。同时广搜相关研究资料,从前人对《史通》的训释,到今人撰写的刘知幾年谱和研究论文;从文学史、批评史界对《史通》某些篇章的阐说品评,到史学史界对《史通》和刘知幾历史地位的论述,都尽可能地搜集阅读。海龙知道自己的文史基础并不雄厚,也相信笨鸟先飞、勤能补拙之类道理。在这个过程中,他确实没少下笨工夫,笨工夫也没有亏待他。在边读边做边想之中,他积累了知识,也发现了不少问题,试写了一些读书报告式的短文。他又有一大特点,就是勇于将这些不成熟的短文拿给我看,不惮我有时相当严厉的批评乃至痛责。在我来说,读他的这些文章并对之提意见或动手修改,既是我分内的工作,也是对我读书研究的一种促进。我乐意于这种不仅是付出的付出,这也许就是所谓的教学相长吧。每当这时,我总会想起我的研究生导师吴世昌先生说过的话:"我是导师,我指导你们做李商隐、苏东坡、周邦彦的论文,但你们才是研究他们的专家,你们在自己的范围内,要钻研得比我专,比我深!"我与海龙,不光是我指导他,在《史通》研究方面,他也在鞭策着我呢。我真希望我带的研究生与我都是这样一种关系——既是师生,也是学术上的朋友,是互帮互促的同行。

　　海龙以《〈史通〉与刘知幾文史观研究》的论文毕业并获得了博士学位。眼前这本书稿是他割取毕业论文中论刘知幾文学观的部分,吸纳答辩老师们的意见增补修润,又围绕主题新写了好几章而成。其中有一些在刊物发表过,还含有编辑先生的劳动。当海龙投入谭帆教授门下做博士后继续研究刘知幾《史通》时,我曾叮嘱他多向谭先生请教,相信谭先生的真知灼见也会点点滴滴地反映在现在的书稿中。书稿大约有 20 万字左右,我已没有精力细读。我希望海龙将此书交给出版社之前,自己再从头至尾细读数遍,参考各方面意见,尽可能改正讹错,提高质量。然后再请负责任的编辑把关和付梓。这是海龙的第一本学术著作,应该有个良好的开端。

　　据我所知,海龙确实有继续深入研究刘知幾及其《史通》的意向,他为此申请了好几个省部级和国家级的课题项目。从他这次把书名定为"文学观研究"亦可窥见——刘知幾及其《史通》的研究题目还多着呢,文学观只是一个方面。除了从文史两科出发的题目，还有属于文献学方面的，比如《史通》所涉人物的考订，所涉书籍的查考叙录，乃至《史通》文本的重新校对勘定、笺注汇评等等。不知海龙是否愿意、是否可能长期义无反顾地去做这些事情？我不能也无意勉强海龙，但我希望他做，也相信他若坚持发扬勤能补拙、笨鸟先飞的精神，就一定能在已有的基础上做出新成绩来。我期待着。

　　是为序。

董乃斌

2017 年 9 月 20 日于上海寓所

目　录

绪　　论

第一节　刘知幾在初唐文坛的影响与
《史通》现存篇目及版本

　　刘知幾(661～721),字子玄。《旧唐书》卷一百二、《新唐书》卷一百三十二皆有传。《旧唐书》以"刘子玄"标目,其传内则于景云(唐睿宗年号)以前,称"知幾",其后称"子玄"。其云:"景云中……时玄宗在东宫,知幾以名音类上名,乃改子玄。"[1]《新唐书》"刘子玄本传"则以"子玄"之称贯全篇。其认为:"刘子玄名知幾,以玄宗讳嫌,故以字行。"[2]两书表述文字虽不尽同,但意思基本一致。即刘知幾,本名知幾,字子玄。后因避唐玄宗李隆基讳,故以字"子玄"行世。至清,为避清圣祖仁皇帝爱新觉罗·玄烨讳,提到刘知幾其字的时候,则改称"子元"。另据宋王溥《唐会要》卷六十四"史馆杂录"引张说语,刘知幾又被时人呼为"刘五"[3]。考唐林宝《元和姓纂》卷五可知,刘知幾有同父兄长二人,依次为知柔、知章。

---

　　① 刘昫《旧唐书·刘子玄传》,中华书局,1975年,第3171页。

　　② 欧阳修《新唐书·刘子玄传》,中华书局,1975年,第4519页。

　　③ 王溥《唐会要》,上海古籍出版社,2006年,第1306页。《唐会要》卷六十四云:"刘五修实录(刘五即子元也),论魏齐公事,殊不相饶假。"括号内为王溥自注。宋欧阳修《新唐书》卷一百三十二"列传第五十七"引张说:"刘生书魏齐公事,不少假借,奈何?"将"刘五"改为"刘生"。

《旧唐书》"刘子玄本传"载:"知幾兄弟六人。""刘五"之称应因其于同宗兄弟中排行而来。

刘知幾为唐河南道徐州彭城丛亭里(今属江苏徐州铜山区)人。"彭城丛亭里"后又改为"高阳乡居巢里"。关于刘知幾籍贯的更名问题,有必要作进一步说明。因为名称的这一变更,直接彰显了刘知幾对当时文坛的影响之大。据《旧唐书》"刘子玄本传"言:刘知幾所撰《刘氏家史》、《谱考》自云其出自彭城丛亭里诸刘,为"宣帝子楚孝王曾孙司徒居巢侯刘恺之后"。故"知幾每云若得受封,必以居巢为名,以绍司徒旧邑。后以修《则天实录》功,果封居巢县子。又乡人以知幾兄弟六人进士及第,文学知名,改其乡里为高阳乡居巢里"[1]。"高阳乡"这里指的是彭城。据先秦两汉典籍记载,彭城得名于彭祖受尧封地于此。而彭祖为颛顼玄孙。颛顼号高阳氏。故彭城被称为高阳乡。而"丛亭里"改成"居巢里",则主要是因为刘知幾自云为"居巢侯刘恺之后",且自己又被封为"居巢县子"的原因。刘知幾这一代,人文蔚起,在当时以"文学知名"。名声所震,以至于其乡里之地名都因为刘知幾的原因作了更改。

刘知幾生前即在初唐文坛影响甚大,声名远播。刘知幾"幼奉庭训,早游文学"[2],"少与兄知柔俱以词学知名"[3]。"弱冠举进士,授获嘉主簿",后"著《思慎赋》以刺时,且以见意。凤阁侍郎苏味道、李峤见而叹曰:'陆机《豪士》所不及也'"[4]。久视元年(700),"武后撰《三教珠英》,取文辞士,皆天下选"[5]。四十岁的刘知幾参

---

① 刘昫《旧唐书·刘子玄传》,中华书局,1975年,第3171页。

② 刘知幾《史通·自叙》,见浦起龙《史通通释》,上海古籍出版社,2009年,第267页。

③ 刘昫《旧唐书·刘子玄传》,中华书局,1975年,第3168页。

④ 刘昫《旧唐书·刘子玄传》,中华书局,1975年,第3168页。

⑤ 欧阳修《新唐书·徐彦伯传》,中华书局,1975年,第4202页。

于修撰并与张说、李峤、徐彦伯、徐坚等"文词之士，日夕谈论，赋诗聚会"①。长安四年（704），刘知幾擢凤阁舍人。徐彦伯《赠刘舍人古意》赞其为"女床闷灵鸟，文章世所希"②。开元四年（716），被唐玄宗指定为其生母作《昭成皇太后哀册文》。其文为纪念惨死于武则天时代的睿宗之德妃即玄宗生母而作。玄宗即位后，追尊生母为昭成皇太后，知道刘知幾长于作文，遂命其执笔。刘知幾序中交代了写作此文的原因："（玄宗）嗟镜奁之不御，痛珠匣之沈光"，"顾西陵以永怀，托东观而书美"③。全文辞藻华美、精于用典、对仗工稳，又充满了感情。

刘知幾死后追赠工部尚书，谥曰"文"。梁肃誉其曰："文公允文，辟儒门分。"又赞云："儒为天下表。"④"文"乃唐时文职"职事官三品以上，散官二品以上身亡者"⑤获朝廷所赠的极美之谥，列《唐会要》"谥法"条第一字。考《唐会要》"谥法"可知，上官仪、韩愈、令狐楚、李翱皆谥曰"文"。白居易去世三年后，其弟白敏中担任中书侍郎、平章事时，上疏为白居易争取了一个"文"的谥号。可见，刘知幾在文学方面的成就，在其身后不久已为朝廷所认可。就某些方面来说，对当时文坛之影响，可比肩上官仪、韩愈等人。

长期以来，在研究者的眼中，刘知幾都是作为史学家的面目出现的，盛名之下，遮蔽了其作为文学家及文论家的巨大成就。实际上，刘知幾在文学、文论方面的巨大贡献，也是不容忽视的。《旧唐书》曰："刘（指刘知幾）、徐等五公，学际天人，才兼文史，俾西垣、东观，一代粲然。"其学"博通"，其文"典丽"，其作"文学之书，胡宁比哉！"⑥

----

① 刘昫《旧唐书·徐坚传》，中华书局，1975年，第3175页。
② 彭定求《全唐诗》卷七十六，中华书局，1960年，第821页。
③ 董诰《全唐文》卷二百七十四，中华书局，1983年，第2792页。
④ 董诰《全唐文》卷五百二十，中华书局，1983年，第5290页。
⑤ 王溥《唐会要》卷七十九，上海古籍出版社，2006年，第1720页。
⑥ 刘昫《旧唐书》卷一百零二，中华书局，1975年，第3185—3186页。

　　刘知幾一生著述甚夥,惜多已散佚,所幸最重要的著作《史通》及其诗赋数首,今天还可看到。

　　《史通》撰成于唐中宗景龙四年(710)。书成之后迄北宋,人们对《史通》究竟是文集还是史著亦或是史评之作没有统一的认识。五代后晋史家刘昫等撰写《旧唐书·经籍志》"录开元盛时四部诸书,以表艺文之盛"①,但却没有收录《史通》一书。北宋《崇文总目》把《史通》置于"杂史"类。欧阳修、宋祁等人,因对《旧唐书》有所不满,重新修撰唐史时,于《新唐书·艺文志》"乙部史录"中没有收录《史通》,把《史通》与李翰的《翰林论》、刘勰的《文心雕龙》、颜竣的《诗例录》、钟嵘的《诗评》等文论著作附列于"丁部集录"的"总集类"。而南宋郑樵《通志·艺文略》则认为《史通》是"正史"中的"通史"之作。南宋目录学家晁公武《郡斋读书志》,在图书分类中把《史通》列入"史评类"。《史通》在日录学著作中的位置,这才固定下来。

　　《史通》问世后的很长一段时间里,人们对《史通》一书的研究价值和学术定位并没有一个统一的认识,结果竟然使得《史通》其书传播不广。同时也伴生了一些问题。余波所及,以迄于今②。这从一个方面说明,虽然前人的相关研究已经有了很大的进展,但对于刘知幾《史通》诸多相关看似最基本的问题,还是有必要在这里作下系统的梳理。下面从书名、篇目的存佚、内容的修补、文本的译介以及当下通行本等五个方面对《史通》版本在后世的流传情

---

　　① 刘昫《旧唐书》卷四十六,中华书局,1975年,第1963页。

　　② 如明代大兴《史通》研究之风时,万历五年刊刻的《史通》序言中,张之象有"《史通》其书)历岁滋久,浸就散逸,宋儒朱晦翁犹以未获见《史通》为恨"之语。正如今人扬州大学王嘉川教授所指出:"这句话只能看作张之象为其校刻《史通》而作出的宣传性'广告用语'。"(王嘉川《清前〈史通〉学研究》,社会科学文献出版社,2013年,第99页)然此说直到今天依然有一定影响,如刘占召《史通评注》"前言",未作考辨,便直接引用了张之象此语。其云:"很少有人刊刻,连朱熹也'犹以未见《史通》为恨'。"(刘占召《史通评注》,中央编译出版社,2010年,第4页)

况作详细的介绍。

首先是书名问题。刘知幾在《史通·原序》中说明了书名的由来,他暗指此书系承司马迁、班固而作,其云:"昔汉世诸儒,集论经传,定之于白虎阁,因名曰《白虎通》。予既在史馆而成此书,故便以《史通》为目。且汉求司马迁后,封为史通子,是知史之称通,其来自久。博采众议,爰定兹名。"

刘知幾对史学有着非凡的自信和强烈的责任感。《史通·自叙》云:"昔仲尼以睿圣明哲,天纵多能,睹史籍之繁文,惧览之者之不一,删《诗》为三百篇,约史记以修《春秋》,赞《易》道以黜入索,述《职方》以除九丘,讨论坟、典,断自唐、虞,以迄于周。其文不刊,为后王法。自兹厥后,史籍逾多,苟非命世大才,孰能刊正其失? 嗟予小子,敢当此任!""但以无夫子之名,而辄行夫子之事,将恐致惊末俗,取咎时人,徒有其劳,而莫之见赏。所以每握管叹息,迟回者久之。非欲之而不能,实能之而不敢也。"刘知幾本意上承孔子,删定诸史,成万古不刊之论。然而由于诸多顾虑,不能直接删削古今史书,退而编著《史通》,把精力放在对史著的间接评论上。"任当其职,而吾道不行;见用于时,而美志不遂。郁怏孤愤,无以寄怀。必寝而不言,嘿而无述,又恐殁世之后,谁知予者。故退而私撰《史通》,以见其志。"

《史通》一书的命名,潜含了刘知幾为天下史家立法则的雄心。这从其仿《白虎通》命名其书为《史通》可以看出。《白虎通》是《白虎通义》的简称,"'通义'二字表示它不是代表某　家的看法,而是统一的、可以通行天下的结论"①。司马迁后人被封为"史通子"一事,见《汉书·司马迁传》:"王莽时,求封迁后,为史通子。"②这里的"史通",是封号。刘知幾借此说明,有关"史"的问题,可以有

---

① 陈立《白虎通疏证》,中华书局,1994 年,第 2 页。
② 班固《汉书》,中华书局,2007 年,第 662 页。

"通"之称。同时,也借以表明,司马迁是其崇仰的榜样,通过其书之取名来表达对司马迁致敬之意。刘知幾还点明了其书名由来的另一原因:"博采众议,爰定兹名。"这可说明其书之名称在当时即得到了大家的赞同。书的名字,有时寄寓了编著者的美好心愿或者远大志向,但后人不一定对之完全认可。如《淮南子》,最初被刘安名之为《鸿烈》,其书卷二十一《要略》之"此《鸿烈》之《泰族》也"句下自注云:"鸿,大也。烈,功也。凡二十篇,总谓之《鸿烈》。"①又高诱《叙目》云:"鸿,大也;烈,明也。以为大明道之言也。故夫学者不论《淮南》,则不知大道之深也。"②在刘安看来,其书包含光明宏大之理,为学者悟道之必读。然自《汉书·艺文志》始,即将该书纳入诸子类"杂家"之列。至《隋书·经籍志》始,则被径称作《淮南子》,而为后世通用之书名,似有降格之嫌。与其不同,《史通》之名,在后世一千多年的流传中,基本上没有发生什么变化,惟《旧唐书·刘子玄传》中有一次称《史通》谓"《史通子》"③。这说明后世对刘知幾《史通》一书命名良苦用心的理解与认可。

其次,在后世传播中,《史通》产生了篇目存佚的问题。弄清楚这一问题,对刘知幾及其《史通》研究来说,也是非常重要的。我们逐一来看典籍中的有关记载。《史通·自叙》中自言"廿卷"。《旧唐书·刘子玄传》曰:"知幾著《史通子》二十卷,备论史策之体。"④《史通》及《旧唐书》都只言卷数为二十卷,未涉及篇目的具体数字。

《新唐书·艺文志·集部·文史类》收录"刘子玄《史通》二十卷"。另《新唐书·刘子玄传》论及《史通》修撰的缘由和具体的篇数:"始,子玄修《武后实录》,有所改正,而武三思等不听。自以为见用于时而志不遂,乃著《史通》内外四十九篇,讥评今古。"这是最

---

① 刘文典《淮南鸿烈集解》,中华书局,2013年,第858页。
② 刘文典《淮南鸿烈集解》,中华书局,2013年,第2页。
③ 刘昫《旧唐书》,中华书局,1975年,第3171页。
④ 刘昫《旧唐书》,中华书局,1975年,第3171页。

早涉及《史通》篇数的记载。《新唐书》言《史通》其书总为四十九篇，但没有说明篇目是否已有散佚。

南宋王应麟《玉海》卷四十九认为，《史通》全书为二十卷五十二篇，其中三篇散佚。其云："《史通》二十卷，评议作史体例，商榷前人驳难，其秩分内外篇。内篇十卷，三十六篇，又有《体统》、《纰缪》、《弛张》三篇缺，外篇十卷，凡十三篇。"今存《史通》内外篇顺序、卷篇数目及散佚篇目与《玉海》所言相符。

今存《史通》分为内篇、外篇两部分。内篇在前，主要论及史家体例，凡三十九篇，存《六家》、《二体》、《载言》、《本纪》、《世家》、《列传》、《表历》、《书志》、《论赞》、《序例》、《题目》、《断限》、《编次》、《称谓》、《采撰》、《载文》、《补注》、《因习》、《邑里》、《言语》、《浮词》、《叙事》、《品藻》、《直书》、《曲笔》、《鉴识》、《探赜》、《模拟》、《书事》、《人物》、《核才》、《序传》、《烦省》、《杂述》、《辨职》、《自叙》等三十六篇，佚《体统》、《纰缪》、《弛张》三篇。外篇则多述史籍源流与古人得失，有《史官建置》、《古今正史》、《疑古》、《惑经》、《申左》、《点烦》、《杂说上》、《杂说中》、《杂说下》、《〈五行志〉错误》、《〈五行志〉杂驳》、《暗惑》、《忤时》凡十三篇。其中《点烦》篇，刘知幾原用红黄之笔点出他认为的繁辞琐句，以示可删。后因传世版本未能保存其所点印记，故而刘知幾当年所示可删点的具体内容今已不可知。

《史通》内篇之《体统》、《纰缪》、《弛张》三篇，欧阳修撰《新唐书》时已不得见。清人汪之昌《青学斋集》卷三十二曾补亡，所补虽对了解《史通》小有参考价值，但因汪氏与刘知幾所距年月甚远，且补文于史无根，恐未必符合刘知幾本意，故而仅此处点到为止，下文亦不作分析。

当然，也有人认为所谓亡佚的三篇本来就不存在，如金毓黻于其《中国史学史》第八章曾言："《新唐书》本传已云《史通》内、外四十九篇，且考《内篇》之序，所亡三篇，皆在《自序》之后，颇为不伦。或本无此三篇，抑编者之错置欤？"

　　再次，《史通》还涉及对篇目具体内容的修补问题。《史通》外篇的《点烦》一篇，刘知幾将其认为多余的内容用朱红雌黄之笔点出以示可删，但是，由于原本不存，今存的本子也没能保存点烦的痕迹。故而只能从后人代点之作来推断刘知幾的意思。《史通·点烦》的相关修补工作很早就引起了海外学者的注意。早在江户时代，日本的相关研究成果即有猪饲敬的《补修〈史通·点烦〉》等①。中国近代学者吕思勉有《史通点烦篇补》一文，最早刊于1929年的《光华期刊》，后于1934年收入其《史通评》一书。吕思勉在文章中说因刘知幾"点处已不可见。辄以鄙意补之。岂敢谓有当于前贤，亦聊以药今人文字枝蔓之病耳"②。洪业亦于1935年《史学年报》第二卷第二期《史通点烦篇臆补》一文中代为点烦。洪业"近见某先生（按：即指吕思勉）亦理此篇（商务印书馆《国学小丛书》，《史通评》，页一一一至一二五），所为多与鄙意未合，因复校录旧作"③。刘知幾红黄之笔所点内容今虽不可具知，但其篇中细书侧注尚存，吕、洪二人所点皆据刘知幾侧注，所以代点内容其论有据。又因为吕文先出，洪文认为吕文"所为多与鄙意未合"，而为争鸣商榷之作。两人所点烦的不同之处暂且不论，相同之处或应该与刘知幾本意有相合的地方，对于研究《史通·点烦》篇还是颇有参考价值的，故而对吕、洪所代点内容的一致之处，可作为研究对象以探刘知幾本意。

　　此外，要论及的是《史通》的译介问题。最早的外文译本为平凡社1966年出版的增井经夫《史通》日文版本。西胁常记翻译与注释的《〈史通〉内篇》与《〈史通〉外篇》两书，分别于1989年2月、2002年2月，由东海大学出版会出版。又洪业一直感兴趣于《史

　　① 海外学者的研究可参考朱政惠的《海外学者对中国史学的研究及其思考》（见《史林》，2006年第4期）。
　　② 吕思勉《史通评》卷十五，上海古籍出版社，2008年，第312页。
　　③ 洪业《洪业论学集》，中华书局，1981年，第140页。

通》研究。他认为《史通》是世界上第一部系统讨论史学体例的著作。强调要让西方人知道中国史学的造诣之深、发展之早。他的研究成果除了前面提到的《史通点烦篇臆补》外，还立志撰写《史通》英文版本。据余英时《顾颉刚、洪业与中国现代史学》言："洪先生（指洪业）晚年最精心的著作则是刘知幾《史通》的英文译注。"全书因为种种原因，尚未面世。个别篇章已经出版，如发表于1969年《亚洲学报》卷二十九的"A T'ang Historiogragher's Letter of Resignation"，"事实上即是《史通》'忤时'篇的译注"①。

最后，我们要谈的是《史通》当下通行本的问题。《史通》在写作过程中，就已经流传于外。批评者多，而赞赏者少。《史通·自叙》云："余撰《史通》，亦屡移寒暑。悠悠尘俗，共以为愚。其似二也。扬雄撰《法言》，时人竞尤其妄，故作《解嘲》以训之。余著《史通》，见者亦互言其短，故作《释蒙》以拒之。"又云："雄之《玄经》始成，虽为当时所贱，而桓谭以为数百年外，其书必传。其后张衡、陆绩果以为绝伦参圣。夫以《史通》方诸《太玄》，今之君山，即徐、朱等数君是也。"

刘知幾卒于玄宗开元九年。考《旧唐书》"刘子玄本传"可知，在其死后，玄宗下令河南府有学识者抄写《史通》以进献。刘知幾的《史通》，后由其次子刘餗抄录后献给朝廷。王应麟《玉海》卷四十九"艺文·唐·史通"条中以小字自注曰："景龙二年作，开元十年十一月餗录上。"②唐代《史通》一书大概都是以抄本的形式流传的。

据现有文献记载，最早的刻本出现于五代十国之南唐。明丰坊《真赏斋赋》（藕香零拾本）："暨乎刘氏《史通》、《玉台新咏》（原注上有建业文房之印），则南唐之初梓也。"③当时刻本早已不存。

---

① 陈毓贤《洪业传》，商务印书馆，2013年，第314页。
② 王应麟《玉海》，上海古籍出版社，1992年，第2册，第337页。
③ 转引自：张秀民《中国印刷术的发明及其影响》，上海人民出版社，2009年，第45页。

　　目前可见《史通》祖本，其源有二：一为旧蜀本，一为宋刻本。"旧蜀本"为"蜀刊本，疑梓行于明初，嘉靖时为陆深获见，因区别于陆深校刻本，故又称旧蜀本"。"宋刻本"为"万历五年，张之象获睹无锡秦柱家藏宋版《史通》，字整句畅，大胜蜀刻"①。现将当下几种通行版本及其之间的关系，简述如下：

　　（一）旧蜀本→陆深校刻本→张鼎思本→郭延年本。明西江郭延年（名孔延）在其《史通评释》序中言："张睿父（按：即张鼎思，张鼎思字睿甫，"甫"通"父"）先生再刻陆太史校定刘子玄《史通》于豫章竣。""延（注：郭延年）循环校阅"，"间以己意为之评论，虽未必合作者之意，只承严命，终陆、张二先生功耳。"②

　　（二）宋刻本→张之象本→王惟俭本→黄叔琳本、浦起龙本。明河南王惟俭的刻本较郭延年本后出，对郭本所用刻本及其所作评释都不甚满意。王惟俭选用了张之象的本子，自己又对《史通》做了训诂。他在《史通训故》序文中说："中牟张林宗年兄以江右郭氏《史通评释》相示，读之，与余意多不合。""嗣从信阳王思延得华亭张玄超（按：名之象）本，其《文心》不能加他本，《史通》本大善。有数处极快人者，故此书之校视《文心》为愈。"③

　　清北平黄叔琳用的是王惟俭整理之后的本子。黄叔琳在其《史通训故补》序文说明了这一点："综练渊博，其中琐词僻事，非注不显。注家王损仲（按：王惟俭字损仲）本为善，林居多暇，窃为删繁补遗，重梓行世。"④

　　清代浦起龙的本子，比黄本稍后出，用的是所谓"春风亭"本，

<hr />

　　① 张新民《史通版本源流考》，见《中国历史文献研究》，1990 年第 3 期。
　　② 郭延年《史通评释》，上海古籍出版社，2006 年，第 1 页。该本的具体编纂情况另可参王嘉川《郭孔延〈史通评释〉编纂考》一文，见《扬州大学学报》，2017 年第 1 期。
　　③ 王惟俭《史通训故》，上海古籍出版社，2006 年，第 248 页。
　　④ 黄叔琳《史通训故补》，上海古籍出版社，2006 年，第 430 页。

该本“是出大梁王仲损”①。浦起龙用的也是王惟俭整理后的本子。

浦起龙之后，清代又有纪昀削繁本、何堂批校本、冯已苍批校本、钱遵王批校本、何义门批校本、卢文弨校本、孙潜夫批校本等。这些本子都是在已有旧蜀本、宋刻本两个系统的诸版本的基础上评点、校注而成，流传不广，故不详述②。

所有版本之中，以浦起龙的本子影响最广。《四库全书总目》“史部”十五“史评类”关于《史通》的注本只列了《史通通释》，他如《史通会要》、《史通评释》、《史通训诂》、《史通训诂补》者，仅存目而已。《四库全书》以后影响最大的目录专书当为张之洞的《书目答问》，其“史评”第十四推荐的就是浦起龙的《史通通释》。当代《史通》的相关研究绝大多数都是以浦起龙的通释本为底本展开的。本书所论述的内容，也是以浦起龙的版本为依据的。

第二节　《史通》研究现状

海外研究工作多是对《史通》个别篇目内容进行修补或者进行文本译介等，相较而言，国内多针对《史通》的学术价值进行研究，成果甚多，且更为深入。故而本书立论主要立足国内研究，同时借鉴海外研究成果。国内《史通》研究按其研究角度可以分成四大

① 浦起龙《史通通释》，上海古籍出版社，1978 年，第 3 页。

② 张新民发表于《中国历史文献研究》1990 年第 3 期的《史通版本源流考》一文，对《史通》版本及评释本进行了详细梳理，具有一定的参考价值。文章中以朝代为序，将诸版本分为唐本、宋本、明本、清本、民国本、解放后本六类，历举自唐迄清评、释、校、补之作。考辨诸本，求证举类，力图尽致，既包括可见之南宋后的校刻本，又包括猜度推证出的唐、北宋两代的传抄本。不过，亦有遗珠之憾，如未提及南唐时期出现的现知最早的《史通》刻本。另外，傅振伦的《〈史通〉版本源流考》（《图书馆》，1962 年第 2 期）等，亦可参考。香港杨文信的《〈史通〉善本综述：以明清两代刊本、钞本为中心》（《明清史集刊》，2001 年第 5 卷）一文，专门谈及明清两代的《史通》善本，也是非常值得注意的。

类：第一，从经学角度进行的研究；第二，从史学角度进行的研究；第三，从文献角度进行的研究；第四，从文学角度进行的研究。这四类研究，既有时间上的先后承续关系，又呈现出你中有我，我中有你的交错浑融状态。详论如下。

一、从经学角度进行的研究

《史通》撰成于唐中宗景龙四年(710)。在该书的撰写过程中，该书部分篇目已经开始流传，但是，赞赏者不多，质疑者不少，刘知幾还专门写了一篇《释蒙》来为自己辩解。《释蒙》其文已佚，所以不知道当时人对《史通》作何批评，亦不知刘知幾是如何应对的。据《旧唐书·刘子玄传》记载，刘知幾去世后，唐明皇令人抄写其《史通》进呈，读后大为赞赏；"太子右庶子徐坚深重其书：'居史职者，宜置此书于座右。'"①然该书问世伊始虽已得到当时最高统治者唐玄宗和同时代史家徐坚的认可及褒扬，但在复古崇经之风盛行的中晚唐很少有人提及其书，好像并未大行于世、广泛流传，至少没有明确的文献记载说明其大受欢迎。究其主要原因概为《史通》的《疑古》与《惑经》两篇对儒家经典和圣贤人物进行了尖锐的批判。

《史通·疑古》篇质疑《尚书》所载不实，尧、舜、禹、汤、周太伯、周文王事迹不尽为实录，刘知幾认为尧治理天下时善恶不分、贤愚混杂；舜遭放逐而死；"汤之饰让，伪迹甚多"②；太伯让天下是为了避免招来杀身之祸的无奈之举；文王为西伯时心怀不臣之心欺凌天子。刘知幾怀疑周公旦"行不臣之礼，挟震主之威"③，同时认

---

① 刘昫《旧唐书》，中华书局，1975年，第3171页。

② 浦起龙《史通通释》，上海古籍出版社，1978年，第387页。

③ 浦起龙《史通通释》，上海古籍出版社，1978年，第392页。

为:"自古言辛、癸之罪,将非厚诬乎?"①

《史通》之《惑经》篇批评《春秋》所载有"十二未谕",即有十二点不合情理让人不明白的地方。后世对孔子有"五虚美",即后世对孔子的赞美有五个方面言过其实。人们对《春秋》的褒扬可能只是人云亦云的随声附和。而对孔子,也不过是"欲神其事,故谈过其实"②。

《史通》一书对《尚书》、《春秋》所载圣君贤臣的事迹大胆质疑,对孔子修史的某些做法也大加批判。这让后世,特别是唐宋时期的一些文史学者极为不满。

唐昭宗光化三年(900),学者柳璨撰《史通析微》(又名《柳氏释史》)一书,该书是最早专门评论《史通》的著作,今已不存。但据两《唐书》《柳璨传》可知柳璨在书中批评《史通》对先贤经史多有指摘,评价失当。北宋孙何著有《驳史通》"若干篇",今已不存。其《驳史通序》尚在,批评曰:"恃其诡辩,任其偏见,往往凌侮六经,诟病前圣。""逆经悖道,拔本塞源,取诸子一时之言,破百代不刊之典,多见其不知量也。"③其后,张唐英《刘知幾论》其一批评刘知幾"徒好辩而不知《春秋》之旨。其他事以类推之,圣人之志皆显然明白,故不复辩,学者当自求之,无惑刘子之异说可也"④。张唐英一方面说"不复辩",但还是忍不住,《刘知幾论》其二云:"刘子(按:指刘知幾)之罪,过于杨、墨远矣。苟不辟而归坦途,愚恐学者径驰于淫说矣!"⑤这些指责,虽然只是针对《史通》的部分篇章的某些问题,但措辞严厉,对《史通》的整体评价,对唐宋时人对《史通》的接受或有一定影响。

---

① 浦起龙《史通通释》,上海古籍出版社,1978年,第388页。
② 浦起龙《史通通释》,上海古籍出版社,1978年,第414页。
③ 曾枣庄《全宋文》,巴蜀书社,1993年,第5册,第178页。
④ 曾枣庄《全宋文》,巴蜀书社,1993年,第35册,第606页。
⑤ 曾枣庄《全宋文》,巴蜀书社,1993年,第35册,第608页。

　　总的看来,唐宋时期的学者多从经学的角度对《史通》进行批评指摘。《史通》一书从宋至明,少人问津,论者不多。"昔人以其诋诃前贤,语伤刻核,而《疑古》、《惑经》诸篇,尤为世所诟病,故其书始成,传习者少,而讹脱者亦甚。"①

二、从史学角度进行研究

　　较之前代,明清时期是《史通》整理、研究最为兴盛的时期。明代的代表性研究成果有:陆深《史通会要》三卷,李维祯、郭延年《史通评释》,王惟俭《史通训故》20卷。清代代表性的研究成果有:黄叔琳《史通训故补》20卷,浦起龙《史通通释》20卷,纪昀《史通削繁》4卷。

　　陆深《史通会要》分上中下三卷。既有《史通》书中精粹,又有后人论史,同时间有自己的观点,既作选编又有评论。内容的逻辑性、系统性不是很强,其大致顺序为先举《史通》中的外篇《史官建置》、《古今正史》两篇,次举内篇部分的诸篇目,最后集中笔墨进行评论。李维祯、郭延年最早对《史通》进行训释。王惟俭对郭的训释和所用刻本都不甚满意,又重新进行校释梳理。黄叔琳又对王惟俭的训释有所补充。

　　浦起龙是古代对《史通》研究最深、成就最高的一个学者,其《史通通释》较为晚出,且吸取了先前的校释成果。浦起龙在《史通通释》序文中以与蔡敦复问答的形式,对郭延年、王惟俭、黄叔琳对《史通》所做的工作都作了一番评价。对郭本批评《史通》的相关评论部分表示了认可。同时,对蔡敦复认为王损仲本"粪除诸评,世称佳本"的看法,作了进一步说明,指出其本不足之处在于"蔽善匿""未见其能别彻也"。再有,浦起龙谈到其与黄本进行互正,"有

---

　　① 张舜徽《史学三书平议·史通平议序》,中华书局,1983年。

以北平新本至者,互正又如干条"①。浦起龙对《史通》字间作释,
疏通句子,同时划分章节,逐节做按,串讲大义。对《史通》注解非
常详细,为后世读者解读文本提供了很大的方便,《史通》"其书自
浦二田通释出,乃大体可读"②。

　　《四库全书总目》对浦起龙的《史通通释》最为重视,把其书置
录于《史通》之后③,而郭、王、黄三家皆仅存其名,归于存目书之
中④。《史通通释》目前之通行本是据求放心斋初刊本的三个印本
中的最后一个印本刊印,由王煦华校点。该本有详细校勘,并改正
许多引书上的错误,如《杂述》篇,浦起龙注干宝《搜神记》为十卷,
王则据《隋书·经籍志》改为"三十卷"。书末附录陈汉章《史通补
释》、杨明照《史通通释补》、罗常培《史通增释序》,分为上下两册,
由上海古籍出版社于1978年排印。王煦华此校点本又于2009年
由上海古籍出版社合为一册重刊,重刊本附录部分增彭仲铎《史通
增释》、王煦华《浦起龙生平及其著述》等内容。

　　明清时期的学者主要进行的是对《史通》的校勘、注释、评论、
撮要或删削等工作。在对《史通》文献整理的过程中,学者逐渐认
识到《史通》的史学价值。这一时期对《史通》之史学价值给予很高
评价者不乏其人。如明代张之象《史通序》云:"剖击愜当,证据详
博。获麟以后,罕见其书。"⑤清代纪昀《史通削繁自序》曰:"刘氏
之书,诚载笔之圭臬也。"⑥《四库全书总目》云:"亦可云载笔之法
家,著书之监史矣。"⑦《四库全书简明目录》称赞《史通》曰:"故自

---

① 浦起龙《史通通释》,上海古籍出版社,1978年,第3页。
② 程千帆《史通笺记》,中华书局,1980年,第2页。
③ 永瑢等《四库全书总目》卷八十八,中华书局,1965年,第751页。
④ 永瑢等《四库全书总目》卷八十八,中华书局,1965年,第757页。
⑤ 刘知幾《史通》,中华书局影印,1961年。
⑥ 纪昀《史通削繁》,扫叶山房刊行,1926年,第1页。
⑦ 永瑢等《四库全书总目》卷八十八,中华书局,1965年,第751页。

唐宋以来，史家奉若龟鉴焉。"①

　　民国以后至当代，从史学的角度对刘知幾及其《史通》的研究继续深入进行。这些研究成果或以传统学术专著的形式出现，或以生动活泼的人物传记形式呈现，持论公允、认识深刻。大致如下：

　　对《史通》进行校注或笺证的相关成果颇多。1990 年重庆出版社出版的赵吕甫《史通新校注》，其书正文以 1978 年上海古籍出版社校点的《史通通释》为底本，体例大致为先对正文作注释，然后辅以作者说明，同时个别章节以附录的形式收录前人研究成果。共作注解六千三百余条，校勘记约有二千二百余则，一百余万字，是当代《史通》文献校注方面的代表之作。在赵吕甫之前，另有数家。陈汉章为浦起龙《史通通释》作《史通补释》，其书被柳诒徵赞曰："钩稽事实，疏通证明"，"以唐事证《疑古》篇之说，使子玄文外微旨昭然若揭。"②杨明照于陈汉章后又作《史通通释补》。程千帆在陈、杨等人的基础之上又兼采诸家之说将卢召弓、孙星如等所为校勘记汇为一编，作《史通笺记》。程千帆以后有张振佩作《史通笺注》。

　　对《史通》进行译注的则不得不提到程千帆作序，姚松、朱恒夫先生译注的《史通全译》一书（贵州人民出版社 1997 年出版）。该书以浦起龙的《史通通释》为底本，同时吸收了前人的校注成果。每一篇目先有"题解"，再录《史通》原文，然后加以注释，最后对原文进行翻译。无论是对普通读者还是对专门研究者来说都非常方便实用。然美玉有瑕，个别地方也存在一些问题：一为沿袭前人注释之误，如《史通·采撰》"禹生启石"四字，该书注曰："《淮南子·修务训》：'启，夏后子，其母涂山氏女……石破北方而启生。'"

①　永瑢等《四库全书简明目录》卷八，上海古籍出版社，1985 年，第 332 页。
②　浦起龙《史通通释》，上海古籍出版社，1978 年，第 611 页。

这段话本出自颜师古为《汉书·武帝纪》"见夏后启母石"句所作之注。师古其注又云"事见《淮南子》"①。此说又为《佩文韵府》所承袭。浦起龙《史通通释》在"禹生启石"四字所作按语时即指出："（《韵府》）谓是《淮南》之文，《淮南》实无其文，亦编书家不根之一征也。"②笔者细考《淮南子·修务训》篇，只看到其有"禹生于石"③四字，浦起龙所言为是。《史通全译》没有说明这一点，而是直接承袭了颜师古的说法。二为产生了新的注释问题，概因对《史通》引书之具体内容不可能一一翻阅，所以个别地方对《史通》的原意理解不够彻底，如对《史通·二体》篇说的"于《高纪》则云语在《项传》"一句中提到的"《项传》"，注释为"《项羽本纪》"。将《史记》和《汉书》详细对照发现，刘知幾提到的"语在某某"，《汉书·项籍传》有，而《史记·项羽本纪》无，故而可知此处注释稍有不妥，实际上应注为《项籍传》。三为有些翻译还不够通达，如《史通·叙事》篇刘知幾引《礼记》"阳门之介夫死，司城子罕哭之哀，而民说，殆不可伐也"作为自注。《史通全译》把这段引文翻译为："阳门的介夫死了，子罕哭得非常悲痛。老百姓心情舒畅，恐怕不能攻打。"④把"说"直译为"心情舒畅"，本无不妥。但这里容易产生歧义：让人误以为老百姓对介夫之死感到心情舒畅。愚以为可加上"对子罕的做法非常满意故而"数字。当然，凡事皆不可能做到尽善尽美。总体来说，笔者认为《史通全译》一书对普通爱好者及一般研究者的帮助是非常大的。

对《史通》的"评"与"平议"之作如，1934 年商务印书馆初版的吕思勉《史通评》，以浦起龙《史通通释》及《四部丛刊》本相较而定为一本，用现代史学观点对《史通》评议，于《史通》正文后并附有考

---

① 班固《汉书》，中华书局，1962 年，第 190 页。
② 浦起龙《史通通释》，上海古籍出版社，1978 年，第 118 页。
③ 刘文典《淮南鸿烈集解》，中华书局，2013 年，第 2 页。
④ 姚松、朱恒夫《史通全译》，贵州人民出版社，1997 年，第 331 页。

据和辨证,以"抉刘氏思想之所由来,扬榷其得失,并著其与今日之异同"①。此类作品另有张舜徽《史通平议》等。

对刘知幾行年进行研究的著作也很多。傅振伦《刘知幾年谱》1934年商务印书馆初版,该书分别从"刘知幾的史学地位"、"刘氏世系"、"刘知幾之家世"、"刘知幾学行述略"、"年谱"、"史通要论"等方面对刘知幾兼及《史通》进行系统研究。问世最早,最有代表性。其他有周品英的《刘知幾年谱》和刘汉之的《刘子玄年谱》等。

对刘知幾进行评传的著作也不少。此类著作有许凌云《刘知幾评传》,分上下两篇,上篇述"刘知幾的生平",下篇论"刘知幾的思想",既对刘知幾生活时代、家世、生平活动等一一叙述,又对《史通》之构思、史料论、史笔论、史家修养论等方面加以评论。全书较为系统全面。另外,赵俊与任宝菊《刘知幾评传——史学批评第一人》在刘知幾评传类作品中颇有新意。该书前三章由赵俊所写,从"青少年"、"中年"、"老年"谈刘知幾生平及著作等,文笔活泼生动,不同于传统学术著作的写作方法。后两章由任宝菊所撰,阐述《史通》在中国史学发展史上的地位和作用,学术意味较为浓厚些。

将刘知幾及其《史通》结合起来从史学批评角度进行的研究成果也不少。其中张三夕《批判史学的批判:刘知幾及〈史通〉研究》,1992年由台湾文津出版社出版繁体字版,2010年华中师范大学出版社出了简体字版。该书从史学批评角度出发,上篇对刘知幾进行述评,下篇对《史通》引书中先秦部分的文献进行了考证。尤其是下篇在文献考证方面所做的工作,是值得重视的。其他还有赵俊《〈史通〉理论体系研究》、许冠三《刘知幾的实录史学》等。

纵观各家所作,基本上都是从史学的视角对《史通》进行研究。这些著作,或对《史通》进行校注或译注;或对《史通》的史学思想逐篇进行评议梳理;或从刘知幾的行年述略进行考察;或以非严格学

---

① 吕思勉《史通评》,上海古籍出版社,2008年,第452页。

术论著的人物传记形式对刘知幾及其作品进行论述；或将作者和作品结合起来对刘知幾及其《史通》进行研究。它们都从《史通》在史学史上的地位和价值出发，给予刘知幾和《史通》以较高的评价，从史学的角度将《史通》研究向前推进。

　　针对学术界对《史通》的研究现状，董乃斌先生《中国文学叙事传统的一块里程碑——论刘知幾〈史通〉的叙事观》一文曾指出："唐刘知幾的《史通》是一部著名的发愤而作的史论，对从上古至唐代的诸多历史著述作了种种批评，并由此概括和阐述了一系列史学理论问题。前人先贤对《史通》文本的考订、注释和解读，对刘知幾的历史观及其在中国史学史上的贡献，均已有相当深入的研究，成果可谓丰硕。在中国文学批评史学科中，《史通》也已被当作一种古代文论而加以关注。"①

三、从文献角度进行的研究

　　这里所谓从文献角度进行的研究，主要指的是对《史通》征引书目进行的相关研究。刘知幾本人在《史通·自叙》篇中就提到了自己博观群书而有所心得：

　　　旅游京洛，颇积岁年，公私借书，恣情披阅。至如一代之史，分为数家，其间杂记小书，又竟为异说，莫不钻研穿凿，尽其利害。加以自小观书，喜谈名理，其所悟者，皆得之襟腑，非由染习。故始在总角，读班、谢两《汉》，便怪《前书》不应有《古今人表》，《后书》宜为更始立纪。当时闻者，共责以为童子何知，而敢轻议前哲。于是报然自失，无辞以对。其后见《张衡》、《范晔集》，果以二史为非。其有暗合于古人者，盖不可胜

① 张寅彭主编《文衡》，上海大学出版社，2009年，第157页。

纪。始知流俗之士，难与之言。凡有异同，蓄诸方寸。

　　刘知幾旅居京洛，累计数年，其间，"公私借书，恣情批阅"。彼时一代之史，有多种著述；杂记小书，说法不一。刘知幾在广泛阅读的基础上，"钻研穿凿，尽其利害"。他从小读书就喜欢谈论分析其中的道理是非。"其所悟者，皆得之襟腑"，其中"暗合于古人者，盖不可胜纪"。只因不肯盲从前人定说，故被别人斥之为"轻议前哲"。知幾深感"流俗之士，难与之言"，所以只能"蓄诸方寸"。然而，刘知幾对自己迥异乎世俗的精见卓识充满自信，充沛于胸的新颖观点一旦酝酿成熟，就不能不诉诸言论，笔之于文章；从而创作出了《史通》一书。

　　刘知幾自言其《史通》"上穷王道，下挟人伦，总括万殊，包含千有"①。据浦起龙所见《史通》旧注所言："除所阙篇，凡八万三千三百五十二字，注五千四百九十八字。"②《史通》见在篇目共八万余字，论及三百余部书③。刘知幾在其著作中所征引的书目，是其作品的重要组成部分，引书研究是《史通》研究的一个非常重要的方面。

　　《史通》引书涉及经史子集，无所不备。然而遗憾的是，刘知幾毕竟不可能有现代人的学术意识，也没有给后世列出一个详细的参考书目。刘知幾所看过的书到底有哪些、具体有多少我们已经无从知晓。但是《史通》所征引的书目所涉为何，还是大致有迹可循且必须弄清楚的。如果这个根本问题不能得到很好的解决，那么我们就无从揭晓刘知幾的学术源流，对刘知幾及其《史通》文学观的研究恐怕也要流于表面，仅仅看到刘知幾些许浅层次的观点，

----

　　① 浦起龙《史通通释·自叙》，上海书店，1988年，第94页。
　　② 浦起龙《史通通释·原序》，上海古籍出版社，1978年，第1页。
　　③ 具体数字各家统计不尽相同，但基本上都在三百部到四百部之间。

甚至会对其观点作出断章取义的评论。这样的话，则恐怕很难真正地理解刘知幾及其《史通》所论为何，最终亦成为与刘知幾无法沟通的"流俗之士"了。

关于《史通》的引书问题，早在明代后期已经有文学家、思想家、文献考据学家焦竑等着手开始研究。明代嘉靖年间，思想界涌起一股反对程朱理学束缚、提倡思想解放、尊重个性张扬的思潮，潮流翻腾，影响甚大，余波所及，在文学艺术领域，文献考据与训诂之风随之大起，焦竑(1540—1620)是这股风潮的领军人物之一(另有一位是杨慎)。大概出于同刘知幾有着堪称超前的思想、官场失意的处境、参与过国史修撰的经历等诸多共同点的原因，焦竑对刘知幾大为赞赏，他说"余观知幾指谪前人，极为精核，可谓史家申、韩矣"①。焦竑自幼好读书，兴趣广泛，所阅杂博，不但精通儒家经典，而且广泛涉猎诸子百家。焦竑有这个意愿同时也有这个能力成为对《史通》引书进行深入细致研究的第一人。焦竑在其《焦氏笔乘》卷三《〈史通〉所载书目》篇罗列《史通》所载"古今正史及偏部短记"共148种。

不过，令人可惜的是，焦竑是自唐迄清，对《史通》引书进行研究的第一人，同时也是最后一人。其所撰《〈史通〉所载书目》一文，是清前开列《史通》引书单的唯一的一篇文字。也有人怀疑此篇非焦竑所作，如王春南发表于《南京大学学报》，1986年增刊(社会科学文集)的《〈史通〉征引古籍及其存佚》一文怀疑："焦竑作为颇有名气的学者，按理不应疏阔一至于此，竟弄不清'颜师古《隋书》'跟'孔颖达《隋书》'本是一书。或许焦氏写作《〈史通〉所载史目》，曾借手他人。"

其余学者要么对《史通》引书避而不谈，要么对这个问题简而化之。或言"数万卷"，或言"何止千百卷"等等，如清代黄叔琳《史

---

① 焦竑《焦氏笔乘》卷三《史通》，中华书局，2008年，第124页。

通训故补·序》即云："然其荟萃搜择,钩抓拍击,上下数千年,贯穿数万卷。"①余嘉锡《四库提要辨证》则曰："观其《史通》之所援引,自六家、二体以及偏记、小说,何止数千百卷?"②

　　民国至今,对《史通》学术价值的研究虽然进入了高潮阶段,但引书问题的研究,仍然很少有学者涉足。有学者着意为之,但因各种原因,未能卒章。如王绍曾先生发表于《无锡图书馆协会会报》1935年第4期的《〈史通〉引书考初稿(部分书录)》。

　　较为完整的研究成果有论文两篇、论著三部。论文分别为王春南的《〈史通〉征引古籍及其存佚》及吴荣政《刘知幾〈史通〉评述书目考》。三部专著则是张三夕的《批判史学的批判——刘知幾及其〈史通〉研究》及马铁浩的《史通与先唐典籍》、《〈史通〉引书考》。就当下而言,最为晚出,且参考价值较大的应属2011年学苑出版社出版的马铁浩《〈史通〉引书考》③。简述如下。

　　王春南《〈史通〉征引古籍及其存佚》一文认为《史通》引书共376种④,王春南撰文所用的似乎是较少有人提到的卢文弨《史通》精校本⑤。王春南指出焦竑《〈史通〉所载书目》一文,"列出《史通》引书一百四十八种,除去复重、衍文,尚有一百四十三种(王氏原注:此据南京图书馆抄本。粤雅堂丛书本仅有一百四十二种),此数不到《史通》实际引书数的一半,缺漏过多。对焦竑《〈史通〉所载

---

　　① 黄叔琳《史通训故补》,上海古籍出版社,2006年,第430页。

　　②《四库提要辨证》卷三史部一"魏书"条。

　　③ 该书如作者《自序》所言"考中寓论、论中兼考"。其书个别条目所论尚有待斟酌。如"集部""楚辞类""楚辞"条,先引王逸《离骚经章句后叙》内容,后引《文心雕龙·辨骚》。误把《文心雕龙·辨骚》复述《离骚经章句后叙》的内容当成了刘勰本人的观点。《〈史通〉引书考》言"《文心雕龙·辨骚》亦曰"。实际上刘勰对王逸的观点是有很大保留的,而非简单的"亦曰"。

　　④ 王春南《〈史通〉征引古籍及其存佚》,《南京大学学报》,1986年增刊(社会科学文集)。

　　⑤ 王春南文章中提到"查阅了一百五十余种古今图书""有卢文弨《史通》精校本"。

史目》，应加以纠缪"①。（王的批评是以自己的实际研究结论为依据的，很有说服力，不过王却忽视了一点，即焦竑之文标榜"史目"，其文确实也没有载入"经"、"子"、"集"类引书，这可能是焦竑所列引书数量过少的一个主要原因，所以王文认为焦竑之文"缺漏"而进行"纠缪"，恐言之过重。）王文仅仅只是列出了一个数字，所征引的书目具体为何，没有作出进一步说明。

吴荣政《刘知幾〈史通〉评述书目考》一文没有说明所依据之版本，据他"考证，《史通》的《原序》、内篇 36 篇和外篇 13 篇的正文、原注评述书目共 340 种"②。吴文一一列出了所征引书目的具体名目，却没有列出具体的出句。吴文列出的书目在《史通》中有无征引；是在正文中还是在注文中征引；具体以何种形式征引的，所引书目只是提及作者，还是出现了具体的篇目，亦或是出现了具体的内容，还是上述三种情况有其二或全部都有等诸种问题，我们很难从文章中得到满意的答案。

焦竑的书目仅列书目未作分类。王春南的文章没有一一指出《史通》所征引的书目具体为何。吴文对所列书目一一归类，并在注释三中指出该文"以《隋志》为准，部居《史通》评述书目，并参考《汉志》、两《唐志》和《宋志》。有少数为上述史志未录者，则窃据己意，安排在有关部分。但某些篇名，如《史通·序例》提及《七章》，无考，不录"③。吴文对《史通》引书做出归类，将《史通》引书研究大大地向前推进了一步，这是值得肯定的一点。不过对于吴文的这个分类标准，笔者认为尚有进一步商榷的余地。

① 王春南《〈史通〉征引古籍及其存佚》，《南京大学学报》，1986 年增刊（社会科学文集）。

② 吴荣政《刘知幾〈史通〉评述书目考》，《湘潭大学学报》（社会科学版），1993 年第 3 期。

③ 吴荣政《刘知幾〈史通〉评述书目考》，《湘潭大学学报》（社会科学版），1993 年第 3 期。

首先,吴文的分类,是按《隋书·经籍志》来分的,而刘知幾本人却是反对《隋书·经籍志》个别分类方法的。如刘知幾在《史通》中评及《隋志》的唯一一处文字是:

> 当晋宅江、淮,实膺正朔,嫉彼群雄,称为僭盗。故阮氏《七录》,以田、范、裴、段诸记,刘、石、苻、姚等书,别创一名,题为"伪史"。及隋氏受命,海内为家,国靡爱憎,人无彼我,而世有撰《隋书·经籍志》者,其流别群书,还依阮《录》。案国之有伪,其来尚矣。如杜宇作帝,勾践称王,孙权建鼎峙之业,萧詧为附庸之主,而扬雄撰《蜀纪》,子贡著《越绝》,虞裁《江表传》,蔡述《后梁史》。考斯众作,咸是伪书,自可类聚相从,合成一部,何止取东晋一世十有六家而已乎?①

可见,刘知幾本人对《隋志》"流别群书,还依阮《录》"之做法的态度是有所不满的。

接下来,再以《国语》、《史通》这两个在归类上历代分歧较大的引书条目为个案,看一下吴文参考两《唐志》和《宋志》(吴文还参考了《汉志》,但由于《史通》引书涉及《汉志》中的书目不多,所以不再将《汉志》归类作为研究对象)所做出的归类是否科学。

先看《国语》这一条目,《旧唐书·经籍志》把《国语》(《旧唐书·经籍志》以"《春秋外传国语》"条目收录)归入"甲部经录""春秋"类②。《新唐书·艺文志》更是把《国语》(《新唐书·经籍志》亦以"《春秋外传国语》"条目收录)列为"甲部经录""春秋类"之首③。

---

① 浦起龙《史通通释》卷五《因习》,上海古籍出版社,1978年,第138页。
② 刘昫《旧唐书》,中华书局,1975年,第1979页。
③ 欧阳修《新唐书》,中华书局,1975年,第1437页。

《宋史》把《国语》列入"经类"的"春秋类"。而吴文承上所分类，把《国语》归属于"经部"，排在"春秋类"与"孝经"类之间。

再有《史通》这一条目。刘昫的《旧唐书·经籍志》根本没有收录《史通》。《新唐书·艺文志》把《史通》归入了"丁部集录"其三"总集类"①。《宋书·艺文志》把《史通》和《文心雕龙》、王昌龄《诗格》等一起收入了"集类"其四"文史类"②。吴文的分类中，也把《史通》归入了"集部"类存本之末。

由上刘知幾本人的意思和实际的分类效果两方面来看，吴文分类依据《隋志》，参考两《唐志》的做法似乎有些不妥当。

张三夕以1978年版浦起龙《史通通释》为底本，统计出"《史通》全书引用文献共三百余种"③，并将先秦部分的54种书目按经史子集四部分类，每类书目皆先列书名，次记条数，同时附有引文出句，凡出句皆于其前标明卷数、页数及篇名，检核查证颇为方便。只是正如作者"附记"所言："《史通》全书引用文献三百余种，因时间、篇幅等因素的限制，现先印出先秦部分，征求意见，至于其他部分，姑俟异日。"④《史通》所涉秦汉以后的书目还有待进一步整理。

马铁浩的《史通与先唐典籍》，由人民出版社于2010年12月出版。其书未说明所用底本，他统计得出"《史通》引书凡340种。另有单篇文章50种"⑤。所列书目先注书名、次记条数，然后附上出句，出句较多的列其中数条。该书对所列书目考证缜密，列书目

①　欧阳修《新唐书》，中华书局，1975年，第1625页。

②　脱脱《宋史》，中华书局，1977年，第5408页。

③　张三夕《批判史学的批判——刘知幾及其史通研究》，华中师范大学出版社，2010年，第128页。

④　张三夕《批判史学的批判——刘知幾及其史通研究》，华中师范大学出版社，2010年，第128页。

⑤　马铁浩《史通与先唐典籍》，人民出版社，2010年，第343页。

的同时附上在《史通》中的出句，做到了征而有信。只是没有明示其所依据之版本。不同的版本在具体的遣词用字、标点断句、文本理解等方面都存在很大的差异，在根据不同版本进行征引书目相关研究时，这些不同可能会使相关研究得出差距过大，甚至迥然不同的结论。

马铁浩《〈史通〉引书考》一书，对《史通》引书，搜罗最为全面。其于该书"自序"中云："不敢作子玄功臣，唯望不作其罪人而已。"是自信，也是自谦之词。其书，以浦起龙《史通通释》为底本，考《史通》所引典籍345种，以经史子集四部分门别类排列之。每一条目下，先是书名，然后是出句，最后辅以考辨。非常方便学者使用，不过亦有美中不足：出句不全，不利于全面完整地把握刘知幾对所引书目的认识、评判与利用情况。

上述《史通》引书研究成果的共有问题是对《史通》征引书目的出句没有全部列出，征引书目的分类还有进一步合理化的空间等等。这些工作，涉及的知识面较广，大多数研究者对其研究价值不够重视，前人可供借鉴的成果又相对很少，问题的解决需要花费的时日很多，对研究者学力和精力的要求也较高。因这些原因，目前《史通》研究者中尚未有人将这项工作圆满完成。本人2011年完成的博士论文《〈史通〉与刘知幾文史观研究》之"附录"部分，以"《史通》引书索引"的形式，以征引书目通用名的汉语拼音首字母为序排列，同时将《史通》引书所涉之篇目及其出句尽数列出，可为研究者提供一些方便。

四、从文学角度进行的研究

刘知幾在文学方面的贡献早在宋代已经引起了有关学者的注意。如北宋黄庭坚《与王立之四帖·其二》即云："刘勰《文心雕龙》、刘子玄《史通》，此两书曾读否？所论虽未极高，然讥弹古人，大中文病,不可不知也。"①黄庭坚认为,《文心雕龙》与《史通》这两部书的观点虽不高深,但是要评论古人文章的缺点就不能不读这两部书。宋代以后,由于种种原因,刘知幾《史通》在文论方面的价值,一直没有得到很好的发掘。到了明代,情况变化更大,一些学者篡改黄庭坚的原话,为了推崇刘知幾《史通》在史学方面的价值,竟然把文学价值完全掩盖了。杨慎可谓始作俑者,而后推波助澜者不乏其人。

明杨慎《丹铅余录》卷十三或《丹铅总录》卷二六《琐语类》、《升庵集》卷四十七《老泉评史通》都收录了黄庭坚的话,但作了很大的改动。其云:"黄山谷尝云:'论文则《文心雕龙》,评史则《史通》,二书不可不观,实有益于后学焉。'"其将《史通》局限于评史范畴之中,此语一出,影响甚大。此后直至清末,数百年的《史通》学术研究,基本上都是将《史通》单纯视为史论的路子,人们对刘知幾《史通》价值的关注焦点仅仅局限于史学方面。

明王惟俭在《史通训故序》中说明其书写作缘起及相关情况云:"余既注《文心雕龙》毕,因念黄太史(黄庭坚)有云:'论文则《文心雕龙》,评史则《史通》,二书不可不观,实有益于后学。'复欲取《史通》注之。"②照录杨慎改造后的所谓黄庭坚之语。清代学者黄叔琳在《史通训诂补·序》中说:"(《史通》)在文史类中允与刘彦和之《雕龙》相匹。徐坚谓史氏宜置座右,信也。"③偶有如毛先舒《诗辨坻》一书,注意到刘知幾为"善论文章者"④,也曲高和寡,少有人回应。

五四以来,现代学术体系建立后,《史通》的文学价值才正式进入研究者的视野,引起了众多研究者的注意。刘知幾《史通》文学

---

① 郑永晓《黄庭坚全集编年辑校》,江西人民出版社,2008年,第597页。
② 浦起龙《史通通释》,上海书店影印出版,1988年,第1页。
③ 浦起龙《史通通释》,上海书店影印出版,1988年,第2页。
④ 郭绍虞编选《清诗话续编》,上海古籍出版社,1983年,第71页。

观的相关研究几与所谓现代学术的建立与开启同步。早在 20 世纪二三十年代就引起了研究者的注意。单篇论文如王家吉《刘知幾文学的我见》(《晨光》,1924 第 2 卷)、李振东《刘知幾的文论》(《燕大月刊》,1928 第 2 卷)、宫廷璋《刘知幾〈史通〉之文学概论》(《师大月刊》,1933 第 2 期)等。同时期对刘知幾《史通》文学观予以介绍的专著,主要是文学批评史著作。如陈钟凡《中国文学批评史》(上海中华书局,1927 年)"盛唐文评"其三"刘知幾史评"重点介绍了其文学观。其后,郭绍虞《中国文学批评史》(商务印书馆,1934 年)第五篇"隋唐五代——文学观念复古期"的"刘知幾之《史通》"、罗根泽《隋唐文学批评史》(商务印书馆,1943 年)第五章"史学家的文论及史传文的批评"之"刘知幾的意见"与朱东润《中国文学批评史大纲》(开明书店,1944 年)第十八"刘知幾"等都专节介绍了刘知幾《史通》的文学观。前辈学者有意识地考究《史通》文论篇章,难能可贵,然多着眼于其"崇真"、"尚简"、反对藻饰与泥古的散文观,对其在中国文学史上的渊源影响较少发明。

　　建国后,《史通》文学观研究经历了一段较为漫长的沉寂阶段。其中可以一提的有白寿彝《刘知幾论文风》(《文汇报》,1961 年 4 月 18 日)一文与刘大杰主编《中国文学批评史》(中华书局上海编辑所,1964 年)"隋和唐代前期的文学批评"之"刘知幾"一节。二者持论较为公允,关注到了刘知幾文学观对古文家的影响。70 年代中后期,出现了一批著作从儒法斗争角度分析《史通》对文学作品的论断。如《刘知幾著作选注》(云南人民出版社,1975 年)、《历代法家著作选注》(北京人民出版社,1976 年)、《刘知幾传注》(上海人民出版社,1976 年)等。其所持观点是特殊时代的产物,实际上已经偏离了文学研究的轨道。

　　20 世纪八九十年代以来,学界重提《史通》文学观研究。研究成果主要集中在两个方面。一是《史通》论及散文、小说及诗歌等文学体裁的观点。散文观方面的研究,如吴文治《刘知幾〈史通〉的史传文学理论》(《江汉论坛》,1982 第 2 期)、李少雍《刘知幾与古文运动》(《文学评论》,1990 第 1 期)等文,皆论及《史通》对韩愈等古文家的影响,然研究时限囿于唐代,未能充分展开。小说观方面的研究,有王齐洲《刘知幾与胡应麟小说分类思想之比较》(《江汉论坛》,2007 第 3 期)、肖芃《〈史通〉的散文观与小说观述评》(《湘潭师范学院学报》,2000 第 4 期)、韩云波《刘知幾〈史通〉与"小说"观念的系统化——兼论唐传奇文体发生过程中小说与历史的关系》(《西南师范大学学报》,2001 第 2 期)等论文。王齐洲等人的论文既关注到《史通》中小说观念、小说功能、小说价值方面的相关理论阐述,又对《史通》的散文观有所涉及;是值得充分肯定的。1982 年台湾师范大学林时民的硕士毕业论文《刘知幾及其〈史通〉》第四章"刘知幾之文学观",从"时代之风气"与"史文之形式与目的"两个方面探讨了刘知幾的文学见解,但内容不多,资料有限,所论不深。二是观照《史通》文学观在整个文学史上的意义。从叙事学、文体学角度对《史通》文学观展开更为宏观的研究,如董乃斌《中国文学叙事传统研究》(中华书局,2012 年)、谭帆《中国分体文学学史小说学卷》(山西教育出版社,2013 年)等对《史通》小说叙事观进行专章论述,多有新见,惜篇幅所限,未暇展开。

　　现有研究成果除关注《史通》自身外,还将《史通》与他书进行比较以探讨其文学观。如汪杰《论刘知幾、章学诚关于历史文学的理论》(《西南师范大学学报》,1992 第 1 期)及香港陈耀南《〈史通〉与〈文心〉之义论比较》(《唐代文学研讨会论文集》,文史哲出版社,1987 年)、台湾林淑慧《〈史通〉与〈文史通义〉史传文学批评观探析》(《台湾师范大学国文系第六届研究生学术论文研讨会论文集》,1999 年)等单篇论文。还有对《史通》文学思想与文艺理论均有论述者,然皆较零散。

　　此外,《史通》文学观研究还应当关注不同文化区域尤其是西方学界已取得的"跨文化"研究成果。如美国《The Indiana Companion to Traditional Chinese Literature》一书中收录的 Prof. David McMullen 的"Liu Chih‐Chi"等文及日本西胁常记《唐代の思想と文化》的"刘知幾と《史通》"等章节。这些异域资源虽未直接论及《史通》的文学观,然对之进行必要的借鉴并在可能的情况下开展具体的对话,由此则可以探讨、生成新的《史通》文学观研究范式。

总的看来,由于论述重点的不同等多种原因,上述研究亦有待开掘之处。现有成果对《史通》文论的研究多是孤立进行的,缺乏一个纵向的关照,没有对《史通》在中国文学史发展链条上的价值及意义作出一个准确的定位。又没有作横向的拓展,不能联系到刘知幾的其他文学作品对《史通》文学观作全面深入的研究。同时缺少一条内在的贯穿线,将刘知幾及其《史通》所论及的散文、诗歌、小说等文学体裁之文学观点、观念串联起来,形成一个整体。

刘知幾是一位史家,或者说他的本职工作是撰史,所以他的文学观在其史学观的影响、制约下,较之文学家论文,也许反而更有"当局者迷,旁观者清"的效果。仔细研读刘氏现存著作后,我们就会得出这样一个结论:刘知幾及其《史通》除了对史学颇多真知灼见外,对文学亦有自己独到的见解,其文学观的相关研究工作,尚有必要向纵深方向进一步推进。

第三节　本书研究内容概览

初唐史家刘知幾学问渊博,会通文史,凝其毕生心血,而成《史通》一书。《史通》既是史论,又是文论;论史而及文,且又圆融于文史,可谓筚路蓝缕,功不可灭。《史通》在中国史学史上的崇高地位,已成共识。而在文学史上,也是我国一座里程碑式的著作,尤其是在文学叙事问题上的一系列论述,总结前代,以启后世,具有划时代的意义。

刘知幾《史通·自叙》曾云："恐此书与粪土同捐，烟烬俱灭。后之识者，无得而观。此予所以抚卷涟洏，泪尽而继之以血也。"幸运的是，明清以来，作为史学家的刘知幾及其巨著《史通》，已为研究者所重视。然对于作为文学家的刘知幾，因其文学作品多已遗佚，故而鲜有人关注。

与之相对应，当前学界对刘知幾及其《史通》的相关研究成果仍大都集中在其史学价值方面。其史学观相关的研究成果很多，而其文学观则少有人对之进行全面系统且深入客观地探究与还原。对《史通》于文学史上的价值之研究发掘工作有待进一步展开。

文学批评史或文学史著作在部分章节分析到《史通》史传文学观的若干方面，也有硕士学位论文或发表于期刊、报纸上的单篇论文针对《史通》之小说或散文等相关论述进行研究，但系统全面研究刘知幾及其《史通》文学观的专著或博士论文尚未出现。我们认为，有必要对刘知幾及其《史通》文学观做系统分析、专门论述及全面把握，同时将《史通》于整个中国文学史之价值与意义的相关研究工作向更深层次推进。这是本书写作的缘由所在。

本书立论主体由纵横两个维度及一条内在贯穿线构架而成。横向维度为由刘知幾《史通》一书而扩展到其存世的所有诗、赋、散文等作品及相关文献。纵向维度是站在中国文学史及叙事文学批评史上的高度，以历史思维贯注始终，深度发掘刘知幾及其《史通》文学观的独特价值。而纵横两个维度研究进程的逐层推进及其所取得的成果，又是以刘知幾"文之将史，其流一焉"（《史通·载文》）的文史分合关系之论断为内在贯穿线来组织安排、系统展现的。除上述内容外，本文论及的范围还涵盖对刘氏生平及诗赋作品的考辨等，这也是研究刘知幾及其《史通》文学观相关工作之构成要件。

　　本书的原创性较多地体现在以刘知幾的圆融文史观为视角，对以《史通》为主，刘知幾存世的诗歌、应试赋、应制哀册文等文学作品为辅的研究对象进行总体观照。全面探讨刘知幾及其《史通》之诗歌、散文、小说观及对文学叙事之观点。并进一步将得到的相关认识成果，置于中国文学史、文学批评史的大系统内，期冀可以对之进行总体性的理论把握与符合历史发展实际的学理定位。这也是笔者研究的重点。

　　研究难点在于前人所论不多，而涉及对象的跨度又甚大。刘知幾及其《史通》之文学观直接或者间接论及的唐前文学作品多达三百余部（篇），涵括各类人物一千余人。其影响就时间上说，由唐至今；由地域而言，辐射东亚文化圈，乃至远及欧美。其面之广，其点之多，其线索之复杂，全面把握实为极难。所以本书的关注点，在时间断限上，主要集中在唐宋两朝。在地域范围上，也基本上聚焦于中国本土。这是一个美中（如果可以说得上"美"的话）不足的地方，但同时也可以说是本书的一个特色。

　　恩师博导董乃斌先生、博士后合作导师谭帆先生以及硕导张玉璞先生对《史通》都颇为重视。董先生曾指出："唐刘知幾《史通》是一部史学理论著作，但因中国自古文史不分，而且史述本身也是一种叙事文体，故《史通》所论多与文学，特别是文学叙事有关。当我们从叙事角度重审中国文学史，不能不十分重视《史通》的一系列观点。"①"《史通》的影响，即使仅从叙事观一项来说，也是既有正面的，亦有负面的，且无论正反，都在文学史上留下巨而深的印迹，需要我们予以系统梳理和深入研究。"②谭先生就中国古代小说史研究的角度，更为具体地指出："刘知幾《史通》于'史部'中详

---

　　① 董乃斌《〈史通〉叙事观的文学史意义》，《人文中国学报》，2009 年第 15 期。

　　② 董乃斌《中国文学叙事传统的一块里程碑——论刘知幾〈史通〉的叙事观》，《文衡》2008 年卷。

论'小说','子''史'两部遂为中国小说之渊薮。"①张先生早年亦有文专注于刘知幾的文史观②。

秉承诸位先生教诲，笔者行文意欲从文学叙事角度出发，以"圆融文史"为贯穿线，在现有《史通》相关研究基础之上，对《史通》的文学史意义，特别是对其在中国叙事文学发展史上作用与价值的历史定位以及当代意义等，作进一步的系统梳理和深入探究。力图论定史家刘知幾及其《史通》文学观的内涵与特质，及其在中国文学史抒情及叙事两大传统中的地位、价值与影响。同时，希望通过以刘知幾及其《史通》文学观为研究个案，对文、史互动等问题进行深入思考，以探索并发现、整合史论中所蕴含的文学资源，深化拓展古代文学研究空间。并以此为切入点引发学界对系列史学著作之文论价值的后续扩展性研究，形成可持续性学术生长点。

其路漫漫，其途遥遥。这一学术目标究竟完成得怎样，尚待诸位专家和广大读者的鉴定、批评与指教。

最后还要提及的是，刘知幾及其《史通》文学观的相关研究之阃域尚有巨大的拓展及提升空间。刘知幾及其《史通》之文学观，历代不乏名家论及。然由宋迄清，多为只鳞片羽式的评点。五四以后现代学术体系建立以来，则多是单篇论文。本书为从文学角度研究刘知幾及其《史通》的第一部专著，具有一定的原创性。然缘于可资借鉴的系统成果不是很多，所以未免有浅陋片面之处。限于学力，可能有的观点仍然阐述不清，或论证不够充分。从这个意义上说，本书的写定既是一个句点，又是一条新征程的起跑线。

①　谭帆《中国古代小说文体文法术语考释》，上海古籍出版社，2013年，第2页。
②　张玉璞《刘知幾文史观简论》，《江西社会科学》，1993年第12期。

第一章　刘知幾"弱冠及第，
　　　　射策登朝"考辨

　　刘知幾生平最早见于其《史通·自叙》篇，然对进士及第前后的仕宦学行语焉不详，刘氏仅言："洎年登弱冠，射策登朝，于是思有余闲，获遂本愿。旅游京洛，颇积岁年，公私借书，恣情披阅。"这造成两《唐书》的相关记载出入较大。《旧唐书》本传说其"弱冠举进士，授获嘉主簿"①。《新唐书》本传则载其"擢进士第，调获嘉主簿"②。《旧唐书》言其"弱冠"举进士，《新唐书》本传只是说其"擢进士第"，未提及"弱冠"二字。此外，"举"、"擢"意同，皆指考中进士。而"授"、"调"相异：前者指授官、任命；后者指调动、调迁。《旧唐书》认为刘知幾进士及第后即"授"获嘉主簿，《新唐书》则认为刘知幾举进士别任他官，后"调"获嘉主簿。

　　两《唐书》对刘知幾何年举进士、及第后任何官的记载分歧较大。当下学界相关研究结论亦多有可商榷之处。关于刘知幾的几部年谱的结论主要有三：一是认为刘知幾于永隆二年（680）进士及第，二是认为其后在京师任职数年后到获嘉任主簿，三是进士及第后又在长安和洛阳游学读书。

　　笔者不揣谫陋，对知幾自言"年登弱冠，射策登朝"一事重加考

---

① 刘昫《旧唐书·刘子玄传》，中华书局，1975 年，第 3168 页。
② 欧阳修《新唐书·刘子玄传》，中华书局，1975 年，第 4519 页。

辨,认为刘知幾开耀二年(682)中进士,其后即授获嘉主簿一官,任职后又旅居洛阳游学。详述如下。

第一节 及第于何年

由清至今,对刘知幾及第于何年的看法主要有两种。一是认为于开耀二年(682)及第。这种说法最早见于徐松《登科记考》。一是认为是永隆元年(680),这是当下大多数学者的看法。这两种说法孰为对错,或者说哪一种更合理? 在给出答案之前,我们先对二说之来龙去脉进行溯流追源。

首先,看下徐松的观点。徐松《登科记考》一方面把刘知幾及第时间置于开耀二年,其认为:"《旧书》:'知幾少与兄知柔俱以词学知名,弱冠举进士。'按:子玄卒在开元九年(721),年六十一,开耀元年年二十。惟其年进士一人,故载是耳。"①徐松认为刘知幾及第时间应该是开耀元年(681),因为刘氏当年二十岁(按:这里是周岁),为"弱冠"。但是"惟其年进士一人",所以徐松把刘知幾放在了开耀二年。

徐松的这番话,有些语焉不详。我们有必要结合《唐诗纪事》、《文献通考》中的两份材料进行补充说明,细加探讨,深度解读。计有功《唐诗纪事》卷十五"姜晞"条载:"晞,登永隆二年(按:即开耀元年)进士第。"②马端临《文献通考》卷二十九"选举考二"记载:"永隆二年,进士一人。"③但是没有讲明为何人。

徐松《登科记考》关于刘知幾及第的相关推断应直接或者间接的以《文献通考》作为参考。这样我们就能明白徐松话的意思了。

---

① 徐松《登科记考》卷二,中华书局,1984年,第72页。
② 计有功《唐诗纪事校笺》,中华书局,2007年,第507页。
③ 马端临《文献通考》,中华书局,2011年,第847页。

徐松认为,二十岁为弱冠。刘知幾生于 661 年,所以应于 681 年进士及第,但是《唐诗纪事》与《文献通考》的相关记载确不能支持徐松的推断。所以徐松不得已把刘知幾的进士及第时间置于 682 年,同时又附以注:"子玄卒在开元九年,年六十一,开耀元年年二十。惟其年进士一人,故载是耳。"

其次,我们来看通行的观点。现有年谱一般都认为刘知幾于 680 年及第,如朱希祖《刘子玄年谱稿》、周品瑛《刘知幾年谱》、傅振伦《刘知幾年谱》、张振佩《刘知幾学行编年简表》、许凌云《刘知幾年表》等,均将刘知幾进士及第之年系于永隆元年。主要理由只有一个:刘知幾生于龙朔元年(661),其自言"弱冠及第",永隆元年(680)知幾刚好二十岁,故是年举进士。概因史料所限,上述诸家年谱无法准确考证出刘知幾及第于何年,故只能权且认为应在其二十岁时。

我们同意徐松的开耀二年说,但对其理由并不完全认可。下面以"弱冠"及"射策"为切入点,细加考证。

弱冠之年为二十岁的说法最早见于《礼记·曲礼上》,当时"弱"与"冠"是分开而言的,其云:"二十曰弱,冠。"然正如孔颖达疏所云:"二十成人,初加冠,体犹未壮,故曰弱也。至二十九,通得名弱冠,以其血气未定故也。不曰'人生',并承上可知也。今谓庶人及士之子,若卿大夫十五以上则冠,故《丧服》云'大夫为昆弟之长殇'是也。其冠仪与士同,故《郊特牲》云'无大夫冠礼'是也。其大夫之子亦二十而冠,其诸侯之子亦二十而冠,天子之子则十二而冠。若天子、诸侯之身,则皆十二而冠。具释在《冠义》。"[1]可知,对士人及庶人来说,男子二十岁至二十九岁,都可以称为"弱冠",卿大夫则十五岁亦可称为"弱冠",天子和诸侯十二岁甚至就可以称为"弱冠"。

---

① 《十三经注疏》,中华书局,2009 年,第 2665 页。

"弱冠"并非确指二十岁。要确考其何年及第,除刘知幾自言的"弱冠"外,更应从其所说"射策"二字入手。

何谓"射策"?"射策"是封建统治者取士的一种考核方式,始于汉武帝时期。《汉书·儒林传赞》曰:"自武帝立《五经》博士,开弟子员,设科射策,劝以官禄,讫于元始(平帝年号),百有余年。"①王充《论衡·别通》也提及此事:"自武帝以至今朝(谓章帝),数举贤良,令人射策甲乙之科。"②"射策取士"的具体组织形式,在今天所见的一些唐前文献中还有记载。如王定保《唐摭言·试杂文》云:"射者,谓列策于几案,贡人以矢投之,随所中而对之也。对则明以策问授其人,而观其臧否也。如公孙宏、董仲舒皆由此而进者也。有唐自高祖至高宗,靡不率由旧章。"③

正如陈飞《唐代"射策"与"对策"辨略》一文所指出:"唐人很少言射策(有时言射策只是对旧称的借用)","'射策'在唐代官方的正式考试中是否存在也是一个值得讨论的问题";"但这并不等于说射策在唐代任何时候都完全绝迹,也不排除在某些特定场合下仍有存在的可能";"在一些地方上、学校里、应试者较少以及非正式(或所谓私试)的考试场合,采用射策不仅是可能的,而且也许是不可避免的"④。我们认为,唐初时"射策"曾用于某些进士科考试的"重试"。这些考试之所以举行,多因为有人对录取结果有争议,认为其中有些考取者名不副实,相对而言参与人数较少。如张九龄《与李让侍御书》自言:"下官所以勤勤自致,其功靡他,正以居本海隅,始无朝望,昔遇光华启旦,朝制旁求,误登射策之科,忝职藏

----

① 班固《汉书》,中华书局,1962年,第3620页。
② 黄晖《论衡校释》,中华书局,1990年,第602页。
③ 王定保《唐摭言》,三秦出版社,2011年,第13页。
④ 陈飞《唐代"射策"与"对策"辨略》,《清华大学学报》,2008年第1期。

书之阁。"①张九龄所说的"射策",就是指其参加进士科重试一事。事见徐浩《唐尚书右丞相中书令张公神道碑》:"(九龄)弱冠乡试进士,考功郎沈佺期尤所激扬,一举高第。时有下等,谤议上闻,中书令李公当代词宗,诏令重试。再拔其萃,擢秘书省校书郎。"②

刘知幾举进士应"射策",正是因为他"重试及第"。《登科记考》卷二载:"开耀二年(682)二月癸未,改开耀二年为永淳元年。进士五十五人,重试及第十一人:许且,陈子昂,雍思泰,刘知幾……知贡举:刘思立。"③该年中进士者现仅知四人:许且、陈子昂、雍思泰、刘知幾。其中许且、雍思泰现存资料极少。陈子昂为刘知幾同榜进士,考赵儋《为故拾遗陈公建旌德之碑》云:"(子昂)射策高第。其年,高宗崩于洛阳宫,灵驾将西归于乾陵。"④可知陈子昂也是"射策"的方式及进士第的。这可与《登科记考》互相印证。

综上可知,刘知幾举进士时间不是永隆元年(680),而是开耀二年(682),因为只有在本年中进士才能既与刘知幾自言的"弱冠及第"之"弱冠"相契合,又能和"射策登朝"之"射策"相一致。

第二节　所　任　何　官

刘知幾进士及第后所任何官的问题,最早见于《旧唐书》的记载,"弱冠举进士,授获嘉主簿",就这一记载,旅法学者吴其昱认为:

---

① 见徐浩《唐尚书右丞相中书令张公神道碑》,见董诰《全唐文》卷四百四十,中华书局,1983 年,第 2945 页。

② 董诰《全唐文》卷四百四十,中华书局,1983 年,第 4490 页。

③ 徐松《登科记考》,中华书局,1984 年,第 71—72 页。

④ 董诰《全唐文》卷七百三十二,中华书局,1983 年,第 7548 页。另,赵儋认为陈子昂进士及第为文明元年(684),和《登科记考》所载开耀二年(682)相出入。我们此处以《登科记考》为准,对其异同,暂不作考。

这并不一定是说刘知幾在中进士之后立即被委任这一职位。一般来说,断代史中不像墓志铭中那样列举所有的职官尊号。即使这是《旧唐书》中的本意,我们也完全有道理不接受此说,甚至对此提出质疑。首先,事实上并不存在,或者至少是其他独立的史料没有提供这些事实的其它例证。……另外,如果刘知幾从 680 年起就被任命这一职务,并一直留任到 699 年,那么他就不可能在《史通》中发任何怨言。他还提及了为学习历史而在长安和洛阳的长期居住。如果他当时已出任获嘉主簿,那末法律上就不允许他在京师作长时间停留。……刘知幾在开始时更可能是任一种像"正字"或"校书"那样的九品官,这种职位使得他得以在京师学习。……他然后又可能派往获嘉,很可能是从 690 年一直到 699 年左右。因为他指出:"语宦途则十年不进。"①

吴其昱勇于质疑《旧唐书》的精神和做法都是有积极意义的,但同时有必要对他的质疑作进一步的商榷。事实上,刘知幾所任不是校书、正字一类官,而确为《旧唐书》所说的获嘉主簿。原因有如下四个方面。

(一)刘知幾在《史通》中对及第后所任官怨言极大,不可能是校书、正字等官。知幾《史通·忤时》篇曰:"仆少小从仕,早蹑通班。当皇上初临万邦,未亲庶务,而以守兹介直,不附奸回,遂使官若土牛,弃同刍狗。"唐中宗第一次继位为帝时(684),武后临朝称制,政不出中宗。当时,初登仕途的刘知幾,因为品性耿直不会阿附奸臣,所以"官若土牛,弃同刍狗"。

刘知幾所言"土牛",是成语"猕猴骑土牛"的缩略语。"土牛"即指用泥土制的牛,比喻职位提升很慢。唐李白《赠宣城赵太守

---

① 郑炳林主编《法国敦煌学精粹》,中华书局,1993 年,第 451 页。

悦》诗云:"猕猴骑土牛,羸马夹双辕。"①也是在抱怨长期不得升迁。"刍狗",即草做的狗,祭祀时用草扎的狗来代替活的狗作为祭品,祭祀完如同废物,随意丢弃。语见《庄子·天运》篇:"夫刍狗之未陈也,盛以箧衍,巾以文绣,尸祝齐戒以将之;及其已陈也,行者践其首脊,苏者取而爨之而已。"②刘知幾认为自己的官职如同土做的牛,十数年不迁。人也如同草做的狗,被人随意抛弃。

下面来看校书郎、正字等官。白居易《常乐里闲居偶题十六韵》不无自得地描绘了自己任校书郎时衣食无忧、悠游自在的生活:"幸逢太平代,天子好文儒。小才难大用,典校在秘书。三旬两入省,因得养顽疏。茅屋四五间,一马二仆夫。俸钱万六千,月给亦有余。既无衣食牵,亦少人事拘。遂使少年心,日日常晏如。"③校书郎虽为小官,却大有前途,唐代知名文士如张说、张九龄、元稹、李德裕等从校书郎起家,一直做到宰相。正字其官资轻重与校书郎同。张说将两官并提,其《兵部尚书代国公赠少保郭公行状》云:"时辈皆以校书、正字为荣。"④宋至清代的幼儿启蒙书《三字经》提到的唯一唐代官名就是"正字":"唐刘晏,方七岁。举神童,作正字。彼虽幼,身已仕。有为者,亦若是。"刘知幾所抱怨的绝不会是"正字"或"校书"一类的官职。

(二)台湾学者赖瑞和考唐代墓志等史料得知,初唐士人进士及第后第一个官职,主要有两个出路:"一到州府任参军,或在外县任县主簿或县尉","二是留在长安京城任校书郎、正字"⑤。刘知幾所任官不是校书郎、正字,而应为县主簿。

主簿,《通典》曰:"谓主诸簿目。"唐各级机关多有主簿,县设有

①　彭定求《全唐诗》卷一百七十一,中华书局,1960年,第1760页。
②　陈鼓应《庄子今译今注》,中华书局,1983年,第402页。
③　彭定求《全唐诗》卷四百二十八,中华书局,1960年,第4712页。
④　董诰《全唐文》卷二百三十三,中华书局,1983年,第2353页。
⑤　赖瑞和《唐代基层文官》,中华书局,2008年,第14页。

县主簿。"大唐赤县置二人，他县各一人，掌付事勾稽，省署钞目，纠正县内非违，监印，给纸笔。"①刘崇望《授杨彦奉国县主簿尚殷美万岁县主簿制》云："主簿之官，大要在其勾稽。一同百里，不亦难乎？无言小官，而忘干事。黜陟劝沮，勉自为谋。可依前件。"②

县主簿的职责主要是"勾稽"。勾稽是"勾检稽失"③的缩略语。"勾"是指勾检官审核文案后，用朱笔在公文上签押，发现错误时，亦以朱笔注在旁边，并签署上自己的姓名，以示负责。"检"，是检查审核。勾检的内容有二，一为"稽"，或曰稽程，就是审核有没有在国家规定的日程内把事情处理完毕。二为"失"，即检查对事件的处理有没有违反制度。

县主簿是唐勾检系统的最低级的官员，其品秩、地位低于被勾检对象——县令。以品秩低的下级勾检（监察）品秩高的上级，这是顾亭林所说的"秩卑而命之尊，官小而权之重，此大小相制，内外相维之意也"④。但是从另一个角度来讲，如果县令比较强势，而主簿又对这个官职不甚热心，则会出现刘知幾这种情况，公务之余"公私借书，恣情披阅"（《史通·自叙》）。唐代还有和刘知幾相类似的其他县主簿，如酷爱写诗而拙于政事的贾岛。苏绛《贾司仓墓志铭》曰："解褐授遂州长江主簿。三年在任，卷不释手。秩满迁普州司仓参军。"⑤贾岛三年手不释卷，仍然圆满完成了主簿的职责。

吴其昱说："如果他当时已为获嘉主簿，那末法律上就不允许他在京师作长时间停留。"刘知幾并没有说长期逗留京师，而是说"旅游京洛"（《史通·自叙》），即旅居和游学的意思。这说明刘知幾做的不是京官。唐代为了防范侯王勾结私通及官吏擅离职守，

① 杜佑《通典》卷三十三，中华书局，1988年，第921页。
② 董诰《全唐文》卷八百十二，中华书局，1983年，第8541页。
③ 王永兴《唐勾检制研究》，上海古籍出版社，1991年，第4页。
④ 顾炎武《日知录》，上海古籍出版社，2006年，第529页。
⑤ 董诰《全唐文》卷七百六十三，中华书局，1983年，第7937页。

于《唐律疏议》卷九《职制》篇对地方主要行政、军事长官私自出界做出严格的规定："诸刺史、县令、折冲、果毅，私自出界者，杖一百。"①

（三）从刘知幾的作品可以看出他到获嘉任职。获嘉，在今河南获嘉县境，据《新唐书·地理志》载，唐初为河北道怀州河内郡五县之一②，地近洛阳。王重民《补全唐诗》收录刘知幾《次河神庙虞参军船先发余阻风不进寒夜旅泊》：

> 朝谒冯夷祠，夕投孟津渚。风长川淼漫，河阔舟容与。回首望归途，连山暧相拒。落帆遵迥岸，辍榜依孤屿。复值惊波息，戒徒候前侣。川路虽未遥，心期顿为阻。沉沉落日暮，切切凉飚举。白露湿寒葭，苍烟晦平楚。啼猿响岩谷，唤鹤闻河淑。此时怀故人，依然怆行旅。何当欣既觏，郁陶共君叙。③

诗中"冯夷"是黄河水神。"连山"应是指三门峡一带。从当时地势来看，所谓连山也可能是中条山、王屋山、太行山，连成一条线。这首诗应是刘知幾赴获嘉途中所作。刘知幾经黄河由水路，从长安西行，中途经过三门峡，到达河南孟津，再往东北至获嘉。由"回首望归途"句可以看出刘知幾对长安的不舍：行未远而思归切。刘知幾这首诗行文上明显模仿了谢朓《宣城郡内登望》一诗：

> 借问下车日，匪直望舒圆。寒城一以眺，平楚正苍然。山积陵阳阻，溪流春谷泉。威纡距遥甸，巉岩带远天。切切阴风

---

① 钱大群《唐律疏义新注》，南京大学出版社，2007 年，第 299 页。

② 欧阳修《新唐书·地理志》，中华书局，1975 年，第 1010 页。

③ 陈尚君《全唐诗补编》，中华书局，1992 年，第 16 页。

暮，桑柘起寒烟。怅望心已极，惝怳魂屡迁。结发倦为旅，平生早事边。谁规鼎食盛，宁要狐白鲜。方弃汝南诺，言税辽东田。①

在总体结构上，两首诗前半写景、后半抒情的共同特征非常明显。写景部分，刘知幾诗中"沉沉落日暮，切切凉飚举"，可以看出谢朓"切切阴风暮，桑柘起寒烟"的影子；"白露湿寒葭，苍烟晦平楚"，可以看出"寒城一以眺，平楚正苍然"的影响。两诗后半部分抒发的情感却不同。谢朓诗下半部分连用四个典故，写子路在楚国为官列鼎而食，晏子劝桓公要体恤民生，宗资为汝南太守善于用士而闻名海内，管宁在辽东讲授《诗》《书》以德化民而名声大噪，意在表明自己在任上要做出成绩来。刘诗末尾四句："此时怀故人，依然怆行旅。何当欣既觏，郁陶共君叙。"则抒发了对朋友的思念之情。刘氏全诗构架及写景都仿谢朓诗歌，而独于抒情部分迥异乎谢诗，这说明刘知幾对赴获嘉任职的前景不甚乐观。

最后，刘知幾《史通·忤时》所自言的"求史才则千里降追，语宦途则十年不进"，该如何理解呢？吴其昱认为："他然后又可能派往获嘉，很可能是从 690 年一直到 699 年左右。因为他指出'语宦途则十年不进'。"刘知幾这里以"十年"对"千里"，吴其昱先生认为是实指"十年"。我们认为这是不尽准确的。

许慎《说文解字》曰："十，数之具也。一为东西，丨为南北，则四方中央备矣。"②"十"是数字完备的标志。《说文解字》又云："年，谷孰也。"③由于谷禾一般都是一岁一熟，所以"年"即与岁一样，表示一个相同的时间周期。

---

① 曹融南《谢宣城集校注》，上海古籍出版社，1991 年，第 225 页。

② 许慎《说文解字注》三篇上"十部"，上海古籍出版社，1988 年，第 89 页。

③ 许慎《说文解字注》七篇上"禾部"，上海古籍出版社，1988 年，第 326 页。

　　"十年"连用，最初就有泛指时间长久的意思。如《周易》屯卦"六二"云："屯如邅如，乘马班如。匪寇，婚媾。女子贞不字，十年乃字。"①《左传·僖公四年》："一薰一莸，十年尚犹有臭。"杨伯峻注："十年，言其久也。"②在唐代这种用法也是很多的，如贾岛《剑客》诗："十年磨一剑，霜刃未曾试。"杜牧《遣怀》云："十年一觉扬州梦，赢得青楼薄幸名。"刘知幾所谓的"十年"，也并非实指一个固定的具体时间。

　　"千里降追"说的是中宗第二次继位后，于景龙三年（709）在长安召见刘知幾一事。据刘知幾回忆："忽承恩旨，州司临门，使者结辙。既而驱驷马入函关，排千门谒天子。"（《史通·忤时》）实际上，宦途"十年不进"应和求史才"千里降追"、谒天子"排千门"一样，意在极言路途之远、时间之久、宫殿屋宇之多，都是虚指，是一种夸张的说法。

第三节　游学何处

　　刘知幾于《史通·自叙》曰："思有余闲，获遂本愿。旅游京洛，颇积岁年，公私借书，恣情披阅。"刘知幾及第之后，长期任获嘉主簿。仕途上升迁无望，时间上有了余暇，在公务之余，得以实现原来遍读历代史书的愿望。游学京洛数年，借阅公私书籍，任意批览。这里"京洛"意指何处，也是一个值得探讨的问题。刘知幾年谱及相关评传研究都把"京洛"当作京师长安和洛阳。这个说法是不够准确的。刘知幾射策登朝后任获嘉主簿。获嘉在洛阳之东三百余里。西安又在洛阳之西七百余里。三处相隔路途遥远，刘知幾怎么可能在公务之余游学于三地之间且"颇积岁年"呢？

---

① 《十三经注疏》，中华书局，2009 年，第 35 页。
② 杨伯峻《春秋左传注》，中华书局，2009 年，第 296 页。

"京洛"一词，其意大致有三：一是指京都洛阳，因东汉、大周武则天朝均建都于此，故名，如汉班固《东都赋》曰："子徒习秦阿房之造天，而不知京洛之有制也。"①西晋陆机《为顾彦先赠妇》其一云："京洛多风尘，素衣化为缁。"②又如唐郑世翼《登北邙还望京洛》诗题目中之"京洛"，三者都是指洛阳。二是指长安，唐张说《奉和圣制初入秦川路寒食应制》诗："总为朝廷巡幸去，顿教京洛少光辉。"③唐卢照邻《送梓州高参军还京》云："京洛风尘远，褒斜烟露深。"④三是并指长安和洛阳，如《旧唐书》卷四十一"山州"云："及京洛里数。"又李咸用《煌煌京洛行》诗云："长安近甸巡游遍，洛阳寻有黄龙见。"⑤

判断刘知幾游学的"京洛"具体指何处，可以从"学"和"游"两方面入手。即一要看其学，即刘知幾提到的"公私借书，恣情批阅"具体于何时，究竟在何地；二要从刘知幾的交游来看，厘清其所交朋友都是何方人氏。

首先看"颇积岁年"，具体指何时。很明显，"旅游京洛"四字，说明刘知幾不在京城任职。那么就要看下刘知幾写作《史通》前的地方官仕宦履历。《唐会要》卷六十七《试及邪滥官》条："其年（按：指天授二年，公元691年）十二月，怀州获嘉县主簿刘知幾上疏。"⑥《唐会要》卷四十《论赦宥》载："证圣元年（695），获嘉县主簿刘知幾上表。"⑦至圣历二年（699），刘知幾已任京官。《旧唐书·徐坚传》云："坚又与给事中徐彦伯、定王府仓曹刘知幾、右补

---

① 萧统《文选》，中华书局，1977年，第35页。
② 萧统《文选》，中华书局，1977年，第348页。
③ 彭定求《全唐诗》卷八十六，中华书局，1960年，第938页。
④ 彭定求《全唐诗》卷四十一，中华书局，1960年，第517页。
⑤ 彭定求《全唐诗》卷六百四十四，中华书局，1960年，第7381页。
⑥ 王溥《唐会要》，上海古籍出版社，2006年，第1396页。
⑦ 王溥《唐会要》，上海古籍出版社，2006年，第853页。

阙张说同修《三教珠英》。"又《史通·自序》云："长安二年（702），余以著作佐郎兼修国史，寻迁左史，于门下撰起居注。会转中书舍人，暂停史任，俄兼领其职。今上即位，除著作郎、太子中允、率更令，其修史皆如故。又属大驾还京，以留后在都。无几，驿征入京，专知史事，仍迁秘书少监。自惟历事二主，从宦两京，遍居司籍之曹，久处载言之职。昔马融三入东观，汉代称荣；张华再典史官，晋朝称美。嗟予小子，兼而有之。是用职思其忧，不遑启处。尝以载削余暇，商榷史篇，下笔不休，遂盈筐箧。于是区分类聚，编而次之。"由上可推断获知，刘知幾所谓："思有余闲，获遂本愿。旅游京洛，颇积岁年，公私借书，恣情披阅。"其中的"颇积岁年"，就时间而言，大致指的是其682年进士及第任职获嘉后至699年调任京师定王府仓曹前的这一段时间。

其次，看下刘知幾"公私借书，恣情披阅"于何地。

刘知幾常到公家藏书处借书。刘知幾提到公家藏书就是指官府藏书，也可以更直接的说是唐中央朝廷的藏书。当时由秘书监统管事务，《唐六典》卷十载："秘书监之职，掌邦国经籍图书之事。"下面看下刘知幾682年进士及第后直到699年为中央官员，这一段时间内，拥有所谓"公家藏书"的中央机构所在地的变迁情况。

唐初定都长安。考《旧唐书》"高宗本纪"、"则天皇后本纪"、"中宗本纪"可知，唐高宗显庆二年（657）十二月，以洛阳为东都。永淳元年（682），朝廷迁往洛阳。其后，多次往返长安、洛阳。高宗死后，武后于光宅元年（684）改东都为"神都"。把各种中央机构都搬离长安，迁往洛阳。一直到长安元年（701），武则天没有再回长安。

由上可知，刘知幾682年进士及第后至699年的十余年间，中央机构绝大多数时间都在洛阳。刘知幾担任获嘉主簿后的"颇积岁年"，去公家借书，应该主要是指到洛阳去，而不大可能到长安去。考《唐两京城坊考》卷五《东京皇城》可知，唐洛阳官署主要分布于皇城与东城之内，皇城北接宫城，西近上阳宫，重要官署均集中于此，分置于此中的内寺省、秘书省、太仆寺等机构均为武后时期迁建于此。

又，刘知幾提到借阅私家藏书。吴兢，是当时最有名的藏书家。他的藏书，刘知幾会去借，因为他也是刘知幾的好友。《旧唐书·吴兢传》载："兢家聚书颇多，尝自录其卷第，号《吴氏西斋书目》。"①《新唐书·艺文志》"目录类"，载有吴氏此目录一卷。考《增订唐两京城坊考》卷五"东京"可知，吴兢的私宅位于洛阳"东城郭"之"次北敦行坊"②。

最后，再从刘知幾结交的朋友来看。刘知幾于《史通·自叙》曰："及年以过立，言悟日多，常恨时无同好，可与言者。维东海徐坚，晚与之遇，相得甚欢，虽古者伯牙之识钟期，管仲之知鲍叔，不是过也。复有永城朱敬则、沛国刘允济、义兴薛谦光、河南元行冲、陈留吴兢、寿春裴怀古，亦以言议见许，道术相知。所有榷扬，得尽怀抱。"这里刘知幾提到了自己的知己共六人；考《旧唐书》诸人本传可知，刘知幾"旅游京洛"近十年间结交的好友全部是洛阳以东人氏。其中洛阳附近的有三位：刘允济，洛州巩人；元行冲，河南（今河南洛阳）人；吴兢，汴州浚仪人。其余四位是：朱敬则，亳州永城人；徐坚，湖州长城人；薛谦光，常州宜兴人；裴怀古，寿州寿春人。从其结交朋友来看，似足迹多在洛阳以东，而没有到长安。当然，家乡并不完全等同于常住地。不过，唐代的交通不便，相对来说，活动范围有限。所以这里可以作为一个因素来参考。

遥想千余年前，刘知幾公务之暇奔波游学，历十数年之久。羁旅行役之苦，篝灯呵冻之劳，每有会意之乐，其间滋味，虽少向人言道，今观其书，却恍如眼前。然时间流逝，文献缺失，曾经鲜活存在

---

① 刘昫《旧唐书》，中华书局，1975年，第3182页。

② 徐松《增订唐两京城坊考》，三秦出版社，2006年，第300页。

的历史真实，可能已经永远被尘封而无法探知。也许在某个偶然的时机，刘知幾曾经去过长安借书读书，这种可能性并不能完全排除。我们这里所做出的刘知幾游学之去处为洛阳而非西安的结论，只是一种学术上的探讨，以求能够更为接近历史的事实以及学理上的真实。

综上，我们认为，刘知幾开耀二年中进士，及第后任获嘉主簿，公职闲暇之余在洛阳旅居游学，借阅了大量书籍，为撰写《史通》做了充分准备。在那段时间里，刘知幾博览群书，产生了许多迥异前人的新颖论点。这些观点逐渐酝酿成熟，充沛于胸。其后刘知幾著书立说，给后世留下了《史通》这部千古史学名著。刘知幾及第前后的学行述略，对其《史通》文学观相关研究有着极其重大的意义，故笔者冒昧落笔，考辨"弱冠及第，射策登朝"一事，以求教于人方之家。

第二章　《京兆试慎所好赋》考论

刘知幾的《京兆试慎所好赋》(以下除特殊注明外,皆简称《慎所好赋》)被《全唐文》收录为有唐第一首府试赋,但该赋的作者问题却存有争议。洪业据 1567 年福建刻本《文苑英华》、1888 年上海双梧书局石印本《历代赋汇》等,于《〈韦弦〉、〈慎所好〉二赋非刘知幾所作辨》一文中,依次对该赋在《文苑英华》的"失次"与"阙名",赋自身的"气味"与刘知幾参与府试的地点,试赋的题目、题型与"韵脚"共七个方面对赋作者问题提出质疑,认为《全唐文》将《慎所好赋》作者题为刘知幾是不准确的。

然笔者据中华书局 1966 年影印宋刊本《文苑英华》、凤凰出版社 2004 年影印光绪年间双梧书屋俞樾校本《历代赋汇》等研究发现,从《文苑英华》的编选体例、刘知幾的生活和求学经历、京兆府试的命题特点及作答文风等方面可证:洪业之质疑可逐次解答,《全唐文》所题为实,《慎所好赋》确系刘知幾所作。

第一节　"失次"与"阙名"

《全唐文》收录刘知幾赋作凡三首,依次是《思慎赋》、《韦弦赋》、《慎所好赋》。三赋最早见于《文苑英华》(以下简称《英华》)中,收录次序同《全唐文》,但是后两赋《英华》未题作者名。《英华》中三赋收录次序和后两赋作者阙名问题是《慎所好赋》作者归属论争的肇源所在,也是洪业产生怀疑的最主要原因。

一、"失次"的问题

"失次"是洪业对赋作者产生怀疑的首要原因。他认为:"《思慎赋》之作当在《慎所好赋》之后。既同为一人所作,同居一类之文,何为而置其早者于后? 想雍熙(984—987)间编撰《英华》之翰苑诸公当不至愦愦如此。"[1]洪业"置其早者于后"的"失次"断语有必要作进一步的分析。笔者详考发现,《英华》的编撰体例并非洪业所认为的"既同为一人所作,同居一类之文"就简单地以创作时间先后为序排列。

《英华》绍承《文选》,将赋作置各体文学作品之首,以示对赋的重视。但是较之《文选》,所收赋作卷帙浩繁,故分类也更为复杂。其将赋分成"天象"、"岁时"、"人事"等 40 大类。刘知幾《思慎赋》、《韦弦赋》、《慎所好赋》及张仲素《三复白圭赋》、陈仲师《驷不及舌赋》、陈仲卿《驷不及舌赋》共六赋收录于"人事"类其三。

研读刘知幾等人赋作可知,《思慎赋》、《韦弦赋》是总写处世立身要谨慎,"祸福无门,惟人自召","况其慎者,盖不过慎言语,节饮食,知止足,避嫌疑,若斯而已矣;非有朝闻夕死,去食存信之难也"[2]。故立身要"察是非之倚伏,节行藏于进退,守而取则,在刚柔以为箴;动必可观,比玉剑之为佩"[3]。《慎所好赋》是具体写要对自己的爱好有所节制,开篇即云"君子严其墙仞,戒以心胸,知耽味之易入,俾回邪而不容,其慎德也"。接着回答了"丧志而何有? 欲败度兮何从"的问题,即不可爱"宝货",不能贪恋黄金白璧,须

---

① 洪业《〈韦弦〉、〈慎所好〉二赋非刘知幾所作辨》,《洪业论学集》,中华书局,1981年,第 376—383 页。(本章所引洪业之言皆出自此文,故不再一一注明。)

② 李昉《文苑英华》卷九十二,中华书局,1966 年,第 416 页。

③ 李昉《文苑英华》卷九十二,中华书局,1966 年,第 418 页。

"所爱者,礼;所怀者,仁;君由之而又国,士用之以防身"①。《三复白圭赋》为张仲素所作,"三复白圭",语出《论语·先进》篇之"南容三复白圭,孔子以其兄之子妻之"句。意思是说南宫适反复诵读《诗经·抑》篇,其中有"白圭之玷,尚可磨也;斯言之玷,不可为也"句。南宫适以此警示自己言语要谨慎。《三复白圭赋》告诫世人"玷生在玉,伊良工之可磨。言出于躬,纵驷马之不及"②。此赋与后面的两篇《驷不及舌赋》都是写语言一旦说出就无法收回,故而要慎言。

　　由上可见,《英华》"人事"类其三的六篇赋分为三个小类。《思慎赋》、《韦弦赋》是一类,总写处世要谨慎。《慎所好赋》是一类,写要对自己的爱好谨慎选择。《三复白圭赋》等三篇是一类,即要慎言。洪业的"同居一类"是指六赋同在"人事"其三这一大类,他没有注意到这一大类下又暗置三小类,且同时按小类内容进行排次的编选体例。故而,《英华》置《慎所好赋》于《思慎赋》之后,并不存在洪业所说的"失次"问题。

二、"阙名"的问题

　　《英华》中《慎所好赋》未题作者,《历代赋汇》题曰"阙名";这是《慎所好赋》作者为刘知幾被洪业质疑的第二个重要原因。洪业认为:"(《英华》)凡题下未载撰人者当是不知谁何所作之篇。是以《赋汇》转载《韦弦赋》及《慎所好赋》二篇皆于题下标云'(唐)阙名'。"洪业由此推出《全唐文》题《慎所好赋》作者为"刘知幾"是错误的。

　　笔者以《英华》"人事"、"志"、"器用"三类赋为例对其"阙名"问

---

① 李昉《文苑英华》卷九十二,中华书局,1966年,第419页。
② 李昉《文苑英华》卷九十二,中华书局,1966年,第419页。

题进行探讨,将其中未载撰人者的所有篇目,在《历代赋汇》及《全唐文》中的标示进行对比。列表如下。

篇　目　　　　选　本	文苑英华	历代赋汇	全唐文
韦弦赋(人事三)	未　载	阙　名	刘知幾
京兆试慎所好赋(人事三)	未　载	阙　名	刘知幾
谦赋(人事四)	未　载	阙　名	陆　肱
梦五色笔赋(人事六)	未　载	阙　名	王延龄
剑赋(器用一)	未　载	达奚珣	达奚珣
秦客相剑赋(器用一)	未　载	阙　名	达奚珣
刺钟无声赋(器用二)	未　载	阙　名	独孤授
欧冶子铸剑赋(器用二)	未　载	阙　名	白行简
衡赋(器用三)	未　载	阙　名	阙　名
(衡赋)第二(器用三)	未　载	阙　名	徐　寅
(衡诚悬赋)第二(器用三)	未　载	陈　佑	阙　名
古镜赋(器用四)	未　载	何　据	何　据
六角扇赋(器用七)	未　载	陆　遵	郭　遵
邛竹杖赋(器用八)	未　载	庾　信	未收此文
席赋(器用八)	未　载	阙　名	孙　逖
锥处囊赋(器用九)	未　载	阙　名	陈仲师

结合上表可推断出以下几点。

其一,洪业"凡题下未载撰人者当是不知谁何所作之篇"的观点不完全准确。《剑赋》、《古镜赋》、《六角扇赋》、《邛竹杖赋》四赋,《英华》皆未载作者,而《历代赋汇》注《剑赋》作者为"达奚珣",注《古镜赋》作者为"何据",注《六角扇赋》作者曰"陆遵",注《邛竹杖赋》作者为"庾信"。

其二，上述《剑赋》四篇，《英华》题曰"阙名"，《历代赋汇》标出作者，《全唐文》对两者的不同之处逐一考证及甄选。其中，《剑赋》、《古镜赋》，《全唐文》注作者为"何据"，与《历代赋汇》相同。《六角扇赋》，《历代赋汇》注"陆遵"，《全唐文》则更为"郭遵"。《邛竹杖赋》，《历代赋汇》注"庾信"，《全唐文》则未收录。

其三，对《英华》及《历代赋汇》皆未标作者的赋作，《全唐文》则多题作者，仅上表中就有十篇之多。如标《韦弦赋》、《慎所好赋》为刘知几所作，《谦赋》为陆肱作，《梦五色笔赋》为王延龄作，《秦客相剑赋》为达奚珣所作，《刺钟无声赋》为独孤授所作。《御制全唐文序》言："予近得《唐文》一百六十册，几暇批阅，觉其体例未协，选择不精，乃命儒臣重加厘定。每得数卷，亲定去留。仍从《四库全书》、《永乐大典》、《古文苑》、《文苑英华》、《古文粹》诸书内搜罗采取，普行甄录。"[①]编撰《全唐文》时，以《唐文》为底本，又采录《文苑英华》等书，集众家之长，又补其所阙的说法是符合实际的。

其四，《历代赋汇》有很多不足，对赋作者的考证不够精审就是其中之一。对于《慎所好赋》作者洪业从陈元龙《历代赋汇》"阙名"之说，而否定《慎所好赋》作者为刘知几的做法，实不可取。《四库全书总目》对皇帝敕撰诸书例加褒扬，而于《历代赋汇》仅云："二千余年体物之作，散在艺林者，耳目所及，亦约略备焉。"[②]原因概为马积高《历代辞赋研究史料概述》所言，"陈氏在康、雍间，虽久司文翰，颇负文名，而于学术非深有造诣，且其时考证之学未盛，整理文献的义理，尚不为人们所熟习和注意。"[③]

综上，洪业"失次"及"阙名"的两点理由，不足以推翻《全唐文》

① 董诰《全唐文·序》，中华书局，1983年，第1页。
② 永瑢等《四库全书总目》卷一百九十，中华书局，1965年，第1727页。
③ 马积高《历代辞赋研究史料概述》，中华书局，2001年，第203页。

标《慎所好赋》作者为刘知幾的观点。

第二节　赋作风格与贡解地点

《慎所好赋》的风格及刘知幾的贡解地点问题是引起洪业质疑的另两个主要原因。

一、赋的风格问题

洪业认为："试将二赋之文（指《慎所好赋》及《韦弦赋》）与《思慎赋》相比，立即可觉其气味大不相类。'思慎'如何传穴史传，品藻人伦；如何风发泉流，奔驰朗畅！二赋如何循题蹈韵，索意求辞；如何蹜踔短垣，庸音足曲。"对洪业的这个观点。我们从四个方面予以解答。

首先，我们认为《慎所好赋》"循题蹈韵，索意求辞"，"蹜踔短垣，庸音足曲"的特点，不是它的缺点，反而更能证实它是刘知幾所作。试想应试之赋如果不"循题蹈韵，索意求辞"，岂不下笔千言，离题万里。"蹜踔短垣，庸音足曲"语出陆机《文赋》："患挈瓶之屡空，病昌言之难属。故蹜踔于短垣，放庸音以足曲。"[1]原意是陆机认为自己才疏学浅，拙于长篇美文，所以就在小诗短韵上下功夫，勉强用平庸的音调拼凑成曲。刘知幾所作《慎所好赋》和陆机的自谦不同，他是受限于试赋题目、用韵、写作时间以及主考官兴趣的。

在苛刻条件的要求下，在有限的时间内，应试赋很难写的文采飞扬。刘知幾《慎所好赋》有八字韵脚。要想做好这类试题，一要弄清楚题目中的限韵字属于什么韵，这些韵又可与何韵用等；二要从这些韵中找出所需的韵脚字。最后还要将这些字巧妙地安排

---

① 陆机《陆士衡文集校注》，凤凰出版社，2007年，第49页。

到赋中去。李调元在《雨村赋话》卷九第十五引《偶隽》曰:"唐制:举人试日,日暮许烧烛三条。德宗朝,主文权德舆于帘下戏云:'三条烛尽,烧残举子之心。'"①"三条烛尽,烧残举子之心",这虽是戏言,但也说明试赋要想写的出彩是很不容易的。

主考官并不欣赏文采飞扬的诗赋。封演《封氏闻见记》载:"贞观二十年,王师旦为员外郎,冀州进士张昌龄、王公瑾并文词俊楚,声振京邑。师旦考其文、策为下等,举朝不知所以。及奏等第,太宗怪无昌龄等名,问师旦。师旦曰:'此辈诚有词华,然其体轻薄,文章浮艳,必不成令器。臣擢之,恐后生仿效,有变陛下风俗。'上深然之。后昌龄为长安尉,坐赃罪解官,而王公瑾亦无所成。"②

张昌龄、王公瑾应试文、策俱因语言过于华丽浮艳的原因而被斥下第。不仅如此,有上文"后昌龄为长安尉,坐赃罪解官,而王公瑾亦无所成"的结语来推测,师旦"文章浮艳,必不成令器"的断言是得到了应验。除《封氏闻见记》外,《唐语林》卷三"识鉴"篇、《通典》卷十七"选举五""杂议论中"、《唐会要》卷七十六"贡举中""进士"条、《新唐书》卷二〇一"张昌龄传",都记载了这样一件事,内容大致相同,可见这件事在当时影响很大。

由上可见,科考应试之赋不可能过于注重辞藻。刘知幾虽然少与兄知柔俱以词学知名,但是在参加府试时也不能不有所顾忌。这就可以理解为什么《慎所好赋》没有像《思慎赋》那样引经据典"穿穴史传",激扬文字"品藻人伦","思风发于胸臆,言泉流于唇齿"(《文赋》)。彼时彼刻,即使文思像疾风在胸中涌起,文辞也不能像清泉流淌似的从笔下涌出。

其次,我们还需要看下刘知幾对赋作的评价标准——刘知幾反对的是"淫丽"之赋。刘知幾对汉代以后的绝大多数赋作非常不

---

① 李调元《雨村赋话》,哈佛大学汉和图书馆珍藏本。
② 封演《封氏闻见记》卷三,中华书局,2005年,第15页。

满。将辞赋创作看成是雕虫小技。认为秦汉以后以汉赋为主体的
文学之作"树理者多以诡妄为本,饰辞者务以淫丽为宗。譬如女工
之有绮縠,音乐之有郑、卫。"①在其看来,赋作讲述道理以荒诞不
经的东西为依据,修饰文辞务必以淫靡绮丽为追求,这些作品就像
织物中花样别出的细縠轻纱,音乐中放荡轻佻的郑、卫之音。何谓
郑、卫之音?《礼记》云:"郑、卫之音,乱世之音也,比于慢矣。"②孔
子对这种音乐深恶痛绝,因为"郑声之乱雅乐也"③。刘知幾将汉
赋比作郑、卫之音,这种批评不可谓不严厉。刘知幾在《史通·载
文》篇中还以司马相如、扬雄、班固、马融等人的作品为例,对赋体
之作进行批判:

> 若马卿之《子虚》、《上林》,扬雄之《甘泉》、《羽猎》,班固
> 《两都》,马融《广成》,喻过其体,词没其义,繁华而失实,流宕
> 而忘返;无裨劝奖,有长奸诈。

刘知幾批评上述诸赋,内容上,充斥着各种比喻的说法,远远超出
了它实际需要描写的事物。语言上,过于注重辞藻的修饰,以至于
淹没了所要表达的意义,用语华丽夸张而违背事实。在作用上,作
者的思想流宕于华辞丽藻中而不知所归,这样的结果就是对劝勉
奖掖没起到什么好的作用,却滋长了奸诈的风气。
　　刘知幾的赋论主要来自扬雄。扬雄由儒家立场出发对赋作不
无歧视。扬雄《法言·吾子》曰:

> 或问:"吾子少而好赋。"曰:"然。童子雕虫篆刻。"俄而,

---

① 浦起龙《史通通释·载文》,上海古籍出版社,2009年,第114页。
② 《礼记》卷十一《乐记》,见《十三经》,上海书店出版社,1997年,第849页。
③ 《论语》卷九《阳货》,见《十三经》,上海书店出版社,1997年,第1493页。

曰：“壮夫不为也。”或曰：“赋可以讽乎？”曰：“讽乎！讽则已，不已，吾恐不免于劝也。”或曰：“雾縠之组丽。”曰：“女工之蠹矣。”……或问：“景差、唐勒、宋玉、枚乘之赋也，益乎？”曰：“必也，淫。”“淫，则奈何？”曰：“诗人之赋丽以则，辞人之赋丽以淫。如孔氏之门用赋也，则贾谊升堂，相如入室矣。”①

这里，扬雄轻视辞赋，认为辞赋是壮夫不为的“童子雕虫篆刻”。刘知幾多次以“雕虫”指代辞赋创作和辞赋作品。这种轻视辞赋的观点，即是受到了扬雄的影响。扬雄认为赋作不仅不能起到讽喻的作用反而是对对方有所鼓励。扬雄认为文以害意，辞赋的文采过于淫丽，就像雾縠对女工的危害一样。刘知幾对赋作带来的负面作用的指责和扬雄的观点如出一辙。刘知幾的这一观点，实际上和他《慎所好赋》所体现出的特点，也是相符的。

再次，同一作者不同时期、不同心境的作品，在遣词用句方面的行文风格迥然有异，这在文学史上也是一种比较常见的现象。《慎所好赋》与《思慎赋》风格虽不尽相同，但是这一点不可以作为断定两赋非刘知幾所作的主要依据。判断两赋是否为同一作者的标准是看它们的思想主旨是否相同。事实上《慎所好赋》与《思慎赋》两者指要，大致归一，都是谈论“慎”的重要性，同时体现了对老庄思想的推崇。

《思慎赋》被公认为是刘知幾本人的作品。刘知幾在《思慎赋·序》中说明了自己作赋的原因和宗旨：

赋形天地，受气阴阳，生乐死哀，进荣退辱，此人伦之大分也。然历观自古，以迄于今，其有才位见称，功名取贵，非命者众，克全者寡。大则覆宗绝祀，埋没无遗；小则系狱下室，仅而

———————————

① 汪荣宝《法言义疏》，中华书局，1997年，第45—50页。

获免;速者败不旋踵,宽者忧在子孙。至若保令名以没齿,传贻厥于后胤,求之历代,得十一于千百。某尝迹其行事,略而论之。①

刘知幾看到官场险恶,做大官的人很少有人善终,感触很深,因此写作此赋来具体论述自己对人生的看法。刘知幾在赋中主要提到了三层意思,一要功成而身退,不可贪恋富贵;二要交友谨慎;三要时刻注意日常言行举止。然后总结说:

> 知满损而谦益,验弱生而强死。无为福先,无为祸始,节其饮食,谨其容止,聚而能散,为而不恃,洁其心而秽其迹。浊其表而易其里。范阖室而整冠,循覆车而易轨,以道德为介胄,忠贞为剑履,爱发肤而不伤,保家室以不耻。②

刘知幾熟读历史,了解古人以"才位见称"者往往不能持久而死于非命。这引起他的思索,总结出一个"慎"字诀。正如赋序所云:"祸福无门,惟人自召,自贻伊戚,匪降于天,而谓之不幸,未之闻也。"只有谨慎方不致招来祸端。那么需要注意的具体问题是什么呢?

刘知幾认为,要回归到老庄思想那里。《道德经》第七十六章:"人之生也柔弱,其死也坚强。万物草木之生也柔脆,其死也枯槁。故坚强者死之徒,柔弱者生之徒。是以兵强则不胜,木强则折。强大处下,柔弱处上。"③又《庄子·刻意》云:"圣人之生也天行……不为福先,不为祸始,感而后应,迫而后动,不得已而后起。"④这也

---

① 刘知幾《思慎赋序》,见董诰《全唐文》卷二百七十四,中华书局,1983年,第2778页。
② 刘知幾《思慎赋》,见董诰《全唐文》卷二百七十四,中华书局,1983年,第2781页。
③ 陈鼓应《老子注译及评介》,中华书局,1984年,第330页。
④ 陈鼓应《庄子今注今译》,中华书局,1983年,第426页。

就是刘知幾《思慎赋》所说的"验弱生而强死，无为福先，无为祸始"。具体来说就是《思慎赋》所提到的：为人做事必须要谦虚谨慎、清心寡欲、守愚藏拙、自污其形而洁其心；还要注意言行举止，吸取别人的教训，加强自身修养，明哲保身，方可使整个家族不因自己一人而蒙羞。

反观《慎所好赋》，更是直接提出了君子"必思老氏之宝"的论断。《道德经》六十七章曰："我有三宝，持而保之。一曰慈，二曰俭，三曰不敢为天下先。慈故能勇；俭故能广；不敢为天下先，故能成器长。"[①]《慎所好赋》云："君子严其墙仞，戒以心胸，知趺味之易入，俾回邪而不容。其慎德也，白圭是闻其三复；其好贤也，缁衣必荐其九重。自然契已坦荡，清心肃雍，玩丧志而何有？欲败度兮何从？"又曰："蒐田失度，则念'虞人之箴'；慈俭或亏，必思老氏之宝。至矣哉！"[②]《慎所好赋》提出所谓的"君子"应该如何去做呢？"慎德"、"好贤"且"必思老氏之宝"。归根到底还是要回到老氏思想那里。

最后，刘知幾是个史家，现存诗歌中有两首咏史诗。我们通过刘知幾的借咏史以抒己怀的诗作来间接验证《慎所好赋》乃刘知幾所作，因为它们的思想倾向是基本一致的。主张唯有谨"慎"方可全身保命，为人处世要与时浮沉，知进退同时注意饮食养生。

刘知幾现存诗有《次河神庙虞参军船先发余阻风不进寒夜旅泊》、《读〈汉书〉作》、《咏史》、《仪坤庙乐章》共四首。《读〈汉书〉作》、《咏史》为咏史诗。两诗反映了他对历史和现实的深沉反思以及对生命意义的苦苦追问。其中《读〈汉书〉作》云：

　　汉王有天下，欻起布衣中，奋飞出草泽，啸咤驭群雄。淮

---

① 陈鼓应《老子注译及评介》，中华书局，1984年，第306页。
② 李昉《文苑英华》卷九十二，中华书局，1966年，第419页。

阴既附凤,黥彭亦攀龙,一朝逢运会,南面皆王公。鱼得自忘
筌,鸟尽必藏弓,咄嗟罹鼎俎,赤族无遗踪。智哉张子房,处世
独为工,功成薄受赏,高举追赤松。知止信无辱,身安道亦隆,
悠悠千载后,击柝仰遗风。①

这首诗写西汉开国君臣的故事。汉高祖刘邦一介布衣,起于草莽,
因能驾驭群雄,遂逐鹿中原而一统天下。韩信、黥布、彭越等追随
刘邦东征西讨,这些人在汉朝建立后也都封王封侯。然而,得鱼而
忘筌,鸟尽藏良弓。刘邦夺得天下之后,功臣们却成了案板上的
肉,逃脱不了被猜忌被翦除的命运。其中最明智的要数张良,他深
谙处世之道,功成而不求重赏,隐逸山林,远离政治漩涡。知止而
不受辱,最后免于横祸,身家性命得以保全。千年之后,张良的风
范仍然令人景仰。刘知幾此诗写其读《汉书》之后所发的感慨。他
以诗论古,借古鉴今,意在揭示封建社会英雄人物功成身退、明哲
保身的处世之道。

另一首咏史诗直接以《咏史》为题目,诗云:

泛泛水中萍,离离岸傍草,逐浪高复下,从风起还倒。人
生不若兹,处世安可保?遽瑗仕卫国,屈伸随世道;方朔隐汉
朝,易农以为宝。饮啄得其性,从容成寿考。南国有狂生,形
容独枯槁,作赋刺椒兰,投江溺流潦。达人无不可,委运推苍
昊;何为明自销,取讥于楚老?②

这首诗写人生在世要和浮萍与河边的小草一样,随波逐流,随风摇
摆。为人应该像卫国的遽瑗,能屈能伸,老于世故;应该学习汉朝

---

① 王重民《补全唐诗》,见陈尚君《全唐诗补编》,中华书局,1992 年,第 17 页。
② 王重民《补全唐诗》,见陈尚君《全唐诗补编》,中华书局,1992 年,第 17 页。

的东方朔，弃官归隐，活得自由快乐。只有注意饮食养生，顺其自然，方能从从容容得以高寿。做人万不可像屈原那样，不识时务而落得投江自杀的下场。明达之人懂得乐天知命。为什么屈原还要自我毁灭，受到楚国野老的讥笑呢？此诗说明刘知幾在读史过程中历览前人，从而总结出现实残酷、世道险恶，为人要与世沉浮方能保全性命的道理。

　　总的来看，刘知幾的《慎所好赋》及《思慎赋》，都反映了刘知幾的史学修养、人生见识和不信天命而重人事和个人主观因素的思想观念。两赋皆以骈体行文，用词审慎含蓄。以议论为主，用典虽多，却都是围绕"慎"字而为。不像汉赋那样，夸张铺叙，以至于劝百讽一和最初劝谏的本意背道而驰。此外，《慎所好赋》还和刘知幾的两首咏史诗《读〈汉书〉作》、《咏史》在风格与主题思想方面较为一致。语言平实，感情真挚，说理明晰，用典通俗浅近。这些诗赋作品都可与《史通》所体现的刘知幾反对辞藻、注重讽劝的文学观互为表里、彼此印证。要言之，《慎所好赋》应为刘知幾所作。

二、刘知幾为京兆贡解的问题

　　对刘知幾应府试的地点，洪业也有质疑："知幾，彭城人。其欲举进士当由徐州贡解，何为应试京兆？"笔者以为此说法有待商榷。徐州彭城是刘知幾的祖籍，这并不意味着他不能由京兆贡解。如人诗人王维，没有参加他的祖籍河东道太原府试，也没有参加本贯河东道隰州的解试，却到京兆府应试。据薛用弱《集异记》记载，王维"妙年洁白，风姿都美"，且长于音律、词学，颇得某公主的欢心，在其直接干预下，挤掉了原先内定的张九皋，而获得了京兆府的"解头"[1]。另如大诗人白居易也是在家乡取解无望的情况下，投

————————————
[1]　薛用弱《集异记》卷二，中华书局，1980年，第9页。

靠在宣州做官的叔父，通过获取宣州解才进士登第的。可以看出，籍贯并不等同于参加解试的地点。具备了一定的条件，异地解试也不是不可能的。

刘知幾从小在父兄的教导下读书。《史通·自叙》说："予幼奉庭训，早游文学。年在纨绮，便受《古文尚书》。每苦其辞艰琐，难为讽读。虽屡逢捶挞，而其业不成。尝闻家君为诸兄讲《春秋左氏传》，每废书而听。逮讲毕，即为诸兄说之。因窃叹曰：'若使书皆如此，吾不复怠矣。'先君奇其意，于是始授以《左氏》，期年而讲诵都毕。于时年甫十有二矣。所讲虽未能深解，而大义略举。父兄欲令博观义疏，精此一经。辞以获麟已后，未见其事，乞且观余部，以广异闻。次又读《史》、《汉》、《三国志》。既欲知古今沿革，历数相承，于是触类而观，不假师训。自汉中兴已降，迄乎皇家实录，年十有七，而窥览略周。其所读书，多因假赁，虽部帙残缺，篇第有遗，至于叙事之纪纲，立言之梗概，亦粗知之矣。但于时将求仕进，兼习揣摩，至于专心诸史，我则未暇。洎年登弱冠，射策登朝，于是思有余闲，获遂本愿。"可见，十七岁之前，刘知幾一直跟随父兄学习准备应举。等到过了十七岁，年龄大了，要准备科举考试了。刘知幾不参加徐州的贡解，而参加京兆试，有没有可能性呢？回答这个问题，要看下刘知幾的父亲刘藏器的仕宦履历。

《新唐书》"文艺上""刘延祐传"载：

> 延祐从弟藏器，高宗时为侍御史。卫尉卿尉迟宝琳胁人为妾，藏器劾还之，宝琳私请帝止其还，凡再劾再止。藏器曰："法为天下县衡，万民所共，陛下用舍徇情，法何所施？今宝琳私请，陛下从之；臣公劾，陛下亦从之。今日从，明日改，下何所遵？彼匹夫匹妇犹惮失信，况天子乎！"帝乃诏可，然内衔之，不悦也。稍迁比部员外郎。监察御史魏元忠称其贤，帝欲擢任为吏部侍郎，魏玄同沮曰："彼守道不笃者，安用之？"遂出

为宋州司马,卒。

下面具体分析下刘藏器的仕宦情况。刘藏器,高宗时曾为"侍御史"。"侍御史"的官职虽品级不高,但非一般闲杂小官,为"清而复要"之职。《旧唐书》列传卷一百三十五"李素立传"载:"素立寻丁忧,高祖令所司夺情,授以七品清要官,所司拟雍州司户参军。高祖曰:'此官要而不清。'又拟秘书郎。高祖曰:'此官清而不要。'遂擢授侍御史,高祖曰:'此官清而复要。'"又据《唐六典》卷十三"御史台"云:"侍御史掌纠举百僚,推鞫狱讼。"刘藏器由于为官耿直,不太顺遂皇帝的心思。后来才慢慢升迁到比部员外郎。比部员外郎也非同小可。《唐六典》卷六"尚书刑部"载:"(比部)员外郎一人,从六品上……掌勾诸司百僚俸料、公廨、赃赎"等事务。后来,在监察御史魏元忠的推荐之下,皇帝差一点任命刘藏器为吏部侍郎。只是最后因为魏玄同沮遏,被外放宋州司马。那么,在刘藏器外放宋州司马时,刘知幾是否已经参加并通过府试了呢? 要准确给出这个问题的答案,我们需要注意两个时间节点。

第一个节点。刘藏器在皇帝准备提拔其做吏部侍郎时,魏元忠已经在担任监察御史。魏元忠任监察御史是在仪凤(676—679)中到文明(684)年之间。见《新唐书》列传四十七"魏元忠传":

> 仪凤中,吐蕃数盗边,元忠上封事洛阳宫,言命将用兵之要曰……高宗善之,授秘书省正字,直中书省,仗内供奉。迁监察御史。帝尝从容曰:"外以朕为何如主?"对曰:"周成、康,汉文、景也。""然则有遗恨乎?"曰:"有之。王义方一世豪英,而死草莱。议者谓陛下不能用贤。"帝曰:"我适用之,闻其死,顾已无及。"元忠曰:"刘藏器行副于才,陛下所知,今七十为尚书郎。徒叹彼而又弃此。"帝默然惭。迁殿中侍御史。

又见《旧唐书》列传四十二"魏元忠传"载：

> 仪凤中，吐蕃频犯塞，元忠赴洛阳上封事，言命将用兵之工拙曰……帝甚叹异之，授秘书省正字，令直中书省，仗内供奉。寻除监察御史。文明年，迁殿中侍御史。

由上可推知，上起 676 年，下止 684 年，刘藏器仍然担任京官，而且要被提拔为吏部侍郎了。其时，刘知幾恰在 16 岁至 24 岁这个年龄段。换句话说，刘知幾在刘藏器担任京官期间，参加了当地举行的解试。

第二个节点。魏玄同沮遏刘藏器在哪一年？《旧唐书》卷九十一列传第三十七"魏玄同传"载：

> 魏玄同，定州鼓城人也。举进士。累转司列大夫。坐与上官仪文章属和，配流岭外。上元初赦还。工部尚书刘审礼荐玄同有时务之才，拜岐州长史。累迁至吏部侍郎。玄同以既委选举，恐未尽得人之术，乃上疏曰……疏奏不纳。弘道初，转文昌左丞，兼地官尚书、同中书门下三品。则天临朝，迁太中大夫、鸾台侍郎，依前知政事。

又《新唐书》列传第四十二"魏玄同传"载：

> 魏玄同，字和初，定州鼓城人。祖士廓，仕齐为轻车将军。玄同进士擢第，调长安令。累官司列大夫。坐与上官仪善，流岭外。既废，不自护藉，乃驰逐为生事。上元初，会赦还，工部尚书刘审礼表其材，拜岐州长史。再迁吏部侍郎。永淳元年，诏与中书、门下同承受进止平章事。封钜鹿男。

由上可见，魏玄同上元（674—676）初赦还，累迁吏部侍郎。直到永淳元年(682)或者弘道(683年12月,共计一个月)初,不再担任吏部侍郎,升迁高官。转文昌左丞,兼地官尚书、同中书门下三品。吏部侍郎,位高权重。皇帝九五之尊,一言九鼎。要改变皇帝的已定主意,而能力"沮"吏部侍郎的任命,绝非易事。换句话说,最早在682年或者683年时,魏玄同才有可能阻止刘藏器的升迁。

我们还可以反过来推证,年已七十余岁,还在任比部员外郎迟迟未能升迁的刘藏器很有可能是在魏玄同升迁后才得到了升任吏部侍郎的机会。也就是于弘道初年,为魏玄同所沮,未能高升。我们甚至可以作出进一步的大胆推测,魏玄同打压刘藏器的理由为"彼守道不笃者,安用之",这有可能和刘知幾的异地解试有关。异地解试,在当时毕竟不为官方所认可。天授三年(692),右补阙薛谦光即上书曰:"今之举人,有乖事实","或冒籍窃资邀勋盗级"①。说的就是对异地考试士子的批评。

综上可知,刘知幾的父亲刘藏器在高宗时为侍御史。监察御史魏元忠很推重刘藏器,高宗也打算提升他为吏部侍郎,因遭魏玄同的反对,便放他出为宋州司马。这一年大致是永淳元年(682)或者弘道元年(683)。刘知幾时年已经进士及第了。所以,刘知幾府试之时,其父刘藏器正在京城为官。而且,可以进一步推出,此前的很长一段时间内,一直担任京官。虽然升迁缓慢,但一直在中央权力枢纽任职。刘藏器完全有条件让刘知幾在京城参加府试。

唐代诸州解额表面看来差别不大,"应诸州贡士:上州岁贡三人,中州二人,下州一人。必有才行,不限其数,所宜贡之"②。但实际并非如此,京兆解在省试中的人数远逾他州,"自开元、天宝之际,率以在上十人"③。柳宗元《送辛生下第序略》中甚至感慨:"京

① 杜佑《通典》卷十七"选举五",中华书局,1988年,第410页。
② 王定保《唐摭言》卷一"贡举厘革并行乡饮酒",三秦出版社,2011年,第2页。
③ 王定保《唐摭言》卷二"京兆府解送",三秦出版社,2011年,第18页。

兆尹岁贡秀才,常与百郡相抗。等贤能之书,或半天下。"①此外,京兆贡士最为世人所重,"得之者搏跃云衢,阶梯兰省,即六月冲宵之渐也",故当时人称京兆解等第榜为"神州等第录"②。这使得举子们想方设法冒籍京兆,奋力策高足,占据要路津,以求得登科之先机。正如上文提到的薛谦光所言:"今之举人,有乖事实","虽迹亏名教,罪加刑典,或冒籍窃资"③。外地学子尚且要冒籍京兆,刘知幾就更不可能弃京兆而赴徐州应府试了。

考《元和姓纂》,刘知幾从父刘延祐,在本州贡解。于是在史籍中郑重提到"彭城人,本州举进士"。见《旧唐书》一百九十上:"延佑,弱冠本州举进士,累补渭南尉。刀笔吏能,为畿邑当时之冠。"又如,《旧唐书》卷九十四:"苏味道,赵州栾城人也。少与乡人李峤俱以文辞知名,时人谓之苏李。弱冠,本州举进士。累转咸阳尉。"似乎没有冒籍,而在本州举进士也是很值得一提的。刘知幾的相关资料中,却没有提到何处举进士,这似乎能从反面说明,其可能不是在本州即徐州举的进士。

第三节　试赋的题目、题型及用韵

除上述《英华》收录的"失次"、"阙名",赋的风格和刘知幾应府试的地点外,就《慎所好赋》本身的题目、题型及用韵问题,洪业尚有三点质疑。

(一)《旧唐书》卷三十八"地理志上"载:"京兆府,隋京兆郡……武德元年,改为雍州……天授元年改雍州为京兆郡,其年复

---

①　柳宗元《柳宗元集》,中华书局,1979 年,第 629 页。

②　王定保《唐摭言》卷二"元和元年登科记京兆等第榜叙",三秦出版社,2011 年,第 19 页。

③　杜佑《通典》卷十七"选举五",中华书局,1988 年,第 410 页。

旧。……开元元年改雍州为京兆府；其后不复更改。"唐建立至开元元年，除天授元年，其他时期京兆府都称作"雍州"。刘知幾应府试时，既非天授元年，又非开元以后，故洪业认为即使刘知幾在京兆参加了府试，他应试赋的题目也应该称《雍州试慎所好赋》，而不应该是《京兆试慎所好赋》。笔者对洪氏此一质疑解释如下。

唐前雍州或称京兆府统辖京师附近，东晋以降，特别是隋唐两代，这一行政区域在"雍州"、"京兆尹"、"京兆郡"、"京兆府"等数个名称间不断反复，且颇为频繁。名称更迭在《元和郡县图志》卷一"京兆府"条中介绍的最为赅要：

> 京兆府，《禹贡》雍州之地，舜置十二牧，雍其一也。周武王都丰、镐，平王东迁，以岐、丰之地赐秦襄公，至孝公始都咸阳。秦兼天下，置内史以领关中。项籍灭秦，分其地为三：以章邯为雍王，都废丘；司马欣为塞王，都栎阳；董翳为翟王，都高奴，谓之三秦。高祖入关定三秦，复并为内史。景帝分置左、右内史。武帝太初元年改内史为京兆尹，后与左冯翊、右扶风谓之三辅，其理俱在长安城中，又置司隶校尉以总之。光武都洛阳，以关中地置雍州，寻复立三辅。魏分河西为凉州，分陇右为秦州，三辅仍旧属司隶。晋初省司隶，复置雍州。愍帝之后，刘聪、石勒、苻健、姚苌相继窃据之，长孙泓为刘裕所灭。东晋复置雍州及京兆郡，寻为赫连勃勃所破，遣子陁镇长安，号曰"南台"。后魏太武破赫连昌，复于长安置雍州，孝武自洛阳迁长安，改为京兆尹。隋开皇三年，自长安故城迁都龙首川，即今都城是也。废京兆尹，又置雍州，炀帝改为京兆郡。武德元年，复为雍州。开元元年，改为京兆府。①

---

① 李林甫《元和郡县图志》卷一，中华书局，1983年，第1页。

雍州自西周到唐基本上都是指陕西关中一带。汉武帝时，该地区始称"京兆尹"，不独立设州，归司隶校尉管辖。其后屡经名称更迭，至东晋复置雍州及京兆郡。寻改为"南台"，后魏太武帝破赫连昌，复于长安置雍州。孝武帝自洛阳迁长安，改为京兆尹。隋朝统一后，于开皇三年迁都龙首川，废京兆尹，又置雍州。后隋炀帝又改为京兆郡。唐朝建立后，高祖武德元年，复为雍州。玄宗开元元年，改为京兆府。两《唐书》中，这一地区"雍州"与"京兆"两名称可以通用。如《旧唐书·李靖传》曰："李靖本名药师，雍州三原人也。"①《新唐书·李靖传》则云："李靖本名药师，京兆三原人。"②《旧唐书·李昭德传》云："李昭德，京兆长安人也。"③《新唐书·李昭德传》则曰："李昭德，雍州长安人也。"④此言"雍州"，彼言"京兆"，此类事例比比皆是。正史尚且如此，文集亦然。刘知幾科考之时京师虽然名为雍州，然李昉编选《英华》时却题其作曰《京兆试慎所好赋》，这是可以理解的。

（二）洪业还对刘知幾应试的题型提出了怀疑，他说："《登科记考》引永隆二年（681）八月诏'进士试杂文两首'，加注云：'按杂文两首谓箴铭论表之类。开元间始以赋居其一。亦有全用诗赋者，非定制也。杂文之专用诗赋，当在天宝（742—756）之季。'府试科目的范围当不至于越出省试定制。然则刘知幾早年应试文中当不能有《慎所好赋》。"下面我们对洪业的上述观点——评述。

首先，洪业所引徐松《登科记考》卷二所言之"（进士试）杂文两首，谓箴铭论表之类，开元间，始以赋居其一"的说法是不准确的。颜元孙于垂拱元年（685）参加省试时的杂文两首其一即为《高松赋》。颜真卿《朝议大夫守华州刺史上柱国赠秘书监颜君神道碑

---

① 刘昫《旧唐书》，中华书局，1975年，第2475页。
② 欧阳修《新唐书》，中华书局，1975年，第3811页。
③ 刘昫《旧唐书》，中华书局，1975年，第2853页。
④ 欧阳修《新唐书》，中华书局，1975年，第4255页。

铭》曰："(颜元孙)省试《九河铭》、《高松赋》。故事,举人就试,朝官毕集。考功郎刘奇乃先标榜君曰:'铭赋二首,既丽且新;时务五条,词高理赡。惜其帖经通六,所以不(原本阙)屈从常第,徒深悚作,由是名动天下。'"①考《旧唐书·颜杲卿传》可知:"(杲卿)父元孙,垂拱初登进士第,考功员外郎刘奇榜其词策,文瑰俊拔,多士耸观。"②又由《登科记考》卷三知,颜元孙武周垂拱元年登进士第。可证,垂拱元年省试杂文两首中已有赋作。

其次,刘勰《文心雕龙·杂文》篇最早提及并详论"杂文",涉及"对问"、"七"、"连珠"三种。刘勰所提到的"杂文"已包括赋在内,如"对问"选了东方朔《答客难》、扬雄《解嘲》、班固《答宾戏》等,"七"论及枚乘《七发》、曹植《七启》等。王勃《上吏部裴侍郎启》曰:"君侯受朝廷之寄,掌镕范之权,至于舞咏浇淳,好尚邪正,宜深以为念者也。伏见铨擢之次,每以诗赋为先,诚恐君侯器人于翰墨之间,求材于简牍之际,果未足以采取英秀,斟酌高贤者也。"③这里的"铨",指的是吏部对官员的铨选。王勃最晚卒于676年,可见在此之前,官员的选拔升迁已经把诗赋作为首要考量标准之一了。"杂文"在刘勰看来,已经包括辞赋。初唐的官员选拔很早就对诗赋非常重视了。永隆二年(681)八月诏"进士试杂文两首",所考"杂文"包括诗赋在内又有什么奇怪呢!

综上,"杂文"本身历来就含赋在内,676年之前在选拔官员的时候就已经对诗赋极为重视,而垂拱元年(685)省试"杂文"中已有赋作;那么我们可以得出这样的推断:永隆二年(681)八月诏"进士试杂文两首",其中"杂文"当包括赋在内。诏书规定次年省试(八月下诏时,当年进士考试时间已过,故曰次年省试。又永隆二

---

① 董诰《全唐文》卷三百四十一,中华书局,1983年,第3457页。
② 刘昫《旧唐书》,中华书局,1975年,第4896页。
③ 董诰《全唐文》卷一百八十,中华书局,1983年,第1830页。

年九月改元开耀,次年即开耀二年)应试文中有赋在内,考《登科记考》卷二可知,刘知幾是开耀二年的进士,则他参加的省试考试中有赋。即使如洪业所云:"府试科目的范围当不至于越出省试定制。"意思是同一时间的府试命题范围当不超过当时的省试。然这句话如果换个角度讲,似乎也能说得通,刘知幾参加的省试既已规定了要有赋作,那么也就可以推出其府试时亦可有赋作。

(三)洪业认为:刘知幾早年应试,不至于应京兆试,不至于作赋,"更不至于作限韵八脚之赋矣"。理由是《登科记考》于开元二年(713)"进士十七人"条下注云:"《永乐大典》'赋'字韵注云:'开元二年王邱员外知贡举,始有八字韵脚。是年试《风赋》以"风日云野,军国肃清"为韵'。按杂文之用赋,初无定韵。用八韵自此年始。见《能改斋漫录》引伪蜀冯鉴《文体指要》。"此说有待探讨。

我们看下徐松所引的宋吴曾《能改斋漫录·事始二》"试赋八字韵脚",其云:"赋家者流,由汉、晋历隋、唐之初,专以取士。止命以题,初无定韵。至开元二年,王邱员外知贡举,试旗赋,始有八字韵脚,所谓'风日云野,军国清肃'。见伪蜀冯鉴所记《文体指要》。"

由上可知,洪业"开元二年王邱员外知贡举,始有八字韵脚"的论据来自徐松,徐松的观点来自《永乐大典》,而《永乐大典》的说法源于吴曾,吴曾所言则来自冯鉴。我们这里要指出的是,这个证据的传承脉络虽然是非常清晰的,但它是孤立的,别无旁证,可靠性不高。洪业由"开元二年王邱员外知贡举,始有八字韵脚"的论据推翻刘八字韵脚的《慎所好赋》非刘知幾所作。我们同样可以反过来推证。假设《慎所好赋》为刘知幾所作为真,那么冯鉴《文体指要》"开元二年王邱员外知贡举,始有八字韵脚"的说法是站不住脚的。如邝健行《初唐题下限韵律赋形式的审察及引论》一文即认为:"吴曾以来的说法不对。试赋限韵,起码在初唐刘知幾时已存在;而且不仅中央吏部试限韵,就是地方性府试的试题也有限韵规矩。刘知几的赋题写得明明白白，冠上'京兆'二字的。"①持类似观点的还有韩晖《隋及初唐赋风研究》第四章"高宗时期赋坛"，其云："从伪蜀到现在，这个错误延续了一千余年，学者们仍在以讹传讹。其实，证明它的错误很容易，就用我们前面进士试赋中刘知几仪凤四年(679)京兆解试时所作的赋，就足够了。"②当然，我们并不完全赞同由简单甚至有些粗暴的推理而得出的此是彼非抑或此非彼是之论断。我们只是说明洪业以徐松之说法推翻《慎所好赋》为刘知几所作的做法，还有商榷的余地。

退一步讲，即使徐松所言"开元二年王邱员外知贡举，始有八字韵脚"的说法是真实可靠的，但王邱员外主持的是省试，而非刘知几写作《慎所好赋》时所参加的"府试"，两者不是一回事。用徐松的观点来反驳《慎所好赋》非刘知几所作，仍然是靠不住的。

刘知几少以文学知名，尤擅于赋。可惜的是，刘知几所作之赋现仅存三首。其中《慎所好赋》为有唐现存第一首府试赋，对研究唐代试赋制度的嬗递、律赋自身体制的演进及考察刘知几学行、探究其内心世界来说，不啻连城之宝，故该赋作者所存之争议问题亟须澄清。笔者对《文苑英华》的编选体例、刘知几的生活和求学经历、京兆府试的命题题型及作答文风等方面进行了较为细致的考辨，认为洪业对于《慎所好赋》作者的质疑是可以一一解答的，《全唐文》题该赋作者为刘知几的做法是可靠的。

---

① 邝健行《诗赋合论稿》，江苏古籍出版社，2002 年，第 141 页。该文最早发表于 2000 年的《唐代文学研究》第 8 辑。

② 韩晖《隋及初唐赋风研究》，广西师范大学出版社，2002 年，129 页。这里面还有一段小小的插曲。邝健行发表于《四川师范大学学报》2005 年第 1 期《律赋论体》曾提到："试赋限韵不始于开元二年，韩晖书（按即韩晖的《隋及初唐赋风研究》一书）中第四章第三节所论与鄙见完全相同，征引数据也无甚差别。前两年发表的拙文（按即邝健行《初唐题下限韵律赋形式的审察及引论》一文），他也许不曾参考过。"韩晖是不是参考过邝健行的文章，不在本书论述范围之内，故仅附带提一下。

　　这篇赋作是刘知幾存世作品中创作时间最早的。场屋所限，文风自非同平常之作。刘知幾从历史经验出发，以焚裘之晋文与贪璧之虞公等人为正反之例，得出待人接物皆需谨慎与慎德好贤而不可玩物丧志的观点。这体现出一个史学家的卓识。而其所谓"将辞直而不违，知言甘而有旨"；"五色足眈，审之则朱紫不夺，八音之乐，慢之则郑雅同归"（《慎所好赋》）的论断，也是值得我们注意的。刘知幾文学观中辞尚质朴，文重实录，反对雕饰，圆融文史等特点，在早年的这篇作品中也可以找出某些影子。

第三章　《安和》诗考论

　　《旧唐书》"经籍志""丁部集录""别集类"著录"《刘子玄集》十卷",《新唐书》"艺文志""丁部集录""别集类"言"《刘子玄集》三十卷"。可见至《新唐书》修撰时,刘知幾所作作品存世数量应还颇为可观,不过可惜的是,今天能见到的刘知幾的作品已经不多了。其中,除了第二章所论述的《慎所好赋》外,刘知幾的一首《安和》诗也是需要我们重点关注的,因其和卢纶《皇帝圣感词》其三之间也存在"著作权"上的争议。

　　刘知幾的诗歌存世很少,内容最为可靠的仅《安和》一首①。最早见于《旧唐书》"音乐志""仪坤庙乐章十二首"其十"武舞用《安和》"条;其原注曰:"太簇徵,秘书少监,崇文馆学士刘子玄作。"全诗内容如下:

　　　　妙算申帷幄,神谋出庙庭。两阶文物备,七德武功成。校

---

　　① 刘知幾诗作今存四首。除《安和》外,其余三首分别为《次河神庙虞参军船先发余阳风不进寒夜旅泊》、《读〈汉书〉作》及《咏史》。这三首诗,今见伦敦英国图书馆藏敦煌写本残卷。英藏写本中有《珠英集》残卷一篇,编号为 S. 2717。其中收录了作者题曰"右补阙彭城刘知幾"的诗作三首(详可参王重民辑录《补全唐诗》"刘知幾"条,见陈尚君辑校《全唐诗补编》,中华书局,1992 年,第 16 页。另参吴其昱《敦煌本〈珠英集〉两残卷考》一文,见[法]谢和耐、苏远鸣等著《法国学者敦煌学论文选萃》,中华书局,1993 年,第 476—499 页)。这三首诗歌内容多有漫漶不可识处,有关研究分歧较大。

猎长杨苑,屯军细柳营。将军献凯入,歌舞溢重城。①

《全唐诗》收此诗,而且录了两遍,两处题目略有不同:卷十四"郊庙歌辞""仪坤庙乐章"其十题曰《安和》,与徐彦伯《永和》、阙名《金奏》、丘说《太和》、张齐贤《肃和》、郑善玉《雍和》、薛稷《昭升》、阙名《坤贞》、徐坚《寿和》、胡雄《舒和》、员半千《雍和》、祝钦明《永和》共十二首诗合题为《仪坤庙乐章》;卷九十四"刘知幾"条则直接题为《仪坤庙乐章》。由此看来,该诗是《仪坤庙乐章》组诗之一,故以《安和》为题更为准确。两处所收诗的内容各有一字与《旧唐书》所载不同:首联对句后三字《旧唐书》作"出庙庭";《全唐诗》卷十四《安和》作"及庙庭"②;卷九十四题《仪坤庙乐章》为"出庙廷"③。三者相较,可推知:"庭"和"廷"字应为通假,"及"或是"出"字因传抄而生的讹误;三者以《旧唐书》所录为最善。

卢纶,大历十才子之一,早年即以"估客昼眠知浪静,舟人夜语觉潮生"(《晚次鄂州》)诗句为人称道。晚年之作《和张仆射塞下曲》更成为传唱千古的名篇。十人中他辞世最晚,影响最大,开"'元轻白俗'的先声"④。卢纶有《皇帝圣感词》其三和刘知幾《安和》诗颇为相似。据《文苑英华》录诗如下:

　　妙算干戈止,神谋宇宙清。两阶文物盛,七德武功成。校猎长杨苑,屯军细柳营。归来献明主,歌舞溢春城。⑤

该诗最早收录于《御览诗》,和其他三首总题曰"皇帝感词",内容与

---

① 刘昫:《旧唐书》卷三十一"音乐志四",中华书局,1975年,第1141页。

② 彭定求:《全唐诗》卷十四"安和",中华书局,1960年,第138页。

③ 彭定求:《全唐诗》卷九十四"刘知幾"条,中华书局,1960年,第1018页。

④ 蒋寅《大历诗人研究》,北京大学出版社,2007年,第250页。

⑤ 李昉《文苑英华》卷一百六十七,中华书局,1966年,第802页。

《文苑英华》有两字不同：颔联"长杨苑"作"长杨赋"，尾联"溢春城"作"满春城"①。这首诗《全唐诗》也收录于两处：卷二十八中题目为《皇帝感词》，尾联对句"溢春城"为"隘春城"，"溢"字下附原校"集作溢"②；卷二百七十七"卢纶二"条中题目为《皇帝感词》，"皇帝"两字下附原校"一本有圣字"，尾联对句"溢春城"之"溢"字下附原校"一作满，一作隘"③。四者相较而言，该组诗应题曰"皇帝感词"，内容则以《文苑英华》本为善。

以《旧唐书》、《文苑英华》本为据，将刘知幾和卢纶的诗相较可知：两诗首联十字重复四字，且诗意有相似处；颔联十字重复九字，仅改"备"为"盛"，诗意基本相同；颈联完全一致；尾联十字五字相同，改"将军献凯入"为"归来献明主"，另外，改"重城"为"春城"，诗意类似。总的来看，两首诗无论诗意还是用语皆极为相似。

刘知幾和卢纶都是唐代文学名家，刘知幾《安和》和卢纶《皇帝圣感词》其三两首诗，存在著作权的争议。本文以《安和》诗为中心，考辨其内容及写作背景，同时以刘氏实录诗学观为辅证，认为《安和》诗为刘知幾所作，卢纶仿其作《皇帝圣感词》其三。

第一节 题目及内容

《安和》这首诗是"仪坤庙乐章"组诗其十。"乐章"，唐前多指日常配乐的诗词。《礼记·曲礼下》曰："居丧，未葬读丧礼，既葬读祭礼。丧复常，读乐章。"④《晋书·乐志上》云："汉自东京大乱，绝无金石之乐，乐章亡缺，不可复知。"⑤这里的"仪坤庙乐章"组诗为

---

① 令狐楚《唐人选唐诗·御览诗》，上海古籍出版社，1978年，第214页。
② 彭定求《全唐诗》卷二十八"皇帝感词"，中华书局，1960年，第416页。
③ 彭定求《全唐诗》卷二百七十七"卢纶二"，中华书局，1960年，第3151页。
④ 《礼记》卷一"曲礼下"，上海书店出版社，1997年，第752页。
⑤ 房玄龄《晋书》卷二十二，中华书局，1974年，第679页。

祭祀仪坤庙时所配乐演唱的诗词。"仪坤庙",是唐代为未祔太庙的两位皇后所立的祀庙名。系唐睿宗李旦即位后为其两位皇后窦氏、刘氏在京城而立。睿宗昭成顺圣皇后窦氏为玄宗生母,与肃明顺圣皇后刘氏一起于长寿年间被武则天以厌蛊咒诅的罪名杀害。考《旧唐书》"仪礼志五"可知,景云元年冬,睿宗"追尊昭成、肃明二皇后,于亲仁里别置仪坤庙。四时享祭"。睿宗崩,及行祔庙之礼时,太常博士陈贞节、苏献等认为"孝和皇帝(中宗李显)在庙,七室已满",但因为"天子有不得全事于七代之义矣",且"孝和皇帝有中兴之功,而无后嗣",故应"出为别庙,时祭不亏,大祫之辰,合食太祖"。苏献上书以后,"制从之,初令以仪坤庙为中宗庙,寻又改造中宗庙于太庙之西"。开元四年,仪坤庙成为单独祭祀皇后刘氏的神庙,"迁昭成皇后神主祔于睿宗之室,惟留肃明神主于仪坤庙"。至"开元二十一年,玄宗又特令迁肃明皇后神主祔于睿宗之室,仍以旧仪坤庙为肃明观"[1]。仪坤庙立于景云元年,刘知幾卒于开元九年,从组诗总题即可判断,其《安和》诗应作于景云元年至开元九年之间。

　　刘知幾的诗题曰"安和",语出武功七德之"安民"、"和众"两德,意为安定人民、调和大众的意思。祭祀宗庙时,这类诗歌配合武舞演唱[2]。"武舞",雅舞的一种,始于周代,隋唐时代仍然流行。《新唐书·礼乐志十一》载:"(礼乐)用于郊庙、朝廷,以接人神之欢,其金石之响,歌舞之容,则各因其功业治乱之所起,而本其风俗之所由。"其时"隋有文舞、武舞","武舞:左干右戚,执旌居前者二人,执鼗执铎皆二人,金錞二,舆者四人,奏者二人,执铙二人,执相在左,执雅在右,皆二人夹导,服平冕,余同文舞"。唐至"武后毁太庙,《七德》、《九功》之舞皆亡,唯其名存。自后复用隋文舞、武舞而

---

① 刘昫《旧唐书》卷二十五"礼仪志五",中华书局,1975 年,第 950—954 页。
② 刘昫《旧唐书》卷三十一"音乐志四",中华书局,1975 年,第 1141 页。

已"①。可见，刘知幾《安和》一诗所配之武舞，舞蹈时手执斧盾，内容为歌颂统治者的武功，这说明《安和》的描写对象应该是以武力征伐得天下的皇帝。下面再具体分析《安和》诗的内容：

"妙算申帷幄，神谋出庙庭。""妙算"、"神谋"解释为巧妙神奇的计策、谋划。"帷幄"与"庙庭"互文同义。"帷幄"这里是指的皇帝所居之地，如《旧唐书·王琚传》："琚在帷幄之侧，常参闻大政，时人谓之'内宰相'。"②"庙庭"此是指君王接受朝见、议论政事的殿堂，如《周书·晋荡公护传》："十月，帝于庙庭授护斧钺。"③诗歌首联意指皇宗和手下猛将谋臣运筹帷幄商定奇谋妙计平定天下。

"两阶文物备，七德武功成。""两阶"，指神庙寝堂前东西两阶，其中主阶在东，称阼阶。阼阶上为主位，是天子主持祭祀的位置。《礼记·曲礼下》："君天下曰'天子'。朝诸侯，分职，授政，任功，曰'予一人'。践阼，临祭祀。"④"文物"，指朝廷的礼乐制度和器物，古代用文物明贵贱，制等级。《左传·桓公二年》载："夫德，俭而有度，登降有数，文物以纪之，《十三经》，声明以发之，以临百官。"⑤又见唐杜甫《行次昭陵》诗："文物多师古，朝廷半老儒。"⑥"七德"，是指帝王"文治武功"中"武功"的七种德行，《左传·宣公十二年》："夫武，禁暴、戢兵、保大、定功、安民、和众、丰财者也。故使子孙无忘其章……武有七德，我无一焉，何以示子孙？"⑦《安和》诗颔联写的是皇帝以武力平乱后，整肃朝廷礼乐制度，并举行盛大典礼拜祭皇家宗庙。

① 欧阳修《新唐书》卷二十一"礼乐志十一"，中华书局，1975年，第460—469页。
② 刘昫《旧唐书》卷一百六"王琚传"，中华书局，1975年，第3251页。
③ 令狐德棻《周书》卷十一，中华书局，1975年，第174页。
④ 《礼记》卷一"曲礼下"，《十三经》，上海书店出版社，1997年，第753页。
⑤ 《左传》卷二"桓公二年"，《十三经》，上海书店出版社，1997年，第950页。
⑥ 彭定求《全唐诗》卷二百二十五"杜甫"条，中华书局，1960年，第2408页。
⑦ 《左传》卷十一"宣公十二年"，上海书店出版社，1997年，第1023页。

"校猎长杨苑，屯军细柳营。""长杨苑"，指"长杨宫"。《元和郡县图志》曰："秦长杨宫，在县（周至县）东南三十里。汉武帝好自击熊罴，司马相如从至上林，上疏谏。"①又《三辅黄图》云："长杨宫在今盩厔县东南三十里，本秦旧宫，至汉修饰之以备行幸。宫中有垂杨数亩，因为宫名，门曰射熊观，秦汉游猎之所。"②汉武帝曾在此狩猎，《汉书·东方朔传》载："建元三年，微行始出，北至池阳，西至黄山，南猎长杨，东游宜春。"③汉代这里既是皇家的狩猎区，也是三军的练兵场。秋冬两季，天子"历长杨之榭④，览山川之体势，观三军之杀获，原野萧条，目极四裔，禽相镇厌，兽相枕藉。然后收禽会众，论功赐胙"⑤。三军猎杀之后，皇帝论功赏赐胙肉。

"细柳营"，据《元和郡县图志》载："在县（京兆府万年县）东北三十里。相传云周亚夫屯军处。今按亚夫所屯，在咸阳县西南二十里，言在此，非也。"⑥刘知幾是位历史学家，认识不同凡俗，他所言的细柳营，必不会是讹传的地方，而应为咸阳的汉细柳营地。汉细柳营在今陕西省咸阳西南，渭河北岸。汉文帝年间匈奴侵犯大汉，文帝命周亚夫驻扎在细柳。由于周亚夫治军谨严，所以"细柳营"成为后世良将营地的代名词。

《安和》诗颈联中"长杨苑"、"细柳营"用的是汉武帝狩猎、周亚夫屯军的典故。刘知幾是赞成诗歌中用典故的，他于《史通·叙事》篇云："持彼往事，用为今说，置于文章则可。"同时又强调"往事"要与"今说"必须有其相似之处，"其事相符，言之谠矣"，如果

---

① 李吉甫《元和郡县图志》卷二"周至"条，中华书局，1983年，第31页。
② 何清谷《三辅黄图校注》卷一，三秦出版社，2006年，第44页。
③ 班固《汉书》"东方朔传"，中华书局，2007年，第652页。
④ "长杨榭，在长杨宫。秋冬校猎于下，命武士博射禽兽，天子登此以观焉。"（见《三辅黄图校注》卷之五"台榭""长杨榭"）
⑤ 班固《西都赋》，见萧统《文选》卷一"赋"，中华书局，1977年，第29页。
⑥ 李林甫《元和郡县图志》卷一"万年县"，中华书局，1983年，第4页。

"虚引古事,妄足庸音,苟矜其学,必辨而非当者矣"。可知,《安和》此联应是写皇帝在渭川狩猎兼演练军队的实况:从咸阳县细柳营沿渭水南下,一直至长安以南鄠屋县长杨宫附近。

"将军献凯入,歌舞溢重城。""凯",本意指胜利的音乐,即"还师振旅乐也"①。"献凯"一词,语出《周礼·大司乐》:"王师大献,则令奏凯乐。"意为军队胜利班师,以音乐庆祝,后也指上献胜利的战果。结合上文的"校猎长杨苑",《安和》这里的"献凯"应指打猎后有了大的收获,狩猎的将军执猎物左耳以向皇帝献功。"歌舞",这里是指皇帝狩猎归来,人们载歌载舞来欢迎君王。"重城",原指古代城市在外城中又建内城。如《越绝书》载:吴大城"周六十八里六十步",吴小城,"周十二里"②。又见《文选》左思《吴都赋》:"郛郭周匝,重城结隅。"③诗中"重城"指唐朝都城长安。据《唐两京城坊考》可知,唐长安为三重城,隋时建设完成,先筑内城宫城,次筑二重皇城,再次筑第三重外郭城④。《安和》尾联大意应为:打猎结束,诸将献功;皇帝回到长安,处处受到人们的热烈欢迎。

由上述对《安和》四联的分析可知,全诗叙述了这样一个过程:皇帝以武力安定江山,重整朝纲,祭祀宗庙;然后打猎扬威并收获颇多;最后班师回城受到盛大欢迎。总体而言,诗歌语言质朴、重注实录,同时在实录的基础上又不排斥用典。

第二节 反映的史实及创作背景

诗歌和历史有着密切的关系。诗可以证史,唐代诗歌"保留了

---

① 许慎撰、段玉裁注《说文解字注》"豈部",上海古籍出版社,1988年,第206页。
② 张仲清《越绝书译注》卷二"吴地传",人民出版社,2009年,第28页。
③ 左思《吴都赋》,见萧统《文选》卷五"赋",中华书局,1977年,第87页。
④ 徐松撰、李健超增订《增订唐两京城坊考》卷一"宫城",三秦出版社,2006年,第2页。

大量历史实录，唐史的复杂性与接触面广这些特点，都在唐诗中有反映，（唐诗）成为最原始的实录。文章合为时而作，所以唐诗中也反映了当时社会的现实"①。史亦可以证诗，钱锺书虽然反对诗歌纯为写实的说法，"视诗为华言绮语，作者姑妄言之，读者亦姑妄听之"，"一言以蔽之，诗而尽信，则诗不如无耳"②。但同时在《宋诗选注》中注释梅尧臣的《田家语》和《汝坟贫女》等诗歌时，钱锺书也指出："我们可以参考许多历史资料来证明这一类诗歌的真实性。"③刘知幾的《安和》诗保留了唐代历史实录，是可以参考历史资料来证明的。

景龙四年（710）六月壬午，皇后韦氏与安乐公主合谋鸩弑唐中宗。韦后亲总庶政，改元唐隆，欲效法武则天，君临天下。让诸亲属掌内外兵马，由其从兄韦温总知，又任用韦氏诸子侄统领诸府折冲兵五万人分屯京城。临淄王李隆基率众发动禁军攻入宫城，将韦后、安乐公主及韦、武诸党羽亲信皆诛杀之，迫少帝让位，拥立其父相王李旦为帝。韦后之乱终告结束后，李隆基因为功劳最大被立为太子。两年后，李隆基即皇位，改元先天。其年"冬十月庚子，皇帝亲谒太庙，礼毕，御延喜门，大赦天下。壬寅，祔昭成皇后、肃明皇后神主于仪坤庙"④。唐玄宗在祭祀太庙后的第三天合祭昭成、肃明二皇后的神位于仪坤庙。《安和》前两联曰："妙算申帷幄，神谋出庙庭。两阶文物备，七德武功成。"就应是对那段历史的真实记录。

先天元年，冬十月庚子日，唐玄宗祭祀太庙。壬寅日，合祭昭成、肃明二皇后的神位于仪坤庙后，次日（癸卯）去新丰沐浴温泉。

---

　　①　陈寅恪语，其关门弟子高守真转述，见陆键东《陈寅恪的最后二十年》第七章"欢乐走到了尽头"，三联书店，1995年版，第186页。
　　②　钱锺书《谈艺录》一七"昌黎与大颠""补订"，三联书店，2001年，第170、171页。
　　③　钱锺书《宋诗选注序》，三联书店，2002年，第3页。
　　④　刘昫《旧唐书》卷七"睿宗"，中华书局，1975年，第161页。

冬十月"癸卯,皇帝幸新丰之温汤,校猎于渭川"①。新丰,在骊山脚下,属于唐都京兆府,始建制于汉代,"汉七年,高祖以太上皇思东归,于此设县,徙丰人以实之,故曰新丰"②,"治温泉宫(747年改为华清宫)之西北"③。打猎的渭川,即渭水,亦称渭河,"在县(京兆府万年县)北五十里"④。皇帝在华清池沐浴后,又沿渭水向东南方至咸阳细柳营打猎。《安和》诗颈联云:"校猎长杨苑,屯军细柳营。"即言此事。从新丰到细柳营的打猎线路在当时大概是颇为盛行的,如王维《观猎》诗中就写过:"忽过新丰市,还归细柳营。"

据《礼记·王制》:"天子诸侯,无事,则岁三田。……无事而不田,曰不敬。"唐玄宗循古制狩猎,其中冬季举行的那一次最为重要,被纳入五礼之一的军礼。我们可以从《大唐开元礼》卷八十五"军礼""皇帝狩猎"条的记载中了解其过程和细节:

> 仲冬狩田之礼,前期十日,兵部征众庶修田法,虞部量地广狭,表所田之野。前狩二日,本司建旗于所田之后,随地之宜。前一日未明,诸将各帅士徒,集于旗下,不得喧哗。质明麾旗,后至者罚之。兵部分申田令,遂围田。其两翼之将,皆建旗。及夜,布围讫,围阙其南面。驾出以刚日,其发引次舍如常。将至田所,皇帝鼓行入围,鼓吹,令以鼓六十陈于皇帝东南,西向;六十陈于西南,东向。皆乘马。诸将皆鼓行赴围,乃设驱逆之骑百有二十。既设驱逆,皇帝乘马南向,有司敛大绥以从。诸公、王以下皆乘马,带弓矢,陈于驾前后。所司之属又敛小绥以从,乃驱兽出皇帝之前。初,一驱过,有司整饬

---

① 刘昫《旧唐书》卷七"睿宗",中华书局,1975年,第161页。
② 李林甫《元和郡县图志》卷一"昭应",中华书局,1983年,第7页。
③ 刘昫《旧唐书》卷三十八"地理志一"中华书局,1975年,第1396页。
④ 李林甫《元和郡县图志》卷一"万年县",中华书局,1983年,第4页。

弓矢以前。再驱过,本司奉进弓矢。三驱过,皇帝乃从禽左而射之。每驱必三兽以上。皇帝发,亢大绥。皇帝既发,然后公、王发。公著,亢小绥。诸公既发,以次射之。讫,驱逆之骑止,然后百姓猎。凡射兽,自左而射之,达于左腢,为上射;达右耳本,为次射;左髀达于右髃为下射。群兽相从不尽杀,已被射者不重射。又不射其面,不翦其毛。凡出表者不逐之。田将止,虞部建旗于田内,乃雷击驾鼓及诸将之鼓,士徒噪呼。诸得禽者,献于旗下,致其左耳。大兽公之,小兽私之。其上者以供宗庙,次者以供宾客,下者以充庖厨。乃命有司馌兽于四郊,以兽告至于庙社。①

唐代帝王的田猎活动气势宏大,不亚于一场筹划周密的重大战役。兵部主持部署,工部的虞部协助执行,皇帝驾临,王公大臣及诸将率领属下兵卒都要参加。皇帝、大臣依次打过猎物后,百姓也可参与进来。畋猎活动进入尾声时,虞部立旗为标志,众鼓齐擂,声若惊雷,士卒高呼,喊声震天。诸得禽者执所获禽兽之左耳,献于旗下,进行公开评比。

刘知幾生活于高宗、武后、中宗、睿宗和玄宗五朝。其间,高宗虽爱好狩猎,但显庆末年(661)起,高宗的身体开始越来越差。武后是女流。中宗、睿宗都在云波诡谲的皇位争夺战中疲于自保。考两《唐书》、《资治通鉴》等可知,高宗、武后朝及中宗、睿宗时期没有大型的狩猎活动。玄宗朝大型狩猎有三次:一次是先天元年冬十月癸卯,校猎于渭川;另一次是开元元年冬十一月甲辰,猎于渭川;第三次是开元八年冬十月壬午,畋于下邽。其中,在祭祀后进行的狩猎只有先天元年的那一次。《安和》诗后两联说的就是玄宗

---

① 中敕《大唐开元礼》卷八十五"皇帝田狩",民族出版社,2005 年,第 410—411 页。

进行的那次狩猎活动。诗曰："校猎长杨苑,屯军细柳营。归来献明主,歌舞溢春城。"李白的《大猎赋》亦不无夸张地描写了唐玄宗冬季狩猎的壮阔景象:明皇"大猎于秦"、"耀威讲武"、"扫天荡野"①。刘氏可与李白此赋互证。

　　玄宗开元元年进行的这次狩猎,在当时影响很大。玄宗做太子时,曾担任过太子左庶子的魏知古曾献诗劝谏。据《旧唐书》载:"先天元年冬,(魏知古)从上畋猎于渭川,因献诗讽曰:'尝闻夏太康,五弟训禽荒。我后来冬狩,三驱盛礼张。顺时鹰隼击,讲事武功扬。奔走未及去,翾飞岂暇翔。非熊从渭水,瑞雀想陈仓。此欲诚难纵,兹游不可常。子云陈《羽猎》,僖伯谏渔棠。得失鉴齐楚,仁思念禹汤。邕熙亮在宥,亭毒匪多伤。《辛甲》今为史,《虞箴》遂孔彰。'"玄宗亲书回复魏知古说:"予顷向温泉,观省风俗,时因暇景,掩渭而畋。方开一面之罗,式展三驱之礼,躬亲校猎,聊以从禽。"②玄宗赐物五十段对魏知古进行嘉奖,但是没有接受他终止畋猎的意见。

　　刘知幾和魏知古曾同时担任过太子左庶子一职。玄宗先天元年狩猎时,刘知幾仍以左庶子的身份跟随在即位仅有两月的玄宗身边③。"左庶子之职,掌侍从,赞相礼仪,驳正启奏,监省封题,中允为之贰。凡皇太子从大祀及朝会,出则版奏外办中严,入则解严焉。凡令书下于左春坊;则与中允、司议郎等覆启以画诺;及覆下,以皇太子所画者留为按,更写令书,印署,注令诺,送詹事府。若皇太子监国,事在尚书者,如令书之法。"④左庶子是太子的侍从官,

---

　　① 董诰《全唐文》卷三四七"大猎赋序",中华书局,1983 年,第 3521 页。
　　② 刘昫《旧唐书》卷九十八"魏知古传",中华书局,1975 年,第 3063 页。
　　③ 刘知幾"景云中,累迁太子左庶子,兼崇文馆学士,仍依旧修国史,加银青光禄大夫,时玄宗在东宫",至"开元初,迁左散骑常侍"。见"刘子玄传",刘昫《旧唐书》卷一百二"列传第五十二",中华书局,1975 年,第 3171—3173 页。
　　④ 李林甫《唐六典》卷二十六"太子左春坊",中华书局,1992 年,第 664 页。

每有大型祭祀和朝会等重要事情的时候，都要跟随太子左右，并对相关事情有所记录。

和魏知古一样，刘知幾作为亲历者且是玄宗的侍从官，在《安和》诗中记录了先天元年的畋猎活动。刘知幾写作《安和》时狩猎活动已经结束，所以诗中没有对玄宗之举的劝阻；同时，又因为魏知古劝谏之诗在前等原因，诗歌对盛大的狩猎活动也没有做过多的夸张渲染。

综上可知，《安和》诗的内容、写作背景可以证明——正如两《唐书》等文献所说——其为刘知幾所作。

第三节　以刘知幾诗学观为辅证

刘知幾推崇"实录"的诗学观，可以作为《安和》为刘知幾所作的辅证。其诗学观和《安和》一诗的创作是互为表里的。其诗学观有三层基本含义：一是实录时事；二是实录其事；三是语言要质朴。

实录时事是其诗学观最重要的一方面。刘知幾认为文史一途。诗歌也要像历史一样，对时事进行实事求是的记录，这甚至可以说是最早的诗史说。《史通·载文》篇曰：

> 夫观乎人文，以化成天下；观乎国风，以察兴亡。是知文之为用，远矣大矣。若乃宣、僖善政，其美载于周诗；怀、襄不道，其恶存乎楚赋。读者不以吉甫、奚斯为谄，屈平、宋玉为谤者，何也？盖不虚美，不隐恶故也。是则文之将史，其流一焉，固可以方驾南、董，俱称良直者矣。

尹吉甫和奚斯分别是周宣王和鲁僖公的臣子，扬雄《法言·学行》篇李轨注曰："周宣王之臣也，吉甫作《周颂》，正考甫慕之而作《商

颂》";"奚斯,鲁僖公之臣也,慕正考甫,作《鲁颂》"①。屈原,曾深
受楚怀王的信任,后因谗言而被疏远。"屈平疾王(按指楚怀王)听
之不聪也,谗谄之蔽明也,邪曲之害公也,方正之不容也,故忧愁幽
思而作"②《离骚》。宋玉,"因其友以见于楚襄王"③,后作《高唐
赋》,咏楚襄王梦高唐神女之事,李善注云:"此赋盖假设其事,讽谏
淫惑也。"④吉甫作《周颂》歌颂周宣王,奚斯作《鲁颂》歌颂鲁僖公。
屈原作《离骚》批评楚怀王,宋玉作《高唐赋》讽谏楚襄王。这四者
都因为实录时事,而被刘知幾褒扬。刘知幾主张"文之与史,其流
一也",故而赞美吉甫、奚斯、屈原、宋玉等人实录时事的作品"不虚
美,不隐恶";推崇这些作家"方驾南、董,俱称良直者矣"。

实录其事是其诗学观的第二个方面,可以从刘知幾对唐太宗
诗作的态度来管窥其细微之处。唐太宗《月晦》诗有"笑树花分色,
啼枝鸟合声"⑤;《咏桃》诗有"向日分千笑,迎风共一香"⑥;《赋得残
菊》诗有"露浓晞晚笑,风劲浅残香"⑦等句,皆咏鸟语花开之景。

刘知幾对唐太宗的此类诗作是持批评态度的,他严肃地指出:
"今俗文士,谓鸟鸣为啼,花发为笑。花之与鸟,安有啼笑之情哉?
必以人无喜怒,不知哀乐,便云其智不如花,花犹善笑,其智不如
鸟,鸟犹善啼,可谓之谵言者哉?"⑧刘知幾认为草木"有生而无识,
有质而无性"。花草树木有生命而没有意识,有形体而无性情,花
和鸟何来啼笑之说? 刘知幾力倡实录其事的观点,反对虚饰失实

① 汪荣宝《法言义疏》,中华书局,1987 年,第 28 页。
② 司马迁《史记》卷八十四《屈原列传》,中华书局,2006 年,第 505 页。
③ 刘向著、李华年译《新序全译》卷五"杂事五",贵州人民出版社,1994 年,第
180 页。
④ 萧统《文选》卷十九,中华书局,1977 年,第 264 页。
⑤ 彭定求《全唐诗》卷一"月晦",中华书局,1960 年,第 13 页。
⑥ 彭定求《全唐诗》卷一"咏桃",中华书局,1960 年,第 17 页。
⑦ 彭定求《全唐诗》卷一"赋得残菊",中华书局,1960 年,第 17 页。
⑧ 浦起龙《史通通释》卷五,上海古籍出版社,2009 年,第 452 页。

的语言,故认为太宗为文太俗,其言不谠。

刘知幾实录诗学观的第三个方面是主张诗歌语言要质朴。自汉迄魏晋,文坛扬起一股夸饰之气,《史通·载文》云:"爰泊中叶(按指两汉),文体大变,树理者多以诡妄为本,饰辞者务以淫丽为宗。譬如女工之有绮縠,音乐之有郑、卫。盖语曰:不作无益害有益。"①刘知幾认为两汉辞赋,体例大变。说理者多荒诞不经。而文辞修饰则以绮丽淫靡为追求。这样的作品是有害无益的。刘知幾《史通·杂说下》又进一步指出:"自梁室云季,雕虫道长(刘知幾自注:谓太清以后)。平头上尾,尤忌于时;对语丽辞,盛行于俗。始自江外,被于洛中。而史之载言,亦同于此。假有辨如郦叟,吃若周昌,子羽修饰而言,仲由率尔而对,莫不拘以文禁,一概而书,必求实录,多见其妄矣。"在刘知幾看来,诗赋类之雕虫小技,在南朝梁武帝萧衍和简文帝萧纲相继主政的太清年间以后,越来越引起人们的重视。人们在作诗时要避免平头上尾等所谓的八病,务求辞语华丽、语句骈偶,世俗以之为风尚。刘知幾力主语言质朴的诗学观,而反对这种过度雕饰的诗歌创作风气,因为在这种"盛行于俗"的风气之下,"必求实录,多见其妄矣"。

刘知幾奉行实录时事、实录其事的诗学观,身为历史的见证者,他必将会用朴质的诗歌记录下玄宗祭祀宗庙及渭川畋猎等一系列的大事。思虑于胸中,诉之于笔下,形之于歌辞,就是《安和》一诗。

余　论

对于文学创作中的模仿,刘知幾采取一种宽容的态度,他说"述者相效,自古而然"(《史通·模拟》)。皎然则严厉的多,他考察

---

① 浦起龙《史通通释》卷十六,上海古籍出版社,2009 年,第 123—124 页。

前人诗歌创作中的因习现象后将其归纳为"偷语、偷意、偷势"三类，以为陈后主为"偷语"者，"最为钝贼"；沈佺期为"偷意"者，"事虽可罔，情不可原"；王昌龄为偷势者，"盖诗人阃域之中偷狐白裘之手"①。刘知幾和皎然的观点虽然有所不同，但他们同时说明了模仿前贤之作在唐前文坛是常见的现象，即使是名家亦不能置身其外。

《安和》诗写成后的反响如何，史书中没有直接的文献记载，但是可以从侧面进行推断。约在狩猎活动的五六年后，玄宗追尊生母为昭成皇太后，知道刘知幾长于文学，遂指定其写作《昭成皇太后哀册文》。文序曰："维开元四年岁次景辰秋八月甲辰朔十七日庚申，昭成皇太后梓宫启自靖陵，将迁祔于桥陵。皇帝乃使某官姓名设祖于行宫，礼也。丹旐既舒，元宫载闢，俶龙辀而命驾，指鲋隅而卜宅。哀子嗣皇帝讳，瞻蓼莪而罔极，感苾苢而增伤，嗟镜奁之不御，痛珠匣之沈光。缅考前烈旁稽旧史，顾西陵以永怀，托东观而书美。"②这即使不能间接推断出《安和》诗受到了唐玄宗的喜爱，但也足以说明刘知幾的文学才能颇为唐玄宗及同时代名家的赞赏，故而后人对其诗作进行模仿也是理所当然了。

卢纶《皇帝圣感词》其三就模仿了刘知幾《安和》诗。该组诗共四首，被《御览诗》卷二十八"杂曲歌辞"收录。据陆游跋语，《御览诗》于"元和中，章武皇帝命侍丞采诗第名家"集录而成，共"一卷，凡三十人，二百八十九首，元和学士令狐楚所集也"。诗人能入选此集，在当时颇为荣耀。卢纶的墓碑上郑重提到此事，且强调说"公之章句，奏御者居十之一"③。此组诗在唐代即广为人知，后又被《文苑英华》收录，李昉等翰苑诸公于雍熙（984—987）间编选此

---

① 皎然著、李壮鹰校注《诗式校注》卷一，人民文学出版社，2003 年，第 59、60 页。
② 董诰《全唐文》卷二百七十四"刘子元"条，中华书局，1983 年，第 2792 页。
③ 令狐楚《唐人选唐诗·御览诗》，上海古籍出版社，1978 年，第 255 页。

集时距唐未远,对该组诗的作者定不会弄错。由《御览诗》及《文苑英华》等文献可知,此组诗必为卢纶所作无疑。

据任中敏考证,"皇帝感"是唐五代曲名,"盛唐为七言四句声诗……中唐为五言八句声诗"①,内容"隰栝《孝经》"②。今较卢纶的《皇帝圣感词》组诗及《孝经》内容,卢诗似非为隰栝《孝经》之作;但因资料所限,其诗写作时间和目的已很难确考③。钱锺书反对那些"谓唱叹之永言,莫不寓美刺之微词"的看法,认为这是"远犬吠声,短狐射影;此又学士所乐道优为,而亦非慎思明辩者所敢附和也"④。正如钱氏所言,我们对卢诗是否为实录之作及其写作背景等问题亦不再发挥,但可以明确断定的是其内容模仿了刘知幾《安和》一诗。此外,本章兼及提到的刘知幾及其《史通》的"实录"诗学观,为刘知幾及其《史通》之文学观研究视域内的重点内容之一。下面我们对之进行专章论述。

---

① 任半塘《教坊记笺订》,中华书局,1962 年,第 87 页。

② 任二北《敦煌曲初探》,上海文艺联合出版社,1954 年,第 407 页。

③ 有人以为"意似当作兴元元年(784)六月平朱泚乱,德宗返正后"(见刘初棠校注《卢纶诗集校注》卷二,上海古籍出版社,1989 年,第 245 页)。也有人认为是歌颂唐宪宗,"宪宗受用了许多歌功颂德,卢纶只是这些颂歌合唱中的一员而已"(见江晓原《谁能只手评优劣,李杜曾经不入流——〈唐人选唐诗十种〉之业余统计学》,《博览群书》,2010 年第 12 期)。本文认为这两种说法都有待商榷。卢纶诗歌涉及了宗庙祭祀的大量内容,而德宗平定朱泚后,未祭祀宗庙。此外,德宗平定朱泚前后,藩镇相继谋反,朝廷大多只能对其采取绥靖政策,不合卢诗"干戈止"、"宇宙清"之内容。故第一种说法似有不妥。第二种说法更有待考虑,唐宪宗继位的时候,卢纶已经去世多年,说卢纶此诗为歌颂宪宗所作,不合情理。

④ 钱锺书:《管锥编・全梁文卷一一》,三联书店,2001 年,第 2159、2160 页。

第四章　《史通》的"实录"诗学观

　　刘知幾的"实录"诗学观,具体来说主要包括三方面的内容。一是对诗歌内容要求的最高标准为"不虚美、不隐恶";二是诗歌运用拟人、用典、比兴等手法时要符合事实,文字简要而不可浮夸;三是诗歌创作追求实录的目的为"惩恶劝善、观风察俗"。刘知幾诗学观的内容及其影响,学界鲜有研究者注意。兹结合刘知幾对鲍照及乐府诗的推崇,对庾信、唐太宗及徐庾体的评判,与白居易及其讽喻诗创作理论相契合之处,详加阐论如下。

第一节　"不虚美、不隐恶"的诗歌
高标及对鲍照的推崇

　　在中国诗歌理论史上,对诗歌标准的要求在各个时期是不尽一致的。《尚书·舜典》云:"诗言志,歌永言,声依永,律和声。八音克谐,无相夺伦,神人以和。"①要求诗歌应该允分表达作家的感情。《论语·为政》篇指出:"诗三百,一言以蔽之,曰:'思无邪。'"②《毛诗大序》在前人的基础上,对诗歌标准的论述又做出了自己的阐发:一方面强调"诗者,志之所之也,在心为志,发言为

①《十三经注疏》,中华书局,2009年,第276页。
②《十三经注疏》,中华书局,2009年,第5346页。

诗。情动于中而行于言"①;另一方面又认为"上以风化下,下以风刺上,主文而谲谏,言之者无罪,闻之者足以戒","变风发乎情,止乎礼义"②。

《毛诗序》的观点实际上是有某些内在矛盾的。一方面对《尚书·舜典》"诗言志"传统有所继承,即"情动于中而形于言",认为只要是发自内心的真感情,皆可以形之于语,可以是口语,甚至是书面语。对诗歌的抒情作用具有广泛的包容性。另一方面,《毛诗大序》所强调的"变风发乎情,止乎礼义",并且,"刺上"时也一定要"主文而谲谏"。这实际上比《论语》"诗三百","思无邪"的要求更为苛刻,"思无邪"仅仅要求诗歌蕴涵的思想必须纯正。"主文而谲谏",则要求及时表达纯正的思想,也要旁敲侧击、闪烁其词。这样实际上是对"诗言志"的情感论做出了进一步的限制。鲁迅《摩罗诗力说》尖锐地指出:"中国之诗,舜云言志,而后贤立说,乃云持人性情,《三百》之旨,无邪所蔽。夫既言志矣,何持之云? 强以无邪,即非人志。许自由于鞭策羁縻之下,殆此事乎?"③正如鲁迅所言,秦汉以前儒家提出的诗歌标准有其矛盾之处。

魏晋南北朝时期,诗歌创作日益趋向骈俪化和更加注重艺术技巧。同时,魏晋"越名教而任自然"④的玄学思想与佛教"无缚无解,则无乐厌,是为入不二法门"⑤等思想也对当时诗风产生了巨大的影响。其时诗歌审美标准也呈现出多元化趋势。如曹丕《典论·论文》云:"诗赋欲丽。"⑥陆机《文赋》曰:"诗缘情而绮靡,赋体

---

① 《十三经注疏》,中华书局,2009年,第563页。
② 《十三经注疏》,中华书局,2009年,第567页。
③ 赵瑞蕻《鲁迅〈摩罗诗力说〉注释今译解说》,天津人民出版社,1982年,第43页。
④ 戴明扬《嵇康集校注》卷六《释私论一首》,人民文学出版社,1962年,第234页。
⑤ 赖永海《维摩诘经》卷中《入不二法门第九》,中华书局,2010年,第152页。
⑥ 萧统《文选》,中华书局,1977年,第720页。

物而浏亮。"①而梁元帝萧绎在《金楼子·立言下》中对吟咏风谣、流连哀思的"文者"提出自己的要求:"维须绮縠纷披,宫徵靡曼,唇吻遒会,情灵摇荡。"②梁简文帝萧纲《诫当阳公大心书》一文,在写信训诫教导儿子时,竟说:"立身之道与文章异,立身先须谨慎,文章且须放荡。"③这是独立的文学意识试图摆脱政教约束而做出的积极探索,但同时也容易导致诗歌发展的无序化和断裂感。如太康诗歌繁缛逞才一时无二。永嘉之时,则"理过其辞,淡乎寡味"④。南朝文学,无论诗文,风格皆多淫靡轻艳。而北朝文学则失之于质朴无华,又似与"若好杂句文饰事者,当知是为新学菩萨"⑤的观点相应。

至刘知幾生活的唐初时期,各种文学思潮虽随着最高统治者的兴趣各异而此消彼长,但皆风行一时,影响颇大。正如《旧唐书》所言:"国初开文馆,高宗礼茂才,虞、许擅价于前,苏、李驰声于后。或位升台鼎,学际天人,润色之文,咸布编集。然而向古者伤于太僻,徇华者或至不经,龌龊者局于宫商,放纵者流于郑、卫。"⑥

在诗歌标准多元化而导致文坛产生诸多问题的背景下,刘知幾于《史通·载文》提出了自己的观点,实录时事是其诗学观最重要的一方面。刘知幾认为文史一途。诗歌也要像历史一样,对时事进行实事求是的记录,这甚至可以说是最早的诗史说。他认为要达到"文之为用"的目的,必须做到"不虚美、不隐恶",这是刘知

① 萧统《文选》,中华书局,1977年,第241页。
② 许逸民《金楼子校笺》,中华书局,2011年,第966页。
③ 严可均《全上古三代秦汉三国六朝文·全梁文》,中华书局,1958年,第3010页。
④ 王叔岷《钟嵘〈诗品〉笺证稿》,中华书局,2007年,第62页。
⑤ 赖永海《维摩诘经》卷下《嘱累品第十四》,中华书局,2010年,第203页。
⑥ 刘昫《旧唐书》卷一百六十六《白居易传论》,中华书局,1975年,第4359—4360页。

幾对诗歌的最高要求①。"不虚美、不隐恶"便是"实录"的意思,此为刘知幾诗歌认识的一个创新,对传统诗论具有重大突破。打破了儒家诗论对诗歌反映现实的种种束缚,同时又纠正了对诗歌辞藻和技巧的过度追求,使得诗歌走向良性发展轨道。

不仅如此,刘知幾还树立了一个典范性的诗人——鲍照。这在文学史和文学批评史上的意义也是重大的。鲍照,在魏晋南北朝至唐代诗歌的发展过程中,起到了某种起承转合关掕点的作用。正如胡应麟《诗薮》外编卷二所说,鲍照"上挽曹、刘之逸步,下开李、杜之先鞭"②。南朝文坛弥漫浮靡衰颓之风,鲍照则"颇自振拔"③,继承和发扬了现实主义诗歌文学传统。然而,唐前对他的评价多是毁誉参半。除了如颜延之等"忌鲍之文,故立休、鲍之论'"④出于私人的嫉妒,对其妄加指责外,一般来说,由于时代风气、审美情趣的原因,主流观点对鲍照的评价具有两个方面的根本性征。一个方面是他不容轻视的成就,这是难以抹杀的;另一方面又被树立成批评的靶子。代表论家有钟嵘及萧子显等。

钟嵘《诗品》云:"宋参军鲍照诗,其源出于二张,善制形状写物之词,得景阳之诹诡,含茂先之靡嫚。骨节强于谢混,驱迈疾于颜延。总四家而擅美,跨两代而孤出。嗟其才秀人微,故取湮当代。然贵尚巧似,不避危仄,颇伤清雅之调。故言险俗者,多以附照。"⑤"雅"、"正"并称,钟嵘认为鲍照诗风"险俗",伤"雅"而非"正"。

---

① 详见《史通·载文》篇曰:"夫观乎人文,以化成天下;观乎国风,以察兴亡。是知文之为用,远矣大矣。若乃宣、僖善政,其美载于周诗;怀、襄不道,其恶存乎楚赋。读者不以吉甫、奚斯为诤,屈平、宋玉为谤者,何也? 盖不虚美,不隐恶故也。是则文之将史,其流一焉,固可以方驾南、董,俱称良直者矣。"

② 胡应麟《诗薮》,上海古籍出版社,1979年,第149页。

③ 胡应麟《诗薮》,上海古籍出版社,1979年,第45页。

④ 王叔岷《钟嵘〈诗品〉笺证稿》卷下《齐惠休上人诗》,中华书局,2007年,第368页。

⑤ 王叔岷《钟嵘〈诗品〉笺证稿》卷中《宋参军鲍照诗》,中华书局,2007年,第282页。

萧子显《南齐书·文学传论》谈到齐梁诗歌受到刘宋影响而分三派。其中就有学鲍照的,但同时又指出这一派作家:"发唱惊挺,操调险急,雕藻淫艳,倾炫心魄。亦犹五色之有红、紫,八音之有郑、卫。斯鲍照之遗烈也。"①汉代刘熙在《释名·释采帛》中说:"紫,疵也,非正色,五色之瑕疵以惑人者也。"②孔子《论语·阳货》云:"恶郑声之乱雅乐也。"③紫非"正"色,郑声乱"雅"。萧子显批评鲍照诗歌为五色之"红、紫",八音之"郑、卫"。他认为其"险急"之诗风是"变"、"俗",而非"正"、"雅"。

总体来说,因为鲍照诗歌的所谓"险俗"或者"险急",故其并不为主流诗论家所认可。甚至到了刘勰那里,作为第一部系统文论之作,《文心雕龙》全书却未曾对鲍照提及只言片语。

刘知幾对鲍照及其乐府诗是非常重视的。《史通·载文》曰:"史氏所书,固当以正为主。"《史通·人物》云:"鲍照文宗学府,驰名海内……事皆阙如,何以申其褒奖?"鲍照是《史通》全篇所涉唐前历代文学家中,评价最高的诗人。刘知幾之所以对鲍照如此褒扬,除了鲍照诗歌自身的客观成就外,主要因为鲍照的创作和刘知幾的实录诗学观是相一致的。

刘知幾"实录"诗学观与鲍照诗歌的印合之处,具体来说大致有二:一是从内容上看,鲍诗写作了大量反映现实的作品,如征夫、思妇及下层文士的不得志等,这与当时另一些文人多写歌功颂德的庙堂诗以及游山玩水、谈玄理、慕神仙的作品有很大不同。这一点基本符合了刘知幾"不虚美、不隐恶"的要求。二是从形式上看,鲍照善于学习民歌刚健清新的风格,很少用典,语言平实自然。此外,能借助新奇的想象和独特的语汇创造别开生面的意境。从

---

① 萧子显《南齐书》,中华书局,1972 年,第 4360 页。
② 刘熙《释名疏证补》,中华书局,2008 年,第 148 页。
③ 《十三经注疏》,中华书局,2009 年,第 5487 页。

而产生强烈的艺术感染力与冲击力。如鲍照《拟行路难·其六》曰："对案不能食，拔剑击柱长叹息！丈夫生世会几时，安能蹀躞垂羽翼？弃置罢官去，还家自休息。"①对于这一点，还可以结合刘知幾对庾信、唐太宗及宫体诗的批判来更好地理解。

第二节　对庾信、唐太宗及宫体诗的评判

宫体诗，主要是指南朝梁简文帝为太子时，以其为中心的宫廷诗人集团创作的诗歌，也包括后人仿效的作品。梁中大通年间，简文帝萧纲时为太子，监抚之暇，"引纳文学之士，赏接无倦……雅好题诗，其自序云：'余七岁有诗癖，长而不倦。'然伤于轻艳，当时号曰'宫体'"②。因为代表作家为徐摛、徐陵及庾肩吾、庾信父子，后世徐、庾并称，所以宫体诗又叫"徐庾体"。彼时梁朝"五十年中，江表无事"③，宫体诗人出入禁闼，声色优游。所以诗歌笔触所及无外乎宫廷中的庭院景色和男女私情，轻靡浮艳，格调低俗，但形式华美、音律柔婉，对居于深宫的最高统治者很有吸引力。

唐立之初，太宗对文学颇为重视。《旧唐书》卷二十八"音乐志一"载其言曰："朕虽以武功定天下，终当以文德绥海内，文武之道，各随其时。"④卢照邻《南阳公集序》亦云："太宗外厌兵革，垂衣裳于万国，舞干戚于两阶，留思政涂，内兴文事。"⑤然正如胡震亨《唐音癸签·评汇一》引唐陆希声语曰："太宗文武间出，首辟吟源。宸藻概主丰丽，观集中有诗《效庾信体》，宗向微旨可窥。"⑥胡氏所言

---

① 钱仲联《鲍参军集注》，上海古籍出版社，1980年，第231页。
② 姚思廉《梁书》卷四，中华书局，1973年，第109页。
③ 许逸民校点《庾子山集注》卷二，中华书局，1980年，第111页。
④ 刘昫《旧唐书》，中华书局，1975年，第1045页。
⑤ 祝尚书《卢照邻集笺注》，上海古籍出版社，2011年，第336页。
⑥ 胡震亨《唐音癸签》，古典文学出版社，1957年，第36页。

是符合历史事实的。唐太宗虽然主张"释实求华,以人从欲,乱于大道,君子耻之,故选帝京篇以名雅志云尔"①。但是在其内心深处,隐而未露的是对宫体诗的偏爱。《新唐书·虞世南传》曰:"帝尝作宫体诗,使赓和。世南曰:'圣作诚工,然体非雅正。上之所好,下必有甚者,臣恐此诗一传,天下风靡。不敢奉诏。'帝曰:'朕试卿耳!'赐帛五十匹。"②虞世南反对太宗创作宫体诗,是出于政治的需要。然而效果是有限的,李世民留下的大量"效庾信体"描写花鸟风露的作品,可为明证。刘知幾则从学术的角度对唐太宗此类作品进行了尖锐批评。

唐太宗《秋日效庾信体》云:"岭衔宵月桂,珠穿晓露丛。蝉啼觉树冷,萤火不温风。花生圆菊蕊,荷尽戏鱼通。晨浦鸣飞雁,夕渚集栖鸿。飒飒高天吹,氛澄下炽空。"③类似诗歌不止一首。如《月晦》:"晦魄移中律,凝暄起丽城。罩云朝盖上,穿露晓珠呈。笑树花分色,啼枝鸟合声。披襟欢眺望,极目畅春情。"④再有《咏桃》:"禁苑春晖丽,花蹊绮树妆。缀条深浅色,点露参差光。向日分千笑,迎风共一香。如何仙岭侧,独秀隐遥芳。"⑤这些仿庾信而作的宫体诗,反复写"蝉啼"、鸟啼、花笑、露坠等,其诗的共同特点是讲究辞藻和对偶,但内容贫乏,单纯咏物而缺少较深刻的含义。唐太宗因此受到刘知幾的严厉批评。

刘知幾《史通·杂说上》云:

> 今俗文士,谓鸟鸣为啼,花发为笑。花之与鸟,安有啼笑之情哉? 必以人无喜怒不知哀乐,便云其智不如花,花犹善

① 彭定求《全唐诗》卷一,中华书局,1960 年,第 1 页。
② 欧阳修《新唐书》,中华书局,1975 年,第 3792 页。
③ 彭定求《全唐诗》卷一,中华书局,1960 年,第 10 页。
④ 彭定求《全唐诗》卷一,中华书局,1960 年,第 13 页。
⑤ 彭定求《全唐诗》卷一,中华书局,1960 年,第 17 页。

　　笑；其智不如鸟，鸟犹善啼，可谓之谠言者哉？

刘知幾认为鸟和花并没有啼笑的感情。谓鸟鸣为"啼"，花发为"笑"，是当时世俗文人的做法。刘知幾批评的"今俗文士"实际上就是指唐太宗等宫廷诗人。钱锺书先生曾经议及《史通》这一点：

　　　　《史通·杂说》上云："……今俗文士，谓鸟鸣为'啼'、花发为'笑'，花之与鸟，岂有啼笑之情哉？"刘氏未悟"俗文"滥觞于《三百篇》，非"今"斯"今"。唐太宗《月晦》云"笑树花分色，啼枝鸟合声"，又《咏桃》云"向日分千笑，迎风共一香"；刘遽斥"今俗文士"，无乃如汲黯之戆乎！[①]

《全唐诗》卷一收录了李世民的《月晦》等诗，诗云鸟鸣为"啼"，花开为"笑"。刘知幾认为花和鸟不会懂得什么是啼笑。唐太宗由是被刘知幾讥为"俗文士"。钱锺书先生认为，刘知幾没有认识到所谓鸟儿啼哭，花儿发笑，不过是一种修辞手法耳，其源出于《诗经》六义之"比"。是诗歌中的比拟手法，可以让作品更为形象。考虑到他敢于批评太宗皇帝的勇气，一向在学术研究上对人对己都要求甚严的钱锺书先生，对刘知幾便也只是半为批评半为赞赏地说其像汲黯一样性格耿直而不知变通罢了。

　　我们认为，刘知幾并非认识不到比拟手法可以增强诗歌语言的表现力、感染力，他真正反对的是太宗等宫体作家的诗歌缺少"谠言"之精神。"谠"，《说文解字·言部》曰："直言也。"[②]《史通·叙事》篇曰："其事相符，言之谠矣。""谠言"即为直言其事的意思。刘知幾批评唐太宗等人的作品受宫体诗的影响，没有如实反映现

---

　　① 钱锺书《管锥编·毛诗正义·桃夭》，三联书店，2001年，第142页。
　　② 许慎《说文解字》，中华书局，1963年，第57页。

实,这种指责在《史通》中多次出现。如《史通·杂说下》云:"自梁室云季,雕虫道长。平头上尾,尤忌于时;对语丽辞,盛行于俗。始自江外,被于洛中……必求实录,多见其妄矣。"说的即是对当时诗风的不满。

刘知幾对唐太宗及宫体诗的批评力度之巨大,态度之坚决,前所未有。隋唐之际,以魏徵为代表的诗论者批评宫体诗风的流行,必归罪简文与湘东王而批评徐陵及庾信。从《隋书·经籍志四》对宫体诗的批判可以看出这一点:"梁简文之在东宫,亦好篇什。清辞巧制,止乎衽席之间;雕琢蔓藻,思极闺闱之内。后生好事,递相仿习,朝野纷纷,号为宫体。流宕不已,讫于丧亡,陈氏因之,未能全变。"①魏徵《隋书·文学传序》又云:"梁自大同之后,雅道沦缺,渐乖典则,争驰新巧。简文、湘东,启其淫放,徐陵、庾信,分路扬镳。其意浅而繁,其文匿而彩,词尚轻险,情多哀思。格以延陵之听,盖亦亡国之音乎!"②然而,魏徵所谓"亡国之音"的批评立场又是不够坚定的。唐太宗对礼乐的作用有自己的看法:"太宗曰:'礼乐之作,盖圣人缘物设教,以为撙节,治之隆替,岂此之由? 御史大夫杜淹对曰:'前代兴亡,实由于乐。陈将亡也,为《玉树后庭花》;齐将亡也,而为《伴侣曲》。行路闻之,莫不悲泣,所谓亡国之音也。以是观之,盖乐之由也。'太宗曰:'不然,夫音声能感人,自然之道也。故欢者闻之则悦,忧者听之则悲,悲欢之情,在于人心,非由乐也。将亡之政,其民必苦,然苦心所感,故闻之则悲耳,何有乐声哀怨,能使悦者悲乎? 今《玉树》、《伴侣》之曲,其声具存,朕当为公奏之,知公必不悲矣。'尚书右丞魏徵进曰:'古人称:"礼云礼云,玉帛云乎哉! 乐云乐云,钟鼓云乎哉!"乐在人和,不由音调。'太宗然

---

① 魏徵《隋书》,中华书局,1973 年,第 1090 页。
② 魏徵《隋书》,中华书局,1973 年,第 1730 页。

之。"①太宗自己喜爱《玉树后庭花》之类的宫体之作。尚书右丞魏徵对之以"乐在人和,不由音调"的论调,背弃了自己"亡国之音"的立场,非常明显是对太宗的违心附和之词。

刘知幾要求诗歌"不虚美,不隐恶"的同时,反对比拟随意,言之不谠的种种做法,这是其诗论的重要内容。此外,还需联系白居易及其讽喻诗创作理论来全面深入地掌握刘氏"实录"诗学观。

第三节　与白居易讽喻诗创作理论的契合之处

刘知幾籍贯为徐州彭城,考《旧唐书·刘子玄传》可知,刘知幾兄弟六人同为进士及第,故其家族在当地享有盛誉。刘知幾本人亦是彭城具有极大知名度的学者。因刘知幾蒙皇恩被封为居巢县子,以至其故乡原名曰丛亭里,后改为高阳乡居巢里。刘知幾身后很长时间里亦享有盛名,被梁肃赞曰:"儒为天下表。"②

白居易的父亲白季庚建中元年(780)任彭城令。建中二年因功擢拜徐州别驾。一直到贞元四年(789)离任。因其父的原因,再加上白居易本人在徐州生活多年,故其虽未生于斯,但也把徐州当成了故乡。他流传下的最早作品即是其十五岁所作的《江南送北客因凭寄徐州兄弟书》,诗中云:"故园望断欲何如?楚水吴山万里余。今日因君访兄弟,数行乡泪一封书。"③对故乡的眷眷情怀,溢于纸外。

白居易在《与元九书》中谈论自己讽喻诗的创作历程与理论来源时,曾说:

---

① 刘昫《旧唐书》卷二十八志第八音乐一,中华书局,1975年,第1041页。

② 梁肃《梁肃文集》卷四《给事中刘公墓志铭》,甘肃人民出版社,2000年,第146页。

③ 彭定求《全唐诗》卷四百三十六,中华书局,1960年,第4836页。

家贫多故,二十七方从乡赋。既第之后,虽专于科试,亦不废诗。及授校书郎时,已盈三四百首。或出示交友如足下辈,见皆谓之工,其实未窥作者之域耳。自登朝来,年齿渐长,阅事渐多。每与人言,多询时务;每读书史,多求理道。始知文章合为时而著,歌诗合为事而作。①

白居易在有了一定的人生阅历及饱览大量史书文献之后,方明白诗歌文章应该为时为事而作。白氏所说的"书史",并没有明确提到是否包括刘知幾的《史通》,但是白居易的观点和半个多世纪前的刘知幾的论断是相契合的。这一点少有学者注意,有必要对之加以阐述。

刘知幾《史通·载文》篇在论及诗歌的筛选与流传时,尝云:

史氏所书,固当以正为主。是以虞帝思理,夏后失御,《尚书》载其《元首》、《禽荒》之歌;郑庄至孝,晋献不明,《春秋》录其《大隧》、《狐裘》之什。其理谠而切,其文简而要,足以惩恶劝善,观风察俗者矣。

刘知幾所说"元首、禽荒之歌"分别见于《尚书》之《益稷》与《五子之歌》两篇。

"元首之歌"这首诗记录的是舜帝和皋陶的一段对话。其文曰:

帝庸作歌,曰:"敕天之命,惟时惟几。"乃歌曰:"股肱喜哉! 元首起哉! 百工熙哉!"皋陶拜手稽首颺言曰:"念哉! 率作兴事,慎乃宪,钦哉! 屡省乃成,钦哉!"乃赓载歌曰:"元首

---

① 朱金城《白居易集笺校》,上海古籍出版社,1988年,第2792页。

明哉,股肱良哉,庶事康哉!"又歌曰:"元首丛脞哉,股肱惰哉,万事堕哉!"①

舜帝认为大臣乐意办事,国君奋发有为,百业皆会兴旺发达。皋陶则对舜说,君王不能琐碎而无大志,大臣不可懈怠懒惰,否则万事皆废。君臣唱和、互励互勉,认为只有上下同心、共同努力,才能把国家治理好。

"禽荒之歌"是夏朝国君太康的弟弟们所作的"五子之歌"五首中的第二首,其曰:

《训》有之:内作色荒,外作禽荒。甘酒嗜音,峻宇雕墙。有一于此,未或不亡。②

内容是说皇祖大禹训诫后世:迷恋女色、沉溺游猎,纵情饮酒、嗜好歌舞,住着高大的房屋还要在墙上绘上彩饰,这些事情有其一,就一定会亡国。太康的兄弟借祖先之口指责其纵情声色而无节制,生活奢靡却不知满足,终将导致国家覆灭。

"大隧之诗"描写的是郑庄公在打败意欲夺位的弟弟共叔段以后,和母亲(原本支持共叔段的)在大隧相见,冰释前嫌的故事。文曰:"公入而赋:'大隧之中,其乐也融融!'姜(其母姜氏)出而赋:'大隧之外,其乐也泄泄!'"③"狐裘之诗"为晋国大臣士蒍所作。当时晋献公父子相残,士蒍感到无所适从,于是赋诗曰:"狐裘龙茸,一国三公,吾谁适从?"④两首诗歌内容不同,但皆语言简要。

由上可以看出,这些诗歌内容不一、形式多样。内容既有治国

---

① 《十三经注疏》,中华书局,2009 年,第 304 页。
② 《十三经注疏》,中华书局,2009 年,第 330 页。
③ 《左传》卷一《隐公元年》,上海书店出版社,1997 年,第 941 页。
④ 《左传》卷五《僖公五年》,上海书店出版社,1997 年,第 973 页。

之道,又有写父子相残、母子相亲的部分。在体制上,这些诗歌,以四言诗为主,少部分是口语色彩很浓郁的歌谣,语言都很简练,无论是说治国的道理,还是天伦之情,都没有过度的铺叙,不使用华丽的辞藻,刘知幾认为这些诗歌陈述道理正直而恳切,所用文字简明而扼要,可以惩戒恶人,劝勉好人,考察民情,了解风俗。符合他自己所说的"正"的标准。

刘知幾认为这些诗歌之所以被载入史册而流传千古,是因其"以正为主"。白居易和刘知幾的观点是一致的,同样以为它们是诗歌创作的榜样,其云:

> 闻"元首明,股肱良"之歌,则知虞道昌矣。闻"五子洛汭"之歌,则知夏政荒矣。言者无罪,闻者足戒,言者闻者,莫不两尽其心焉。①

在白居易看来,听到吟诵"元首明,股肱良"之歌,就知道虞舜治理的天下兴盛发达。听到传唱"五子洛汭"之歌,就知夏太康的政事已经荒废。吟诵者与听闻者各尽其心,前者没有罪过,后者应引为诫鉴。

刘知幾认为所谓"以正为主"的诗歌,具有三方面的特点。一是"其理说而切",说理要符合事实且切实中肯;二是"其文简而要",即文字须简明扼要;三是其功用应该与史书一样"足以惩恶劝善,观风察俗"。这是刘知幾论诗观点的系统阐述,也是贯穿《史通》全书的主旋律,同时在白居易讽喻诗创作理论那里又有着全面而深刻的合音与回响。可以结合白居易元和元年(806)为制举试作准备的《策林》之《议文章》、《采诗》两篇,元和四年为左拾遗时的《新乐府序》,以及元和十年遭贬江州司马后的《与元九书》等代表

---

① 朱金城《白居易集笺校》,上海古籍出版社,1988 年,第 2790 页。

性诗歌论作详加论述。

首先,是对诗歌惩劝功能、观风察俗的重视。

对于诗歌的作用,中国文学批评史各时期的看法不尽相同。先秦时期,孔子认为:"诗可以兴,可以观,可以群,可以怨。"①又云:"温柔敦厚,《诗》教也。"②注重诗歌的社会教化作用。两汉以来,诗歌教化的作用被极度夸大。如《毛诗大序》曰:"正得失,动天地,感鬼神,莫近于诗。"③魏晋时期,文学创作进入自觉时代,人们开始重视文学对于作家个体的意义。代表人物如曹丕甚至把文学写作抬高到"经国之大业,不朽之盛事"④的地步,将吟诗作赋为主要内容的文学创作活动,视为立身扬名、永垂后世的途径与手段。

唐初贞观史臣更加注重文章的社会功能,他们的观点主要见于他们所修的所谓"唐八史"。史臣们一方面对文学非常推崇,认为其有"经纬天地"、"匡主和民"的作用。如魏徵《隋书·文学传序》云:"文之为用,其大矣哉!上所以敷德教于下,下所以达情志于上,大则经纬天地,作训垂范,次则风谣歌颂,匡主和民。"⑤另一方面,又不得不承认有的统治者为文雅正却治国荒淫。如魏徵亦云:"炀帝初习艺文,有非轻侧之论,暨乎即位,一变其风。其《与越公书》、《建东都诏》、《冬至受朝诗》及《拟饮马长城窟》,并存雅体,归于典制。虽意在骄淫,而文无浮荡。故当时缀文之士,遂得依而取正焉。所谓能言者未必能行,盖亦君子不以人废言也。"⑥

刘知幾的观点则更为客观合理。在论及诗歌的作用时,《史通·载文》篇认为诗可以"惩恶劝善,观风察俗",这继承了传统"诗

---

① 《十三经注疏》《论语》十七"阳货",中华书局,2009 年,第 5486 页。
② 《十三经注疏》《礼记》卷五十"经解"第二十六,中华书局,2009 年,第 3493 页。
③ 《十三经注疏》,中华书局,2009 年,第 546 页。
④ 萧统《文选》卷五十二《典论论文》,中华书局,1977 年,第 720 页。
⑤ 魏徵《隋书》,中华书局,1973 年,第 1729 页。
⑥ 魏徵《隋书》,中华书局,1973 年,第 1730 页。

教说"的观点。但更值得注意的一点是,刘知幾以史家的身份第一次把史的重任"彰善瘅恶"赋予了诗歌。

和刘知幾一样,白居易《策林》六十八《议文章》中,也表现出重视诗歌"惩劝善恶"、"补察得失"的倾向:

> 惩劝善恶之柄,执于文士褒贬之际焉;补察得失之端,操于诗人美刺之间焉。今褒贬之文无核实,则惩劝之道缺矣;美刺之诗不稽政,则补察之义废矣。虽雕章镂句,将焉用之?①

白氏以为诗的功能是惩恶劝善,补察时政,诗的手段是美刺褒贬,"炯戒讽喻"。所以其《策林》六十九《采诗》篇主张:"立采诗之官,开讽刺之道,察其得失之政,通其上下之情。"②

其次,是对"其文简而要"的重视。

刘知幾要求诗歌在运用各种修辞手法时,必须做到据实而录,反对文字浮夸。《史通·浮词》篇批评不少诗人有"文以害意"、"拟非其伦"的毛病,其中较为突出的一个问题就是用典失实:

> 元行恭(按:应为元伟)因齐灭得回,庾信赠其诗曰:"虢亡垂棘反,齐平宝鼎归。"陈周弘正来聘,在馆赠韦夐诗曰:"德星犹未动,真车讵肯来?"其为信、弘正所重如此。夫文以害意,自古而然,拟非其伦,由来尚矣。必以庾、周所作,皆为实录,则其所褒贬,非止　人,咸宜取其指归,何止采其四句而已?

元伟在齐灭后得以回国,庾信赠诗曰:"虢亡垂棘(注:"垂棘"地名,

---

① 朱金城《白居易集笺校》,上海古籍出版社,1988年,第3547页。
② 朱金城《白居易集笺校》,上海古籍出版社,1988年,第3550页。

产美玉,这里代指垂棘产的美玉,)反,齐平宝鼎归。"庾信在诗中以垂棘之璧玉和宝鼎来比喻元伟。南朝陈周弘正出使到北周,邀请韦复到其所在宾馆相会,赠之以诗曰:"德星犹未动,直车讵肯来?"把韦复比作东汉名士陈太丘。刘知幾认为,如果把这些称赞作为信史实录,庾信等人所褒贬的不止一人,谈到他们时就应该全面地考察,而不可仅凭四句就作为结论。所以诗歌中的褒扬,不能当成实录。庾信、周弘正以诗赞人,比拟不恰当,这样会有损意思的准确表达。

　　刘知幾认为诗歌"文以害意,自古而然",如何防止文以害意的结果出现呢?他提出诗歌文字要"简而要"的主张。白居易《新乐府序》中也有相类似的观点:

> 篇无定句,句无定字,系于意,不系于文……其辞质而径,欲见之者易谕也。其言直而切,欲闻之者深诫也。其事核而实,使采之者传信也。其体顺而肆,可以播于乐章歌曲也。总而言之,为君、为臣、为民、为物、为事而作,不为文而作也。①

这段话历来是研究白居易文学思想的重要依据,特别是其中"不为文而作"的观点,更为研究者所重视。白居易还就诗歌表现方法提出了一系列主张。他明确指出作诗的标准是"辞质而径"、"言直而切"、"事核而实"、"体顺而肆"。在白居易看来,诗歌语言要浅显易懂、通俗直白。诗歌内容必须真实可信,同时流畅而不生涩。白居易在《秦中吟序》中还提出了"直歌其事"的主张。他说:"贞元、元和之际,予在长安,闻见之间,有足悲者。因直歌其事,命为《秦中

---

① 朱金城《白居易集笺校》,上海古籍出版社,1988年,第136页。

吟》。"①白居易的这些主张和刘知幾"简而要"的要求是相通相承的。

最后,对"其理说而切"的重视。

钱锺书《管锥编·左传正义一》论及刘知幾时,尝云:"老生常谈曰'六经皆史',曰'诗史',盖以诗当史,安知刘氏直视史如诗,求诗于史乎?"②正如钱氏所言,刘知幾关于比兴手法的论断,意在谈史著,但同时又是适用于诗歌的。刘知幾《史通·杂说上》云:

> 《左传》称仲尼曰:"鲍庄子之智不如葵,葵犹能卫其足。"夫有生而无识,有质而无性者,其唯草木乎?然自古设比兴,而以草木方人者,皆取其善恶薰莸,荣枯贞脆而已。必言其含灵畜智,隐身违祸,则无其义也。寻葵之向日倾心,本不卫足,由人睹其形似,强为立名……《左氏》录夫子一时戏言,以为千载笃论。成微婉之深累,玷良直之高范,不其惜乎!

刘知幾说,草木有生命而无思维,有形体但没有感情。自古以来,人们在运用比兴手法时,都取草木之善恶香臭与荣枯贞脆的特性而已。如果人们看到葵花逐日而转头的表面样子,就硬说它是有智慧的,刘知幾认为这是一种"强立为名"的有害做法。在刘氏看来,说理要符合事实切实中肯,也就是"其理说而切"的意思。

和刘知幾对比兴的看法大致相同,白居易《与元九书》也有类似的认识,其云:

> 噫!风雪花草之物,《三百篇》中岂舍之乎?顾所用何如耳。设如"北风其凉",假风以刺威虐也;"雨雪霏霏",因雪以

---

① 朱金城《白居易集笺校》,上海古籍出版社,1988年,第80页。
② 钱锺书《管锥编》,三联书店,2001年,第315页。

愍征役也；"棠棣之华"，感华以讽兄弟也；"采采苤苜"，美草以
乐有子也。皆兴发于此，而义归于彼。反是者可乎哉！然则
"余霞散成绮，澄江净如练"，"归花先委露，别叶乍辞风"之什，
丽则丽矣，吾不知其所讽焉。故仆所谓嘲风雪、弄花草而已。
于时六义尽去矣。①

梁、陈时候，诗人玩弄花草风雪而缺少寄托。风雪花草这类事物，
在《三百篇》各有其用意，或刺威虐、愍征役，或讽兄弟、乐有子。如
果反其道而行之，辞藻虽然华丽，但不知道它所讽喻的究竟是什
么。这时候，六义就磨灭殆尽。白居易反对齐梁以来"嘲风月、弄
花草"而"不知其所讽"的无聊做法，这和刘知幾对诗歌"其理谠而
切"的要求是一致的。

余　论

刘知幾是位史家，那么他为什么谈论包括诗歌在内的各体文
学作品呢？《史通·载文》篇中明白地说出了自己的用意：

今之为史而载文也，苟能拨浮华，采贞实，亦可使夫雕虫
小技者，闻义而知徙矣。此乃禁淫之堤防，持雅之管辖，凡为
载削者，可不务乎？

在刘知幾看来，编著史书而记载文学方面的内容具有双重意义。
一方面对史著而言，文可载史，通过文章可以记录历史的某些实
况。文能富史，优秀的文章可使史著变得丰富多彩、有血有肉。文
以儆世，文章所言虽是针对一时一事，但却可以警醒无数后人，垂

---

① 朱金城《白居易集笺校》，上海古籍出版社，1988年，第2791页。

范千秋万代。另一方面,对文学自身也意义重大。刘知幾希望通过选文入史的方式,来促使形成一种崇尚雅正的良好风气,构筑一道禁阻淫丽之风的坚固堤防,最终影响或指导从事诗赋创作的文学家。仔细研读《史通》我们就会得出这样一个结论:刘知幾除了对史学颇多真知灼见外,对文学亦有自己独到见解,其"实录"诗学观及影响也是非常值得关注的。

明末清初毛先舒《诗辩坻》卷三云:"古人善论文章者,曹丕、陆机、钟嵘、刘勰、刘知幾、殷璠、释皎然、严羽、李涂、高棅、徐祯卿、皇甫汸、谢榛、王世贞、胡应麟,此诸家最著,中间刘勰、徐、王,持论尤精确可遵,余子不无得失。亦有自撼独欣,不可推放众制者,如子桓'诗赋欲丽',士衡'绮靡'、'浏亮'语是也。"在毛先舒看来,魏晋至晚明可以称得上为"古人善论文章者"的诗赋评论家仅仅有 15 位,而刘知幾位居其中,堪与曹丕、陆机、钟嵘、刘勰等相提并论①。毛先舒对刘知幾大力褒扬的主要原因即是其提出了"实录"诗学观。刘知幾,学问渊博,会通文史。钱锺书对其有"通识"②之誉。下一章,我们来看下刘知幾圆融文史的散文观。

---

① 郭绍虞《清诗话续编》,上海古籍出版社,1983 年,第 71 页。
② 钱锺书《管锥编·左传正义一》,三联书店,2001 年,第 314 页。

第五章　文、笔之辨与刘知幾的散文观

　　刘知幾《史通》自 20 世纪三四十年代始,即进入了文学批评史及文学史研究者的视野,聚焦之一即是刘知幾"混笔为文"的散文观。如 1934 年商务印书馆出版的郭绍虞《中国文学批评史》"刘知幾之《史通》"一节中指出:刘知幾出于著史应兼重信实和应用双重性的宗旨,对史籍文词持不偏主藻饰亦不偏主质朴而折衷文质的观点,刘氏之论"适以混笔为文,只能助杂文学张目而已"①。

　　郭绍虞先生敏锐地觉察到了刘知幾兼重信实和实用、折衷文质观点的双重性。但是,刘知幾为"杂文学观"所谓的"张目"具体指什么?"张目"的目的又是什么? 实际上最终达到了什么效果,郭绍虞先生并没有作进一步的说明。此外,郭先生"只是"、"而已"的评价是不是偏低。这些问题,都是我们需要思考的。笔者研究认为,刘知幾《史通》之散文观"混笔为文"、"助杂文学张目"达到"圆融文史"的境界。对中唐古文运动有着不容忽视的影响。详论如下。

第一节　"文"、"笔"之辨的兴起与消歇

　　在中国古代,"文"最初是指万物相杂色彩交错而形成的纹理。

---

　　① 郭绍虞《中国文学批评史》,商务印书馆,2010 年,第 209 页(此书初版于 1934 年,1950 年新版,此处所引为重印本,据商务印书馆 1950 年版排印)。

许慎《说文解字》云：“文，错画也。象交文。”段玉裁注曰：“错当作逪，逪画者，交逪之画也……像两纹交互也。”①“文”字的本意是天然形成或人工制造的花纹。发展到后来，又有了文字的意思。如《左传·隐公元年》载：“仲子生而有文在其手，曰：‘为鲁夫人。’”②又见《左传·昭公元年》医和对“蛊”字的解释：“于文，皿虫为蛊。”杜预注曰：“文，字也。皿，器也。器受虫，书者为蛊。”③

“笔”，《尔雅·释器》曰：“不律谓之笔。”郭璞注云：“蜀人呼笔为不律也，语之转变。”④《说文解字》曰：“楚谓之聿。吴谓之不律。燕谓之弗……秦谓之笔。”⑤最早是先秦史官书写文字记述事件的工具。《释名》卷六曰：“笔，述也，述事而书之也。”⑥崔豹《古今注》卷下“问答释义第八”考：“（秦笔）以枯木为管，鹿毛为柱，羊毛为被，所谓苍毫，非兔毫竹管也。”笔管为彤色，“彤者，赤漆耳，史官载事，故以彤管，用赤心记事也”⑦。

至东汉，时人著作中出现“文”、“笔”并联使用的情况。王充《论衡》中就有数处，如其卷十三《超奇》篇曰：“笔能著文，则心能谋论。……意奋而笔纵，故文见而实露也。”⑧又卷二十《佚文》篇云：“文人之笔，独已公矣。圣贤定意于笔，笔集成文。”⑨在王充看来，动笔能写文章的人，用心则能出谋划策。情感充沛而下笔流畅，故文章中的真情能够自然流露出来。天下唯有文人之笔是最公正的。圣贤之人定夺思想于笔端，书写汇集而成文章。这时的“文”

---

① 许慎《说文解字》九篇上“文部”，中华书局，1088 年，第 425 页。
② 《十三经注疏》，中华书局，2009 年，第 3718 页。
③ 《十三经注疏》，中华书局，2009 年，第 4397 页。
④ 《十三经注疏》，中华书局，2009 年，第 5657 页。
⑤ 许慎《说文解字》三篇下“聿部”，中华书局，1988 年，第 117 页。
⑥ 王先谦《释名疏证补》，中华书局，2008 年，第 200 页。
⑦ 《汉魏六朝笔记小说大观》，上海古籍出版社，1999 年，第 248 页。
⑧ 黄晖《论衡校释》，中华书局，1990 年，第 609 页。
⑨ 黄晖《论衡校释》，中华书局，1990 年，第 869 页。

是指一切文章，"笔"是指写作文章时的用笔或书写文章的工具。

魏晋以后，"文"、"笔"开始指代两类不同的作品。正如陆侃如所说："秦汉以前，人们对文学和一般学术性的论著的区别，和某些政治性的文件的区别，是不十分意识到的。渐渐地作品出现得越来越丰富，读者对文学作品的认识也越来越提高，所以到晋代就很自然地产生了'文'和'笔'的区别了。"①考现有文献可知，"文"、"笔"对举之说首倡者为颜延之。颜延之(384—456)，字延年，南朝宋文学家。好读书，无所不观，文章之美，冠绝当时，与谢灵运并称"颜谢"。宋文帝尝问延之其四子才能，延之答曰："竣得臣文，测得臣笔，㚟得臣义，跃得臣酒。"②

两者有何区别呢？刘勰《文心雕龙·总术》篇明确指出："今之常言，有文有笔，以为无韵者笔也，有韵者文也。"③可知，人们明确用"文"专指有韵之文，"笔"则指无韵之文。文章分成文、笔二体是当时的普遍看法，即刘勰所说的"常言"。对于二者的区分标准，有近代学者认为："今谓就永明以前而论，则文笔本世俗所分之名，初无严界，徒以施用于世俗与否为断，而亦难于晰言。就永明以后而论，但以合声律者为文，不合声律为笔。"④这应该是较为符合事实的。

刘勰《文心雕龙·序志》篇中明白说他这部书有一部分是"论文叙笔"的。事实亦如其所言，从《文心雕龙》全书来看，其内容就是按先文后笔的顺序来安排篇章的。黄侃云："自《明诗》以至《谐隐》，皆文之属。自《史传》以至《书记》，皆笔之属。"⑤陆侃如观点与

---

① 陆侃如《陆侃如古代文论研究集》"引言"之"文体论"，安徽教育出版社，2011年，第141页。
② 李延寿《南史》卷三十四"颜延之传"，中华书局，1975年，第879页。
③ 范文澜《文心雕龙注》，人民文学出版社，1958年，第655页。
④ 黄侃《文心雕龙札记》总术第四十四，中华书局，2006年，第259页。
⑤ 黄侃《文心雕龙札记》总术第四十四，中华书局，2006年，第255页。

之基本相似,其认为:"论文体的二十一篇中,前半部分(从《离骚》到《哀吊》)是属于'文'的。后半部分(从'史传'到'书记')是属于'笔'的,而中间两篇(《杂文》和《谐隐》)则兼有'文'和'笔'的两方面。"①

综上,"文"最早是指纹理及文字,后又指代一切文章;"笔"则多指书写文字的工具或文章的用笔。魏晋南北朝迄唐,时人以"文"、"笔"指代两类不同体裁的文体,两者间一开始并无绝对清晰的区别。概于永明体产生后,人们渐以是否重视与追求文章的声律、音韵及辞采雕饰等作为尺度来区分文、笔。就具体文学作品而言,大致来说,诗赋、颂赞、祝盟、铭箴、诔碑、哀吊等是为"文",而史传、诸子、论说、诏策、檄移、封禅、章表、奏启、议对、书记等属于"笔"。

人们将"文"、"笔"二者对举,于是便也有了孰优孰劣的论争。主要观点有三,一是重"文"轻"笔",二重"笔"轻"文",三是"文"、"笔"并重。文、笔优劣之说肇源于文重雕饰、笔重实录,两者的侧重点不同。文、笔优劣说的消歇,则发端于对文、笔二体的相通之处有了更为清晰的认识,所以产生了兼其双美,总其两擅的要求。论述如下。

一、重"文"轻"笔"

西晋著名文人潘岳,其人"性轻躁,趋世利,与石崇等诌事贾谧,每候其出,与崇辄望尘而拜。构愍怀之文,岳之辞也。谧二十四友,岳为其首。谧《晋书》限断,亦岳之辞也。其母数消之曰:'尔当知足,而乾没不已乎?'而岳终不能改"②。《世说新语·文学》记载了潘岳这样一个故事:

① 陆侃如《陆侃如古代文论研究集》"引言"之"文体论",安徽教育出版社,2011年,第141页。
② 房玄龄《晋书》卷五十五"潘岳传",中华书局,1974年,第1504页。

　　乐令善于清言，而不长于手笔。将让河南尹，请潘岳为表。潘云："可作耳，要当得君意。"乐为述己所以为让，标位二百许语，潘直取错综，便成名笔。时人咸云："若乐不假潘之文，潘不取乐之旨，则无以成斯矣。"①

　　这个故事，虽然也有赞赏潘岳所作之表的意味在内，但是也隐约可以读出对笔体之文的轻视：笔作不过是对言的重新排列，玩弄文字技巧罢了。这里，对笔体之文的非议还是比较隐晦的。

　　至南朝齐梁年间，有人明确提出重文轻笔的论点，其中萧绎的看法颇有代表性。相对于《世说新语》的上述记载，萧绎对笔体之"巧"的批评就比较直白和尖锐了。他于《金楼子·立言》篇说：

　　不便为诗如阎纂，善为章奏如伯松，若此之流，凡谓之笔。吟咏风谣，流连哀思者，谓之文。……笔退则非谓成篇，进则不云取义，神其巧惠，笔端而已。至如文者，惟须绮縠纷披，宫徵靡曼，唇吻适会，情灵摇荡。②

萧绎论"古之学者有二，今之学者有四"，对"不便为诗"或仅仅"善为章奏"的人，明显地表现出不屑之意，批评"笔"体文章，既不能如抒情之文，具有文学价值；又不像经史撰述，可以阐发儒者义理所在。虽然也可以显出作者的智慧，但却只是卖弄笔端，夸耀语言技巧而已。而对"文"的特点则归纳为辞藻繁盛，音节华美，语言流畅，性情摇荡；可以说几乎全是优点。对于在当时才长笔翰的任昉，也主要赞许他有学问，能鉴识人才，"善缉流略，遂有龙门之名"③。

————————

① 余锡嘉《世说新语笺疏》，中华书局，1983年，第253页。
② 许逸民《金楼子校笺》卷四《立言篇》，中华书局，2011年，第966页。
③ 许逸民《金楼子校笺》卷四《立言篇》，中华书局，2011年，第966页。

不仅批评家萧绎等人如此，甚至连长于"笔"作的作家自己也觉得文不如笔。被李商隐《读任彦昇碑》诗赞曰"可怜才调最纵横"[①]的任昉，就是其中著名的一位。钟嵘《诗品》卷中曰："世称沈诗任笔，昉深恨之。"[②]《南史·任昉传》曰："昉尤长为笔……当时王公表奏无不请焉。昉起草即成，不加点窜。"[③]任昉擅长笔体之文，当时王公的表章奏疏多请他代笔。他下笔即成，不加修改。任昉"以文才见知，时人曰：'任笔沈诗。'昉闻甚以为病。晚节转好著诗，欲以倾沈，用事过多，属辞不得流便，自尔都下士子慕之，转为穿凿，于是有才尽之谈矣。"[④]任昉以善长章奏而知名于世，当时有"任笔沈诗"的说法。他对这种说法颇为不满。晚年转好作诗，想在这方面超过沈约，却因用典过多，文辞不能流畅，所以不久就演化为穿凿附会。这样一来，人们对他就有"才尽"的议论了。诗歌是传统的"文"体之作，任昉因以"笔"见长而深恨，甚至弃其长而扬其短去写诗，最后被讥为才尽。从某种程度上来讲，这不能不说是其重文轻笔思想作祟的必然结果。

二、重"笔"轻"文"

南北朝时期，与重文轻笔思想并存的是重笔轻文的观点。以南朝宋范晔等史家的看法最具代表性。范晔在狱中写给甥侄的书信自言"常耻作文士"[⑤]。在信中，反复说明了自己轻"文"的原因。范晔认为所谓"文"有三点不足。

首先是词不达意。其曰：

---

① 彭定求《全唐诗》卷五百三十九，中华书局，1960 年，第 6176 页。
② 王叔岷《钟嵘诗品笺证稿》，中华书局，2007 年，第 306 页。
③ 李延寿《南史》卷五十九《任昉传》，中华书局，1975 年，第 1453 页。
④ 李延寿《南史》卷五十九《任昉传》，中华书局，1975 年，第 1455 页。
⑤ 沈约《宋书》卷六十九《范晔传》，中华书局，1974 年，第 1830 页。

> 文患其事尽于形，情急于藻，义牵其旨，韵移其意。虽时有能者，大较多不免此累，政可类工巧图缋，竟无得也。常谓情志所托，故当以意为主，以文传意。①

他认为文士所作的文章严重影响了文意的表达。那些文章或描绘穷形尽相而缺少内涵，或急于抒情而忽视文采，或词不达意而影响了主题，或过分注重音律而妨碍了文意的阐释。在其看来，即使是擅长于作文的人，大多数都不免这些毛病。范晔以为，文章主要是用来表达情志的，因此应当以意为主，以文传意。

其二为拘于音韵。范晔举谢庄的例子来证明自己的观点，他说：

> 性别宫商，识清浊，斯自然也。观古今文人，多不全了此处；纵有会此者，不必从根本中来。言之皆有实证，非为空谈。年少中，谢庄最有其分，手笔差易，文不拘韵故也。②

对于有韵无韵这个"文"、"笔"的根本区别，在范晔看来，文章的宫商清浊都是本已存在的语音现象，不必刻意追求。可是看来自古至今许多文人，却往往不完全明白这一点；即使懂得一些，又未必从根本上理解。范晔举出例子来证明自己的观点。他认为年少一辈中的谢庄算是最能辨别区分宫商清浊的了，可是写出来的"笔"体之文却并不完全让人满意，这是因为没有注意到文不拘韵的缘故。换而言之，就是谢庄的文章拘于声韵而使得辞不能传意。范晔的看法是文章拘韵与否并没有固定的标准，只要能够准确表达出难以言传的情事，符合语言的抑扬顿挫、高低变化就可以了。

---

① 沈约《宋书》卷六十九《范晔传》，中华书局，1974 年，第 1830 页。
② 沈约《宋书》卷六十九《范晔传》，中华书局，1974 年，第 1830 页。

"文"的第三点不足是多为事外远致。他说：

> 吾思乃无定方，特能济难适轻重，所禀之分，犹当未尽，但多公家之言，少于事外远致，以此为恨，亦由无意于文名故也。①

范晔在谈到自己时，谦说自己所具有的天分仍未能完全达到这一点，范晔批评这类文章是"事外远致"，而自己无意于此作。范晔含蓄地说很少写这种脱离事实单纯为抒发高远情致的文字，自己常常以此为一大遗憾，但马上就接着表明正因为如此所以无意去追求文名。

范晔所批评的谢庄，其屡被提到的名篇是《月赋》。该赋今见于《文选》卷十三，谢庄借历史人物曹植和王粲的对答来组织全篇，赋中的对话内容多可商榷。如开篇说："陈王初丧应、刘，端忧多暇。绿苔生阁，芳尘凝榭。悄焉疚怀，不怡中夜。……于时斜汉左界，北陆南躔；白露暧空，素月流天，沉吟齐章，殷勤陈篇。抽毫进牍，以命仲宣。"写曹植因刚遭受应场、刘桢亡故之痛，忧闷不乐，已久未出游，夜半时分愁绪又起，遂于夜半外出。遥望天空，睹"白露暧空，素月流天"之景，心中不胜感慨，低声吟诵《诗经》中《齐风》、《陈风》描绘月夜思人的句子，仍觉无以消愁解忧，于是要王粲（字仲宣）为此情此景写一篇文章。然考《三国志·魏书·阮瑀传》可知："场、桢（建安）二十二年卒。"②而王粲于"建安二十一年，从征吴。二十二年春，道病卒"③。应、刘、王三人皆死于建安二十二年，而王粲死于春天，似是最早离世者。此赋写王粲在应、刘二人

---

① 沈约《宋书》卷六十九《范晔传》，中华书局，1974 年，第 1830 页。
② 陈寿《三国志》，中华书局，2006 年，第 360 页。
③ 陈寿《三国志》卷二十一《魏书·王粲传》，中华书局，2006 年，第 358 页。

丧亡后于曹植对答之事，恐于史无据。此外，更有悖情理的是，谢庄既已假托王粲之口来抒发情感，就不应该在赋中写诸如"委照而吴业昌，沦精而汉道融"之类的句子。此句是写孙坚夫人梦月入怀而生孙策使得东吴昌盛，元后之母梦月入怀而生元后使得东汉融明通彻。似有暗示东吴政权乃承天命的意思。建安二十二春，王粲病死于征伐东吴的路上，而于彼时作赋暗指其强盛秉承天命，这是于情理完全相悖的。这确实应了范晔对"文"的批评：词不达意，拘于声韵，抒发的又是事外远致了。

相对于他所批评的"文"体作品的三个不足，范晔推崇的"笔"体之作亦有三个优点：一是意蕴精深，二是简明扼要，三是切中时弊。范晔是位杰出的史家，他的传世名作即是《后汉书》。《狱中与诸甥侄书》中谈到自己的这一著作，范晔颇为自豪：

> 吾杂传论，皆有精意深旨，既有裁味，故约其词句。至于《循史》以下及《六夷》诸序论，笔势纵放，实天下之奇作。其中合者，往往不减《过秦》篇。尝共比方班氏所作，非但不愧之而已。……赞自是吾文（注：泛指文章）之杰思，殆无一字空设，奇变不穷，同合异体，乃自不知所以称之。①

范晔认为自己所著的各种传论，都含有精深的意蕴，因为带有评判裁定的性质，所以写得简明扼要。《循史》以下及《六夷》诸篇序论，笔势纵横跌宕，实为天下少有的奇妙文章。其中那些切中时弊的文字，范晔认为毫不逊色于贾谊的《过秦论》。赞文部分最能体现了他的见解与思想，几无一字冗余，行文变幻无穷，同是议论且各不相同，以致自己也不知道该怎样来称赞它们。

范晔所言文的三点不足及笔的三点长处，反映出了范晔作为

---

① 沈约《宋书》卷六十九《范晔传》，中华书局，1974 年，第 1830—1831 页。

一个史家所持重实录而反对过于雕饰的观点，这是有其道理所在的。

三、"文"、"笔"并重

除了认为笔优文劣、文优笔劣两种论点外，还有人持文笔并重的观点。萧统、萧纲兄弟及刘勰等较早的注意到这一点。

萧统在《文选序》中，为详细地申述了自己的选录标准，将"综缉辞采"，"错比文华，事出于沉思，义归于翰藻"的篇什，"杂而集之"①。在萧统看来，综合联缀华丽的辞藻，又组织安排漂亮的文词。事情、道理出自深刻的构思，最后表现为优美的文采，就可以算得上是文学作品。萧统于是就旁搜博采，将其选辑入书。结合《文选》具体选录的作品来看，其中赋近十九卷，诗近十三卷，骚两卷，"七"体近两卷，凡三十四卷有余。这些大致可以说"文"体之作。

不过值得注意的是，萧统对一些所谓笔体之文也有所重视。其《文选》收录诏、册、令、教、文、表、上书、启、弹事、牋、书、檄、对问、设论、辞、序、颂、赞、符命、史论、史述赞、论、连珠、箴、铭、诔、哀、碑文、墓志、行状、吊文、祭文近二十六卷。其中所谓"笔"体之文所占比重较大。萧统对"文"、"笔"之作的观点基本上可以说是重"文"然又不完全轻视"笔"。

当然，虽然萧统把史述论赞等实用文体收录进《文选》，有了等同对待文、笔的意味，但又把大量的经、子、史类作品排斥于外。他在《文选序》中特别讲了哪些文章不在其收录之列。一类是"姬公之谈，孔父之书"，他以经典著作"岂可重以芟夷，加以剪截"为借口加以拒绝。一类是"老庄之谈，管孟之流"，理由是它们"以立意为宗，不以能文为本"，即文学性不够，也不能入选。再一类"若贤人

---

① 萧统《文选》，中华书局，1977年，第2页。

之美辞,忠臣之抗直,谋夫之话,辨士之端……"大抵是一些史著中
实用性的言辞,"虽传之简牍,而事异篇章"①,也算不上文学作品,
故也不取。这说明他处理"文"、"笔"之作的做法还是有些保守。
相较而言,刘勰则大大拓展了文的范畴。

　　刘勰对"文"、"笔"二体都重视。这一点前辈学者早已注意到
并多有阐发。黄侃云:"彦和虽分文笔,而二者并重,未尝以笔非文
而遂屏弃之,故其书广收众体,而讥陆氏之未该。且驳颜延之曰:
'不以言笔为优劣。'亦可知不以文笔为优劣也。"②又陆侃如指出:
"和同时代的人不同,他重视'文'而不排斥'笔',这不是没有意义
的,因为所谓'笔'中间,就有在文学史上占重要地位的作品(如《史
传》篇所论司马迁的《史记》等)。而在'文'中间,也有与文学关系
不大的作品(如《颂赞》篇所论李斯《刻石铭》等)。"③比起萧统排斥
史著的做法,刘勰此举无疑更为开明。

　　梁简文帝萧纲《与湘东王书》对"文"、"笔"并重的观念说得更
为直接,其云:"诗既若此,笔又如之。徒以烟墨不言,受其驱染,纸
札无情,任其摇襞,甚矣哉!文之横流,一至于此!至如近世谢朓、
沈约之诗,任昉、陆倕之笔,斯文章之冠冕,述作之楷模。张士简之
赋,周升逸之辩,亦成佳手,难可复遇。"④

　　和前人相比,刘知幾在处理"文"、"笔"关系时,将文、笔并重且
兼取两长。刘知幾于《史通·载文》篇提出,诗文的作用是惩戒恶
人,劝勉好人,教化天下,考察民情。所以诗赋应该向作为笔体之
文的史传和六经学习其"不虚美、不隐恶"的实录精神。另一方面,
刘知幾提倡"笔"对"文"的学习。刘知幾最为推崇的作品就是《左

---

　　① 萧统《文选·序》,中华书局,1977 年,第 2 页。
　　② 黄侃《文心雕龙札记》,中华书局,2006 年,第 256 页。
　　③ 陆侃如《陆侃如古代文论研究集》,《引言》之《文体论》,安徽教育出版社,2011
年,第 141 页。
　　④ 严可均《全上古三代秦汉三国六朝文·全梁文》,中华书局,1958 年,第 3011 页。

传》。他于《史通·杂说上》篇将《左传》和《公羊传》、《谷梁传》作出
高下优劣的评判。反对榛芜溢句、言拙寡味，要求音韵跌宕不群而
能歌咏，辞藻丰腴润泽而不枯槁，这是传统对所谓"文"的高标。但
是，在刘知幾看来，这些标准对笔体文章如史传也同样适用。从这
个意义上说，刘知幾是主张"笔"要向"文"学习的提倡者。

文、笔优劣论源起于文、笔之分，消歇于两者的融合。在这个
过程中，随着文学本体不断的向前发展，对文学本质的相关认识也
愈来愈清晰。由重文轻笔和重笔轻文两种观点的对立，逐渐发展
为认识到文、笔两体各有所长而应混融二者于一体的文学观。刘
知幾提出兼重两者而"圆融文史"的散文观，其对梁肃及韩愈、柳宗
元等唐代古文大家有着较为深远的影响。前人及当今学界对刘知
幾的散文观及其影响所给予的重视还不够，我们认为有必要对之
凿幽抉明、索隐发微。

第二节　刘知幾"圆融文史"的散文观

清康乾年间的著名学者浦起龙在谈到《史通》对唐后史书修撰
的影响时，认为："夫古今人不相及，望两汉之雄俊则道远，效六朝
之藻饰则真丧。唯夫约法严，修辞洁，可以学企，可使质全。为之
向道者，《史通》也。综往饬归，功亦博矣。故同一书也，耳食者曰
'工诃古人'，心喻者曰'导吾先路'。"[1]在他看来，六朝藻饰而丧其
真，两汉虽雄俊然道远，可以作为唐后史家导夫先路的则为刘知幾
的《史通》一书。虽然这段话是浦起龙谈论《史通》对史家撰著的影
响，然我们如用来说明《史通》对唐代古文家的启发与影响之所在，
事实上同样也是可以的。刘氏《史通》所论散文之观点主要包括三
个层面的内涵。

---

[1]　浦起龙《史通通释·自叙》，上海古籍出版社，2009 年，第 273 页。

一、反对以文为史，力倡以史为文

关于文史两科之关系，拙文曾指出："文、史是人对两种文本性质的分辨，它们的分合既反映了文本创作的实际，更反映了人的认识的深化和细化。"①人们对文史关系的认识不是一成不变的，它是一个富含分合变化的持续性发展过程。

先秦两汉时期，在时人的观念中，文史是一体的。《论语·雍也》云："质胜文则野，文胜质则史。文质彬彬，然后君子。"《韩非子·难言》篇云："捷敏辨给，繁于文采，则见以为史；殊释文学，以质信言，则见以为鄙……此臣非之所以难言而重患也。"②孔子认为"文胜质则史"，谈论的是做人的道理。韩非子认为"捷敏辨给，繁于文采，则见以为史"，说的是对君主进谏的难处和深感忧患的原因。二者所论对象不同，但观点有一致之处，从中可看出先秦时期文与史相生相成且可以相提并论。《汉书·公孙弘传赞》云：武帝之时，"文章则司马迁、相如"；"孝宣承统"，"刘向、王褒以文章显"③。史学家司马迁、文献学家刘向与汉赋大家司马相如、王褒同以文章见称于时，这从侧面折射出史文一家仍是社会的主流意识。

到了汉末魏初，就出现了以史为文的肇端。如刘劭《人物志·流业篇》云：人才按功业分可为十二类，"有清节家，有法家，有术家，有国体，有器能，有臧否，有伎俩，有智意，有文章，有儒学，有口辩，有雄杰"；其中"能述文著作，是谓文章，司马迁、班固是也"。又云："文章之才，国史之任也。"④显然，这里刘劭持以史为文的观

---

① 吕海龙《论"文史两分"认识的三阶段》，《齐鲁学刊》，2011年第2期。
② 《韩非子》卷一，见张觉《韩非子全译》，贵州人民出版社，1992年，第36页。
③ 班固《汉书》，中华书局，2007年，第592页。
④ 见梁满仓译注《人物志》，中华书局，2009年，第37、38、46页。

点,认为述文著作者主要指的是著史者,然而,此种观念只是昙花一现,立刻被以文为史的浪潮所吞没。

《史通·核才》篇云:"略观近代,有齿迹文章,而兼修史传。其为式也,罗含、谢客宛为歌颂之文,萧绎、江淹直成铭赞之序,温子昇尤工复语,卢思道雅好丽词,江总猖獗以沉迷,庾信轻薄而流宕。"这是刘知幾对六朝文人以文撰史之做法的批评。史书的这种靡丽文风,余波所及一直延伸到初唐官修史书,造成史著之书染上了过重的雕饰色彩。《史通·叙事》批评这些著作说:"其立言也,或虚加练饰,轻事雕彩;或体兼赋颂,词类俳优。文非文,史非史,譬夫龟兹造室,杂以汉仪,而刻鹄不成,反类于鹜者也。"反对以文为史的做法,这是刘知幾一以贯之的思想。

我们还要重点关注的是刘知幾在反对以"文"为"史"的同时,上承刘勰之言①,力倡以史为文。其《史通·载文》篇曰:

> 若乃宣、僖善政,其美载于周诗;怀、襄不道,其恶存乎楚赋。读者不以吉甫、奚斯为谄,屈平、宋玉为谤者,何也? 盖不虚美,不隐恶故也。是则文之将史,其流一焉,固可以方驾南、董,俱称良直者矣。

《诗经·大雅》中的《崧高》、《烝民》、《韩奕》、《江汉》四篇,毛序皆云:"尹吉甫美宣王也。"②都是尹吉甫颂美周宣王所作,《诗·鲁颂》中《駉》、《有駜》、《泮水》、《閟宫》四篇,毛序认为皆为鲁僖公而作。《汉书·艺文志》云"屈原赋二十五篇","宋玉赋十六篇"③。其中《离骚》为"屈平疾王(按:指楚怀王)听之不聪也,谗谄之蔽明

①《史通·自叙》篇,刘知幾直言自己是继《法言》、《论衡》、《风俗通》、《人物志》、《典语》、《文心雕龙》六书而作。
②《毛诗》卷十八,《十三经》,上海书店出版社,1997年,第293、294、295、297页。
③ 班固《汉书》,中华书局,2007年,第339页。

也，邪曲之害公也，方正之不容也，故忧愁幽思而作"①。《文选》载宋玉《高唐赋》，赋楚襄王梦高唐神女之事，李善注云："此赋盖假设其事，讽谏淫惑也。"②这些作品就内容来讲，很难说全部是真实的，仅就《离骚》和《高唐赋》而言，里面屈原上天寻帝、宋玉邂逅神女的故事，即使是刘知幾也应该明白都是虚构的。但刘知幾还是说：其文章"不虚美，不隐恶"；文学家也"可以方驾南、董，俱称良直者矣"。刘知幾沟通文史的桥梁是"不虚美，不隐恶"。所谓"贤良正直"，便是刘知幾对文学家与史家的共同评价标准。内容虚构的事实和无"虚美隐恶"的评价看似相悖实则相通，原因就在于这些文章是刘知幾为达到通贯文史、以史为文之目的而树立的高标。

刘知幾稍后的古文家"以史为文"，"载道之文，固往往取法乎史"③。韩愈、柳宗元是唐代最负盛名的古文家。韩愈是梁肃的弟子，在后者门下游学多年，柳宗元是韩愈的好友，两人亦或直接或通过梁肃间接受到了刘知幾观点的影响④。

韩愈在《进学解》中借学生之口谈到了自己的作文之道，他说："上规姚姒，浑浑无涯，周《诰》殷《盘》，佶屈聱牙，《春秋》谨严，《左氏》浮夸，《易》奇而法，《诗》正而葩；下逮《庄》、《骚》，太史所录，子云、相如，同工异曲。先生之于文，可谓闳其中而肆其外矣。"韩愈取法对象上有《尚书》、《春秋》、《左传》、《易经》以及《诗经》等经典；下及《庄子》、《离骚》、太史公的《史记》，以及扬雄、司马相如的著述。采众家之长，"沉浸醲郁，含英咀华"，为文方"可谓闳其中而肆其外矣"⑤。陈衍《石遗室诗话》卷五指出，韩愈"同工异曲"之说即

---

① 司马迁《史记》卷八十四《屈原传》，中华书局，2006年，第505页。

② 萧统《文选》，中华书局，1977年，第264页。

③ 罗根泽《中国文学批评史》第五章《史学家的文论及史传文的批评》，上海书店出版社，2003年，第395页。

④ 关于梁肃所受刘知幾的影响，下一节有专门论述。

⑤《全唐文》卷五百五十八，中华书局，1983年，第5646页。

刘知幾《史通·模拟》所谓"貌异心同"者也。所言甚是。

　　和韩愈一样，柳宗元也主张为文要学习文史皆奉为经典的五经，"此吾所以取道之原也"。此外还要"参之谷梁氏以厉其气，参之《孟》《荀》以畅其支，参之《庄》《老》以肆其端，参之《国语》以博其趣，参之《离骚》以致其幽，参之太史公以著其洁，旁推交通而以为之文也。"①柳宗元还把这种经验郑重其事地告诉了向他请教欲拜其为师的后学韦中立。韩、柳的此种作文之法和刘知幾的观点颇有相似之处，和刘氏融通文史以史为文的思想是一脉相承的。

二、提倡"以文饰史"，重质而不摈文

　　正如鲁迅《魏晋风度及文章与药及酒之关系》一文所言："用近代的眼光来看，曹丕的一个时代可说是'文学的自觉时代'。"在魏晋六朝文人的共同努力之下，其时的文学创作活动达到了前所未有的水平。在文学发展繁荣的基础之上，南朝梁时，身为时代文学观念重要代表人物的昭明太子萧统，对文与质的问题做出了自己的思考与回答。

　　萧统在《答湘东王求文集及诗苑英华书》云："夫文典则累野，丽亦伤浮。能丽而不浮，典而不野，文质彬彬，有君子之致，吾尝欲为之，但恨未逮耳。"②萧统不能写出兼重文质的作品，自谦的背后亦是当时社会崇尚淫丽之风气使然。这种风气，甚至影响到了北朝文学。《北齐书·邢卲传》称美邢氏："文章典丽，既赡且速。"但是传中重笔渲染的却是"卲雕虫之美，独步当时，每一文初出，京师为之纸贵，读诵俄遍远近"，袁翻、祖莹甚至以其"藻思华赡，深共嫉

　　① 柳宗元《答韦中立论师道书》，见《全唐文》卷五百七十五，中华书局，1983 年，第5813 页。
　　② 严可均《全上古三代秦汉三国六朝文·全梁文》，中华书局，1958 年，第 3064 页。

之"①。从这一点来看，人们所欣赏追慕甚至是嫉妒的是刑邵文章的丽而非典。

隋及唐初，对南朝重修辞的骈俪文风攻击最猛烈的人物之一是王通。王通在《事君》篇把文风的富丽和品行的低下直接联系在一起。在其看来，"沈休文小人哉，其文冶"。"或问孝绰兄弟。子曰：'鄙人也，其文淫。'""或问湘东王兄弟。子曰：'贪人也，其文繁。'"沈约、刘孝绰、刘孝威、萧绎、萧纲等因为文辞的艳冶繁缛，王通就认为他们是贪鄙的小人。那什么是君子呢？王通答曰："子谓颜延之、王俭、任昉有君子之心焉，其文约以则。"②在王通看来，文辞简约与否不仅成了衡量文章好坏的重要标准，甚至亦成为判断小人还是君子的根本尺度。此外，最高统治者甚至都注意到了这种文风之争，并运用司法机构等国家机器对之干涉。如隋文帝曾下令要杜绝过度的藻饰，可是还是有些官吏行文过于淫丽。以至让隋文帝勃然大怒，对之进行严厉惩罚。"开皇四年，普诏天下，公私文翰，并宜实录。其年九月，泗州刺史司马幼之，文表华艳，付有司治罪。"③这就是一个典型的例子。

初唐继承六朝文学，融合南北诗风，为诗歌开辟一条健康发展的道路，为唐诗的繁荣进行了充分的准备与铺垫。唐初贞观史臣提出在诗歌创作上，兼容南北之长，折衷文质的观点。如魏徵《隋书·文学传序》中就说："江左宫商发越，贵于清绮，河朔词义贞刚，重乎气质。气质则理胜其词，清绮则文过其意。理深者便于时用，文华者宜于咏歌。此其南北词人得失之大较也。若能掇彼清音，简兹累句，各去所短，合其两长，文质彬彬，尽善尽美矣。"④这里魏

---

① 李百药《北齐书》卷三十六，中华书局，1972年，第475、476页。
② 王通《文中子中说》，上海古籍出版社，1989年，第13页。
③ 魏徵《隋书》卷六十六《李谔传》，中华书局，1973年，第1545页。
④ 魏徵《隋书》，中华书局，1973年，第1730页。

徵主要针对的是"南北词人得失"。《与东方左史虬修竹篇序》云：
"文章道弊五百年矣。汉魏风骨，晋宋莫传，然而文献有可征者。
仆尝暇时观齐、梁间诗，彩丽竞繁，而兴寄都绝，每以咏叹，思古人，
常恐逶迤颓靡，风雅不作，以耿耿也。"①

初唐史家看到了这一点，提出了一种折衷文质，兼南北之长的
做法。令狐德棻《周书・王褒庾信传论》谓："文质因其宜，繁约适
其变。权衡轻重，斟酌古今，和而能壮，丽而能典，焕乎若五色之成
章，纷乎若八音之繁会。"②李延寿《北史・文苑传序》曰："江左宫
商发越，贵于清绮。河朔词义贞刚，重乎气质。气质则理胜其词，
清绮则文过其意。理深者便于时用，文华者宜于咏歌。此其南北
词人得失之大较也。若能掇彼清音，简兹累句，各去所短，合其两
长，则文质彬彬，尽善尽美矣。"③

初唐学者关注的重点是诗歌。刘知幾则将文质折衷的范围扩
大到了史著散文的领域。刘知幾和王通、李谔等古文家单纯反对
藻饰的观点不同，他认为文饰是衡量叙事类作品的重要标准之一，
文章必须要雕饰。他主张"以文饰史"。见《史通・杂说下》：

> 礼云礼云，玉帛云乎哉？ 史云史云，文饰云乎哉？ 何则？
> 史者固当以好善为主，嫉恶为次。若司马迁、班叔皮，史之好
> 善者也；晋董狐、齐南史，史之嫉恶者也。必兼此二者，而重之
> 以文饰，其唯左丘明乎！ 自兹以降，吾未之见也。

在其看来，在"列以章句"、"刊之竹帛"的创作过程中，"雕饰"是必
不可少的。

---

①　陈子昂《与东方左史虬修竹篇序》，见郭绍虞《中国历代文论选》第 2 册，上海古
籍出版社，2010 年，第 55 页。
②　令狐德棻《周书》，中华书局，1971 年，第 745 页。
③　李延寿《北史》，中华书局，1974 年，第 2781—2782 页。

刘知幾也不完全同于初唐史家,初唐史家仅仅是注意到了南北文学的对立之处,其解决的方法过于简单,只是更多地在强调要注重音韵之美。刘知幾所学不专一经,就形成了他所论重质而不摒文的观点。"文"、"史"相通,重质而不摒文,他主张一种"文而不丽,质而非野"的理想境界。甚至认为这是圣人作品才能达到的高标。

刘知幾在《史通·叙事》篇说:"夫史之称美者,以叙事为先。至若书功过,记善恶,文而不丽,质而非野,使人味其滋旨,怀其德音,三复忘疲,百遍无斁,自非作者曰圣,其孰能与于此乎?"刘知幾认为好的史书以叙事为首要。在写出历史人物功过善恶的同时,文章还要写得有文采而又不流于艳丽,质朴而又不失之粗野。读者品位其意旨,怀想其言论。反复阅读不知疲倦,读之百遍也不会厌烦。他在读史的过程中,发现"读古史者,明其章句,皆可咏歌;观近史者,悦其绪言,直求事意而已"(《史通·叙事》)。在刘知幾看来,当代的史著只求"事意",乏味冗长,缺少文学性。反观之古史,则让人觉得其语言流畅,节奏和谐,"皆可咏歌",富于音乐之美。

柳宗元的观点和刘知幾重质而不摒文论点很相似。如其云:"虽其言鄙野,足以备于用,然而阙其文采,固不足以竦动时听,夸示后学,立言而朽,君子不由也。故作者抱其根源,而必由是假道焉。"①在柳氏看来,语言粗俗的文章虽然也具有实用性,但是缺少文采故不足以震撼人心,难以给后学留下学习的榜样。这样的文章写出来也不能流传后世,君子是不愿这样做的,所以作者在写文章时一定要将文采与内容相结合,这是文章写作的根本。

---

① 柳宗元《大理评事杨君文集后序》,见《全唐文》卷五百七十七,中华书局,1983年,第5831页。

三、文无古今，求其实用

"文"之古今的问题，南北朝时期，北朝西魏之苏绰、柳虬与南方梁简文帝萧纲等都不约而同地关注到了。但是侧重点又有所不同。

所谓文无古今的说法较早见于北朝西魏以后的拟古派之文论中。《周书·苏绰传》称："自有晋之季，文章竞为浮华，遂成风俗。太祖（宇文泰）欲革其弊，因魏帝祭庙，群臣毕至，乃命绰为大诰，奏行之……自是以后，文笔皆依此体。"[1]在苏绰观点的影响下，柳虬提出了自己对"文"之古今问题的看法。《周书·柳虬传》云："时人论文体者，有古今之异；虬以为时有古今，非文有古今，乃为《文质论》。"[2]

柳虬其文今佚，其论难详，不过我们从刘知幾对柳虬的相关批评中可以知梗概。其《史通·杂说中》："寻宇文初习华风，事由苏绰。至于军国词令，皆准《尚书》。太祖敕朝廷他文，悉准于此。盖史臣所记，皆禀其规。柳虬之徒，从风而靡。"柳虬的文风是学习苏绰的做法，所写文章，几于全仿《尚书》。

对于苏绰、柳虬等人写文章反对魏晋以后的浮华文风而在笔法文辞上一味模拟《尚书》的做法，刘知幾《史通·杂说中》认为，苏、李食古不化，矫枉过正，与现实脱节，不能"适俗随时"，故"其谬逾多"。其云："文虽去彼淫丽，存兹典实。而陷于矫枉过正之失，乖夫适俗随时之义。"

可知，柳虬所谓的"非文有古今"，大意应为今文应该模拟古文，其实质是贵古贱今的极端做法。刘知幾认为这种做法矫枉过正，不能与时俱进。

萧纲《与湘东王书》也谈到了"文"的古今问题，其更多是为了

---

① 令狐德棻《周书》，中华书局，1971 年，第 394 页。
② 令狐德棻《周书》，中华书局，1971 年，第 681 页。

强调"今文"的重要性。其云："吾既拙于为文，不敢轻有揣摭，但以当世之作，历方古之才人，远则杨马曹王，近则潘陆颜谢，而观其遣辞用心，了不相似。若以今文为是，则古文为非，若昔贤可称，则今体宜弃，俱为盍各，则未之敢许。又时有效谢康乐、裴鸿胪文者，亦颇有惑焉。何者？谢客吐言天拔，出于自然，时有不拘，是其糟粕。裴氏乃是良史之才，了无篇什之美。是为学谢则不届其精华，但得其冗长，师裴则蔑绝其所长，惟得其所短，谢故巧不可阶，裴亦质不宜慕，故胸驰臆断之侣，好名忘实之类，方分肉于仁兽，逞却克于邯郸，入鲍忘臭，效尤致祸，决羽谢生，岂三千之可及，伏膺裴氏，惧两唐之不传。"强调的是两汉与魏晋之文，即"杨马曹王"、"潘陆颜谢"等人的作品，各有其特点。

刘知幾虽然也是持"文无古今"的看法，但他的实质和柳虬有着本质的不同，柳虬的立足点是"古"，文无古今都是古，本质是复古。刘知幾的侧重点是今，文无古今，所以他是反对贵古贱今的。

他一方面主张要学习儒家经典，他还同样重视秦汉以来历代各体优秀的文学作品。他在《史通·叙事》篇说：

> 昔圣人之述作也，上自《尧典》，下终获麟，是为属词比事之言，疏通知远之旨。子夏曰："《书》之论事也，昭昭然若日月之代明。"扬雄有云："说事者莫辨乎《书》，说理者莫辨乎《春秋》。"然则意指深奥，诂训成义，微显阐幽，婉而成章，虽殊途异辙，亦各有差焉。谅以师范亿载，规模万古，为述者之冠冕，实后来之龟镜。

他强调要向儒家经典学习，如《春秋》、《尚书》二书可以"师范亿载，规模万古，为述者之冠冕，实后来之龟镜"。他既强调要向经典学习，但同时又不否认后世诗、赋、散文等其他后世优秀文学作品的价值。

刘知幾认为,好的文学作品不仅仅存在于古代,任何一个时代都可能有。其《史通·载文》云:

> (优秀的文学之作)言成轨则,为世龟镜,求诸历代,往往而有。苟书之竹帛,持以不刊,则其文可与三代同风,其事可与五经齐列。古犹今也,何远近之有哉?

这里可以看出他是反对贵古贱今的说法及其做法的。

刘知幾认为文不分今古,其立论之本基于他对文章地位和作用的看法。刘知幾认为文学作品要反映社会现实。谈及刘知幾的此点文论,有必要先论述一下贞观史臣和以四杰为代表的初唐文学家有关文学地位和作用之观点。三者生活的时代略有前后,但相距未远。把他们的观点结合起来看,可以大致推断初唐文论的发展轨迹,了解时人文学价值判断标准的演变,从而可以较全面深入地理解和把握刘知幾圆融文史观的实质与影响。

贞观史臣在唐前八史中提出了关于文章之用的看法。在他们看来,过于淫丽的作品会使得国家灭亡。《陈书·后主纪》论赞部分大胆判断。在贞观史臣看来,"亡国之君,多有才艺";国君如果有文学才能,但"不崇教义"而"偏尚淫丽",此风不改,那么一定会招致亡国之祸。

贞观史臣的文论,主要见于他们所修的所谓"唐八史"。史臣们一方面对文学非常推崇,认为广义的文学有"经纬天地"、"匡主和民"的作用,如魏徵《隋书·文学传序》云:

> 文之为用,其大矣哉!上所以敷德教于下,下所以达情志于上,大则经纬天地,作训垂范,次则风谣歌颂,匡主和民。①

---

① 魏徵《隋书》,中华书局,1973年,第1729页。

另一方面,贞观史臣对某些文学作品的消极作用又极力夸大。

史臣们甚至认为爱好"淫丽之文"是亡国之君的典型特征,"丽文亡国"是历史的一种必然结果。如《陈书·后主纪》论赞部分在描述后主爱好淫曲丽辞终致上下相蒙、众叛亲离、临机不寤而自投于井的史实后,得出结论:

> 古人有言,亡国之主,多有才艺。考之梁、陈及隋,信非虚论。然则不崇教义之本,偏尚淫丽之文,徒长浇伪之风,无救乱亡之祸矣。①

在贞观史臣看来,"亡国之君,多有才艺";然"不崇教义"而"偏尚淫丽",此风不改,那么一定会招致亡国之祸。如此,在贞观史臣眼中,"不崇教义"、"偏尚淫丽",便成了亡国之君的典型特征。又李百药《北齐书·文苑传序》云:

> 江左梁末,弥尚轻险,始自储宫,刑乎流俗。杂沾滞以成音,故虽悲而不雅。……原夫两朝叔世,俱肆淫声,而齐氏变风,属诸管弦;梁时变雅,在夫篇什。莫非易俗所致,并为亡国之音。②

南朝齐、梁的文学,悲而不雅,过于放荡,俱为"淫声",这在贞观史臣看来,都是亡国之音。正是因为齐、梁两代崇尚这种文学风气,最终导致国亡族灭。史臣们认为"丽文亡国"是一种历史的必然。

初唐文学家的文论不多,其中王勃的观点较具代表性。王勃对文的看法和贞观史臣基本相同,一方面夸大文章的积极作用,认

---

① 姚思廉《陈书》,中华书局,1977 年,第 119、120 页。
② 李百药《北齐书》,北京:中华书局,1972 年,第 603 页。

为文章对家国都有举足轻重的作用。他在《上吏部裴侍郎启》中说，文章"可以甄明大义，矫正末流，俗化资以兴衰，家国系其轻重"。另一方面，又对所谓文坛上的"淫风"极为不满，把淫丽文风看成是国家衰亡、社会动乱的根源，"故魏文用之而中国衰，宋武贵之而江东乱"①。正是基于此，如王勃《上吏部裴侍郎启》一文中就说："国家应千载之期，恢百王之业，天地静默，阴阳顺序，方欲激扬正道，大庇生人，黜非圣之书，除不稽之论……君侯受朝廷之寄，掌镕范之权，至于舞咏浇淳，好尚邪正，宜深以为念也"。② 王勃希望裴侍郎动用手中选拔人才的权力，以强制性的行政手段来端正文风。

《毛诗序》云："治世之音安以乐，其政和；乱世之音怨以怒，其政乖；亡国之音哀以思，其民困。故正得失，动天地，感鬼神，莫近于诗。先王以是经夫妇，成孝敬，厚人伦，美教化，移风俗。"③ 显然，初唐史臣和文学家的观点，与汉儒诗教观如出一辙。

初唐文学家和贞观史臣观点的不足之处在于把文学与政治直接挂钩并打上等号，实际上都过于夸大了文学的作用。这种文学观其来有自，影响深远，但无疑是失实且有害的，容易把文学单纯视为政治教化的工具，不利于文学自身的发展。

刘知幾文学观和唐初史臣及王勃等文学家的观点是不完全相同的，刘知幾不像初唐史家及文学家那样认为文学对政治具有决定性的推动作用，刘知幾强调的是文学关注现实、反映现实的作用。他的文学观受到了陆景《典语》的影响。刘知幾在《史通·自叙》篇专门提到了《典语》一书，认为自己的《史通》是承《典语》及《法言》、《论衡》、《风俗通》、《人物志》、《文心雕龙》等六书而作。陆

———————

　　① 王勃《上吏部裴侍郎启》，见郭绍虞《中国历代文论选》，上海古籍出版，2001 年，第 8 页。

　　② 郭绍虞《中国历代文论选》，上海古籍出版社，2001 年，第 8 页。

　　③ 《毛诗》卷一，见《十三经》，上海书店，1997 年，第 155 页。

景其书,今佚不存。仅有一卷,在魏徵编选的《群书治要》中流传了下来。该书辩证地论述了文章对社会政治的作用:

> 王莽之世,内尚文章,外缮师旅;立明堂之制,修辟雍之礼;招集儒学,思遵古道;文武之事备矣。然而命绝于渐台,支解于汉刃者,岂文武之不能治世哉? 而用之者拙也。①

陆景认为,王莽非常重视"文"的作用,但最后还是亡国了。这难道是文学之才对国家治理没有任何用处吗? 显然不是的,文学自有文学的用处,但文学的功用要由人来掌握和发挥,愚笨照样可以亡国。陆景的文学观无疑较辩证开明,这对刘知幾影响颇深。

刘知幾《史通·载文》篇曰:

> 夫观乎人文,以化成天下;观乎国风,以察兴亡。是知文之为用,远矣大矣。……是以虞帝思理,夏后失御,《尚书》载其元首、禽荒之歌;郑庄至孝,晋献不明,《春秋》录其大隧、狐裘之什。其理说而切,其文简而要,足以惩恶劝善,观风察俗者矣。若马卿之《子虚》、《上林》,扬雄之《甘泉》、《羽猎》,班固《两都》,马融《广成》,喻过其体,词没其义,繁华而失实,流宕而忘返,无裨劝奖,有长奸诈,而前后《史》、《汉》皆书诸列传,不其谬乎!

刘知幾认为诗文最深远最重要的作用有两点:一是教化天下,可以惩戒恶人,劝勉好人;二是通过考察采集到的各地民歌,考察民情,了解风俗,可以从中看出国家兴亡的征兆。那些符合他"其理说而切,其文简而要"要求,能起到讽谏作用,可以反映现实的文学

---

① 陆景《典语》,见魏徵《群书治要》,北京理工大学出版社,2013年,第650页。

作品，刘知幾对之虽倍加推崇。但他却没有视这些文学作品有"经天纬地"之用。当然，刘知幾是个史家，因为崇史有时不免贬文。《史通》多次以"雕虫小技"指代文学创作和文学作品。如《载文》篇曰："亦可使夫雕虫小技者，闻义而知徙矣。"《叙事》篇载："固非雕虫小技所能斥苦其说也。"毋庸讳言，在刘知幾内心深处对文学还是有点瞧不起的。然而值得注意的是，虽然他认为这些作品"喻过其体，词没其义，繁华而失实，流宕而忘返"，但他只是认为它们"无裨劝奖，有长奸诈"，并没有像初唐文学家、史学家那样视某些文学作品为亡国之音。总的看来，刘知幾对文学地位和作用的看法是较为持中合适的。

　　唐代古文家中，韩愈自言所谓"仆少好学问，自五经之外，百氏之书，未有闻而不求，得而不观者"①。柳宗元非常重视学习前代遗产，同时也不轻视近代和当代的作家作品，在理论上，他反对世俗贵古贱今的偏见。他认识到"古之人未始不薄于当世而荣于后世"②，所以反对"荣古虐今"③。柳宗元基于这种观点，他对那些崇古的"俗耳庸目"，表示了不满。柳宗元在《与杨京兆凭书》中说："自古文士多莫如今。今之后生为文，希屈马者可得数人；希王褒、刘向之徒者，可得十人；至陆机、潘岳之比，累累相望。若皆为之不已，则文章之大盛，古未有也。后代乃可知也。今之俗耳庸目，无所取信；杰然特异者，乃见此耳。"④从这里我们可以看出，从类屈、马的数人到似潘、陆的"累累相望"，柳宗元所言"自古文士多莫如今"的论断，这对中唐文坛之实际固然有其略为夸张之处，但也可以看作是刘知幾尊古而不贱今思想的进一步论证与阐发。

<hr />

①　韩愈《答侯继书》，见《全唐文》卷五百五十二，中华书局，1983 年，第 5586 页。
②　柳宗元《与杨京兆凭书》，见《全唐文》卷五百七十三，中华书局，1983 年，第 5792 页。
③　柳宗元《与友人论为文书》，见《全唐文》卷五百七十四，中华书局，1983 年，第 5802 页。
④　柳宗元《与杨京兆凭书》，见《全唐文》卷五百七十三，中华书局，1983 年，第 5791 页。

陈寅恪之鸿文《论韩愈》在谈到昌黎时，认为"退之者，唐代文化学术史上承先启后转旧为新关捩点之人物也"①。柳宗元，被誉为唐代独得骚学第一人②。人们之所以对两人评价如此之高，笔者认为其中一个重要的原因应是刘师培于《论文杂记》所云："唐人以笔为文，始于韩、柳"，"夫二子之文，气盛言宜，希踪子史"③。另一个原因概为钱穆所言："二公者，实乃站于纯文学之立场，求取融化后起诗赋纯文学之情趣风神以纳入于短篇散文之中，而使短篇散文亦得侵入纯文学之阃域而确占一席之地。"④韩、柳散文体涉及政论、书启、赠序、杂说、传记、墓志、游记、传奇等，凡八百余篇。刘师培着眼于韩、柳之作中对子史的学习，钱穆关注子史短篇对文的仿效，两者观点似异而实同，同为关注子史与文的互渗互动、相扶相益。刘知幾对史传散文提出"文而不丽，质而非野，使人味其滋旨，怀其德音"，"明其章句，皆可咏歌"的要求。这些重质而不摒文的规则运用到具体创作中，岂非钱穆所言韩、柳"求取融化后起诗赋纯文学之情趣风神以纳入于短篇散文"做法的先导？

唐代古文家中，受刘知幾影响最大、最直接也是最具代表性的要首推梁肃。下面，我们专节对之进行论述。

第三节　刘知幾散文观对梁肃的影响

刘知幾，被古文家梁肃誉为"儒为天下表"。"儒为天下表"一句化用《礼记·表记》"仁者，天下之表也"⑤。"表"，意为表率、榜

---

① 《论韩愈》，见陈寅恪《金明馆丛稿初编》，三联书店，2001年，第332页。

② 严羽《沧浪诗话·诗评》云："唐人惟柳子厚深得骚学，退之、李观皆所不及；若皮日休《九讽》不足为骚。"严羽意即柳宗元为唐代独得骚学第一人。

③ 刘师培《论文杂记》，人民文学出版社，1959年，第119页。

④ 钱穆《杂论古文运动》，见《中国学术思想史论丛》，三联书店，2009年，第57页。

⑤ 《礼记》，《十三经》，上海书店出版社，1997年，第901页。

样,为人师表。梁肃又赞其曰:"文公允文,辟儒门兮!"①"允文"一词,原是颂美周文王,语出《诗·周颂·武》"允文文王,克开厥后",郑玄笺云:"信有文德哉! 文王也,能开其子孙之基绪。"②梁肃认为刘知幾学行不仅影响了后代子孙,而且堪为天下之表率。评价不可谓不高。知幾死后被朝廷追赠工部尚书,谥曰"文"。何谓"文"者? 梁肃《代太常答苏端驳杨绾谥议》曰:"'文'之义有六:经天纬地曰文,道德博厚曰文,愍人惠礼曰文,不耻下问曰文,慈惠爱人曰文,修德来远曰文。"③梁肃称刘知幾为"文公",而不是称其官职,是为充分表述自己对刘知幾学问修养的敬仰之情。

　　梁肃,唐著名古文家。崔元翰《右补阙翰林学士梁君墓志》云:"(梁肃)年十八,赵郡李遐叔、河南独孤至之始见其文,称其美,由是大名彰于海内。"④梁肃早年受李华、独孤及赏誉而文名满天下,后又提携或影响了韩愈、柳宗元、李翱等后起之秀,是唐代古文运动承前启后的重要人物。李翱《感知己赋·序》曰:"是时梁君之誉塞天下,属词求进之士,奉文章造梁君门下者,盖无虚日。"⑤又《旧唐书·韩愈传》说:"大历、贞元之间,文字多尚古学,效扬雄、董仲舒之述作,而独孤及、梁肃最称渊奥,儒林推重。愈从其徒游,锐意钻仰,欲自振于一代。"⑥梁肃与柳宗元也有交集,是柳宗元父亲柳镇的至交好友。柳宗元对梁肃的文章颇为推重,其《先君石表阴先友记》称赞梁肃曰:"最能为文。"⑦

①　董诰《全唐文》卷五百二十《给事中刘公墓志铭》,中华书局,1983年,第5290页。

②　《毛诗》卷十九,上海书店出版社影印四部丛刊《十三经》本,1997年,第307页。

③　见董诰《全唐文》卷五百一十七,中华书局,1983年,第5254页。

④　见董诰《全唐文》卷五百二十二,中华书局,1983年,第5322页。

⑤　见董诰《全唐文》卷五百二十二,中华书局,1983年,第6397页。

⑥　刘昫《旧唐书》,中华书局,1975年,第4195页。

⑦　柳宗元《柳宗元集》卷十二,中华书局,1979年,第301页。

　　刘知幾是唐初著名史学家。梁肃是唐代古文运动承前启后的重要人物。现有研究多关注梁肃所受萧颖士、李华、独孤及等古文家的影响。实际上，刘知幾的一些观点也深深影响了梁肃。笔者研究发现，刘知幾在创作学习对象的广泛性、文章修辞的重要性、文学反映现实的必要性等方面的相关论述影响到了梁肃等人，推动着古文运动走向高潮，同时奠定了刘知幾在唐代文坛的杰出地位。这一点很少有人注意，故笔者详论如下。

一、广泛的学习对象

　　在论述创作学习对象的问题时，刘知幾的态度较为开明。他一方面认为《尚书》、《春秋》等是典范之作，主张要学习儒家经典。另一方面，他又同样重视秦汉以来各体优秀的文学作品，充分肯定其应有之价值、地位与对后世之影响。

　　他在《史通·叙事》篇指出，《尚书》、《春秋》虽皆"昔圣人之述作也"，但二者又不尽相同，一为"说事"，一为"说理"，或"为属词比事之言"，或寓"疏通知远之旨"。《尚书》"意复深奥，训诂成义"；《春秋》则"微显阐幽，婉而成章"。在刘知幾看来，二书"殊途异辙，亦各有美焉"，"谅以师范亿载，规模万古，为述者之冠冕，实后来之龟镜"。

　　事实上，刘知幾所谓的"殊途异辙，亦各有美焉"之判词，不仅指涉儒家经典，即使是后世的各体文学作品，在其看来，亦是如此。同在《载文》篇，刘知幾结合具体的作品指出诗、赋、论、箴、铭、表、书、疏、对策、弹文、启事等各体文学中，都有十分优秀且值得后人学习的地方。他说：

　　　　诗有韦孟《讽谏》，赋有赵壹《嫉邪》，篇则贾谊《过秦》，论则班彪《王命》，张华述箴于女史，张载题铭于剑阁，诸葛

> 表主以出师,王昶书字以诫子,刘向、谷永之上疏,晁错、李
> 固之对策,荀伯子之弹文,山巨源之启事,此皆言成轨则,为
> 世龟镜。

下面依次看一下刘知幾所认为的"言成轨则,为世龟镜"的文学
作品。

韦孟的《讽谏诗》,现载于《文选》,为讽谏楚元王的孙子刘戊所
作。其序曰:"孟为元王傅,傅子夷王及孙王戊。戊荒淫不遵道,作
诗讽谏。"①诗歌为四言诗,共 108 句,先叙韦氏家族历史,次述楚
元王三代变化,然后责备刘戊荒淫,末抒忧愤,期望刘戊觉悟。该
诗典雅古奥,从思想到语言都学习《诗·大雅》。

赵壹的《刺世疾邪赋》,今见于《后汉书·文苑列传·赵壹
传》,是批判黑暗社会现实的作品,揭露了东汉末年封建统治下
的种种黑暗社会现实。赋云:"佞谄日炽,刚克消亡。舐痔结驷,
正色徒行。"朝廷之上,后宫妇女和宦官掩住了皇帝的耳目,奸佞
之臣当道,豪门贵族不法,正直的有才能的人受到压制。国家危
亡,就在旦夕之间。作者坚决不愿同邪恶势力同流合污,"宁饥寒
于尧舜之荒岁兮,不饱暖于当今之丰年。乘理虽死而非亡,违义虽
生而匪存"②。

《过秦论》载于《史记》、《汉书》,又见《文选》、《古文观止》等,是
一篇历代文选家必选的名篇,它是贾谊政论散文的代表作。全文
着重从各个方面分析秦王朝的过失,故名为《过秦论》,旨在总结秦
速亡的历史经验,以作为汉王朝建立制度、巩固统治的借鉴。文章
卒章显志,指出"一夫作难而七庙隳,身死人手,为天下笑者,何也?

---

① 韦孟《讽谏诗》,见萧统《文选》,中华书局,1977 年,第 274 页。
② 赵壹《刺世嫉邪赋》,见范晔《后汉书》,中华书局,2007 年,第 771 页。

仁义不施而攻守之势异也"①。文章述史实,渲染铺张,材料丰瞻;发议论,简炼透辟,见解精微。鲁迅对贾谊《过秦论》评价甚高,认为该文"为西汉鸿文,沾溉后人,其泽甚远",不足在于"颇多疏阔"②。

班彪的《王命论》,见《汉书》,又见《文选》,是一篇劝谏之作。王莽败亡,光武即位,隗嚣时拥众天水,放言欲逐鹿中原,图谋天下。"彪既疾嚣言,又伤时方限,乃著《王命论》,以为汉德承尧,有灵命之符,王者兴祚,非诈力所致,欲以感之,而嚣终不寤,遂避地河西。"③文章认为汉承大统,实为天命。班彪指出"驽蹇之乘,不骋千里之途;燕雀之畴,不奋六翮之用;楶棁之材,不荷栋梁之任",意在提醒隗嚣要正视自己的才能和现实条件,凡事量力而行,量才而动。否则,就会"鼎折足,覆公𫗧,不胜其任也"④。

晋惠帝时,贾后专权,极妒忌,多权诈,荒淫放恣。张华"惧后族之盛,作《女史箴》以为讽"⑤。《女史箴》今见《文选》。"女史"指宫廷中有文化的妇女,"箴"则为规劝之意。张华于文章中强调"家道以正,王猷有伦,妇德尚柔,含章贞吉"⑥,旨在劝诚贾后安守本分,不可乱政。此文被当时奉为苦口献箴、庄言警世的名篇。

西晋太康初年,张载到四川看望父亲,途中经过剑阁,著《剑阁铭》,今载于《文选》。文章先写剑阁形势的险要"岩岩梁山,积石峨峨。远属荆衡,近缀岷嶓"⑦,然后引用史料议论国之存亡是在于德而不在于险的道理。益州太守上表其文,晋武帝派人镌刻《剑

---

① 贾谊《过秦论》,见萧统《文选》,中华书局,1977年,第709页。
② 鲁迅《汉文学史纲要·贾谊与晁错》,上海古籍出版社,2005年,第35页。
③ 范晔《后汉书·班彪列传》,中华书局,2007年,第393页。
④ 班彪《王命论》,见萧统《文选》,中华书局,1977年,第718页。
⑤ 房玄龄《晋书》卷三十六《张华传》,中华书局,1974年,第1072页。
⑥ 张华《女史箴》,见萧统《文选》,中华书局,1977年,第768页。
⑦ 张载《剑阁铭》,见萧统《文选》,中华书局,1977年,第770页。

阁铭》于石,以使之流传后世。

《出师表》是诸葛亮出师伐魏临行前写给后主刘禅的奏章,今见于《文选》。文中以恳切的言辞,劝说后主要继承先帝遗志,广开言路,赏罚分明,亲贤远佞,完成兴复汉室的大业,同时表达了诸葛亮对先帝知遇之恩的感激之情和北定中原的决心。

王昶的《诫子书》是一篇向子孙讲述为人处世道理的文章,文载《三国志·魏书·王昶传》。王昶书字以诫子:"其取人务实道,其处世戒骄淫,其贫贱慎无戚,其进退念合宜,其行事加九思,如此而已。"①就是说做人要脚踏实地,处世不可骄淫自满,贫贱不必忧虑,进退要合时宜,诸事要思虑成熟再去行动。

刘知幾所举的典范性文学作品中还有臣子写给君王的奏章。这些大臣包括刘向、谷永、晁错、李固、山涛、荀伯子等人。刘向上疏,见于《汉书》本传,多言灾异之变。谷永数次上疏言得失及灾异的关系,如建始三年上书曰:"灾异之发,各象过失,以类告人。"②其疏见于《汉书》本传。晁错在对策中积极主张劝农立本,守边备塞,加强中央集权,削夺诸侯王的势力。其对策今见《史记》本传。东汉名臣李固在对策中论外戚之祸,指斥朝政以及当世之务等。李固之对策收于《后汉书》本传。三国魏时为尚书吏部郎、入晋后任吏部尚书十余年的山涛,选拔官员时,都分别为之写下评语,时人称这类文章为"山公启事"③。曾任南朝宋御史中丞的荀伯子所写的弹劾大臣的奏章,"莫不深相谤毁,或延及祖祢,示其切直"④。这些疏表或谈灾异及为政之得失,或论国家大政,或言弹劾或选拔官员,皆为针对国家政治生活中种种现实问题有感而发的文章。

从文体上来说,刘知幾认为诗、赋、论、铭、表、疏、策等都在文

① 王昶《诫子书》,见陈寿《三国志》,中华书局,2006年,第444页。
② 班固《汉书·谷永传》,中华书局,1999年,第2559页。
③ 房玄龄《晋书·山涛传》,中华书局,1974年,第1231页。
④ 沈约《宋书·荀伯子传》,中华书局,1974年,第1629页。

章之列。就内容而言，刘知幾所推崇的文学作品，也是多种多样的。它们的共同特点是重"实录"，对现实有实用价值；关注社会、关注人生，对社会和个人有指导作用。这些文章大多被《文选》收入，证明它们在文学性上也是卓越的。刘知幾认为这些优秀的文学作品"言成轨则，为世龟镜"，是后世应该学习的文学经典。

　　综上，刘知幾认为儒家经典《尚书》、《春秋》，可以"师范亿载，规模万古，为述者之冠冕，实后来之龟镜"。而魏晋时人所作的诗、赋、论、铭、表、疏、策等亦可以"言成轨则，为世龟镜"。何谓"龟镜"？"龟"是占卜用的龟壳，可卜吉凶，"镜"是指铜镜，能别美丑，"龟镜"因以比喻可供人对照学习的榜样或引以为戒的教训。可见，刘知幾认为古今一切好文章都是学习的对象，他的视野是非常开阔的。反观梁肃之前的萧颖士、李华、独孤及等则显得过于保守了。

　　萧颖士囿写作指归为宗经明道、阐扬道德教化，其《赠韦司业书》称："应优游道术，以名教为己任；著一家之言，垂沮劝之益。"认为"今朝野之际，文场至广。搋藻飞声，森然林植"。而自己"有识以来，寡于嗜好，经术之外，略不婴心"。将学习对象局限于儒家经典。因为在其看来，司马迁、班固之作，"其文复而杂，其体漫而疏"。都属于"首末不足以振纲维，支条适足以助紊乱"，使"圣明之笔削，褒贬之文废"的作品。明确反对班固、司马迁之作，对魏晋以后之"俗"文尤不屑一顾。"平生属文，格不近俗，凡所拟议，必希古人，魏晋以来，未尝留意。"①

　　萧颖士《赠韦司业书》，作于开元二十九年②，为其前期作品。其后期对于文章之道的看法，应该发生了一些变化，关注视野有所扩大，看到了屈原、宋玉、枚乘、司马相如等人文章中"雄壮"、"瑰

---

① 见董诰《全唐文》卷三百二十三，中华书局，1983 年，第 3275—3278 页。
② 详可参张卫宏《萧颖士研究》，西北大学 2007 年博士学位论文，第 108 页。

丽"的一面。但由于衡量标准仍然是所谓的"经"、"理"、"雅"、"正"
与"近王化"等，所以学习的范围仍然具有很大的局限性。李华《扬
州功曹萧颖士文集序》云："君（按指萧颖士）以为六经之后，有屈
原、宋玉，文甚雄壮，而不能经。厥后有贾谊，文词最正，近于理体。
枚乘、司马相如，亦瑰丽才士，然而不近风雅。……左思诗赋有
《雅》《颂》遗风，干宝著论近王化根源，此后复绝无闻焉。"①

　　李华是萧颖士的密友，二人同为唐代古文运动的先驱。较之
萧颖士，李华为文亦提倡"简"、"质"，但不同的是李华并没有完全
忽视"文"的作用。李华《质文论》云："天地之道易简，易则易知，简
则易从。先王质文相变，以济天下。易知易从，莫尚乎质，质弊则
佐之以文，文弊则复之以质。"李华《质文论》将学习对象扩展到了
先秦经史作品，然其中仍主要是儒家经典。其云："愚以为将求致
理，始于学习经史。《左氏》、《国语》、《尔雅》、《荀》、《孟》等家，辅佐
五经者也。及药石之方，行于天下，考试仕进者宜用之。其余百家
之说、谶纬之书，存而不用。"②李华虽然提倡"质文相变，以济天
下"，但是他更注重那些所谓的"辅佐五经者"，而"百家之说"则"存
而不用"。原因为何？其在《赠礼部尚书清河孝公崔沔集序》中交
代得很清楚："文章本乎作者，而哀乐系乎时。本乎作者，六经之志
也；系乎时者，乐文武而哀幽厉也。……宣于志者曰言，饰而成之
曰文。有德之文信，无德之文诈。皋陶之歌，史克之颂，信也；子朝
之告，宰嚭之词，诈也；而士君子耻之，夫子之文章，偃、商传焉，偃、
商殁而孔伋、孟轲作，盖六经之遗也。屈平、宋玉哀而伤，靡而不
返，六经之道遁矣。论及后世，力足者不能知之，知之者力或不足，
则文义寝以微矣。"③

---

① 董诰《全唐文》卷三百一十五，中华书局，1983年，第3198页。
② 董诰《全唐文》卷三百一十七，中华书局，1983年，第3213页。
③ 董诰《全唐文》卷三百一十五，中华书局，1983年，第3196页。

独孤及是李华的好友,他和李华又同是赏识、提拔梁肃的导师。独孤及的观点和李华对文章的看法有相似的地方。其《唐故殿中侍御史赠考功郎中萧府君文章集录序》云:"扬、马言大而迂,屈、宋词侈而怨,沿其流者,或文质交丧、雅郑相夺,盍为之中道乎?"①屈、宋、扬、马等人不在独孤及学习的对象之内。这一点,独孤及对自己的朋友、学生都反复讲过。如梁肃《常州刺史独孤及集后序》中记录下了独孤及对他的教导。其回忆说:"公视肃以友,肃仰公犹师,每申之话言,必先道德而后文学。且曰'后世虽有作者,六籍其不可及已。荀孟朴而少文,屈宋华而无根。有以取正,其贾生、史迁、班孟坚云尔。唯子可与共学,当视斯文,庶乎成名。'"②独孤及虽贬抑屈原、宋玉等人说,但对司马迁、班固等人非常重视,后者应该对梁肃有所触动。

梁肃对前代文学的发展,做出颇异于萧颖士、李华等人的评价,而和刘知幾遥相呼应。梁肃的学习对象极为广泛,涵盖六籍百家,经史诸作。崔元翰《右补阙翰林学士梁君墓志》称美梁肃的文章说:

> 傲遗乎万物,贯极乎六籍,旁罗乎百氏。考太史公之实录,又考老庄道家之言,皆睹其奥而观其妙。立德玩词以为文,其所论载讽咏,法于《春秋》,协于《谟训》,《大雅》之疏达而信,《颂》之宽静形焉。博约而深厚,优游而广大。③

崔元翰言梁肃行文"傲遗乎万物,贯极乎六籍,旁罗乎百氏。考太史公之实录,又考老庄道家之言,皆睹其奥而观其妙",是符合事

---

① 董诰《全唐文》卷三百八十八,中华书局,1983年,第3941页。
② 董诰《全唐文》卷五百一十八,中华书局,1983年,第5261页。
③ 董诰《全唐文》卷五百二十二,中华书局,1983年,第5323页。

实的。

梁肃在送给朋友们的临别赠序或者为后辈文集所作之序中多次盛赞屈宋及两汉的辞赋等作品,这与萧颖士、李华、独孤及等中唐古文运动前期的其他作家有共同之处。梁肃推崇屈、宋情辞激越的作品,赞美自己朋友的作品,"楚风在焉",如其《送元锡赴举序》称:"自三闾大夫作《九歌》,于是有激楚之辞流于后世,其音清越,其气凄厉。吾友君觊者,实能诵遗编,吟逸韵。所作诗歌,楚风在焉。"①又好友临别,悲秋送远之时,梁肃认为文当"缘情而美"。《诗·国风·邶风·式微》中主张婉转含蓄,而不能随心所欲地表达情感,有时也并不合适。梁肃引宋玉为知己,其《送前长水裴少府归临海陵序》言:"夫道胜则遇物而适,文胜则缘情而美。裴侯温粹在中,英华发外;既乘兴而至,亦虚舟而还。与夫泣穷途咏式微者,不同日矣。若悲秋送远之际,宋玉之所以流叹也,况吾侪乎?"②梁肃的观点,在某种程度上可以说点出了更具文学意义的散文作品在音韵、抒情方面的某些本质特点。

梁肃充分肯定两汉文人如枚乘、司马相如、扬雄等的成就,其中一个最为突出的表现就是梁肃特别喜欢把自己的好友或后学比作司马相如、扬雄等人。如其《送李补阙归少室养疾序》称赞李翰:"有司马相如之才,赋颂书奏,灿然同风。"③《送韦十六进士及第后东归序》中赞美益都:"有司马、扬、王(褒)遗风。"④又《奉送刘侍御赴上都序》则云:"君子谓君涉履所至,拟司马子长。"⑤这无疑表明了梁肃对两汉文人的赞赏乃至以其作品为学习的对象及衡量当时文章的标杆。

---

① 董诰《全唐文》卷五百一十八,中华书局,1983年,第5269页。
② 董诰《全唐文》卷五百一十八,中华书局,1983年,第5267页。
③ 董诰《全唐文》卷五百一十八,中华书局,1983年,第5265页。
④ 董诰《全唐文》卷五百一十八,中华书局,1983年,第5269页。
⑤ 董诰《全唐文》卷五百一十八,中华书局,1983年,第5267页。

梁肃认为无论班（班固）马（司马迁）内容博大深厚之作，还是扬（扬雄）马（司马相如）辞采雄奇富丽之文，都是优秀的作品，两种风格的文章可以互为补充。他在《补阙李君前集序》提出自己的见解：

> 三代之后，其流派别。炎汉制度，以霸、王道杂之，故其文亦二：贾生、马迁、刘向、班固，其文博厚，出于王风者也；枚叔、相如、扬雄、张衡，其文雄富，出于霸途者也。其后作者，理胜则文薄，文胜则理消。理消则言愈繁，繁则乱矣；文薄则意愈巧，巧则弱矣。①

梁肃认为两汉贾谊、班固、司马迁、刘向的政论、史传、经术之文出于王风，枚乘、扬雄、司马相如、张衡辞赋之作出自霸道；出于王风之作博大深厚，出于霸道之作雄奇富丽。梁肃对两种文风都同样应予肯定。这个观点在当时古文家中，可谓耸心骇耳之论，正如清康熙帝玄烨云："文章有王霸之分，立论恢奇，前此未有。"②

我们认为刘知幾对儒家经典与诸子百家及后世文章的优秀之作都颇为重视，拓宽了学习的对象；这影响到了梁肃，并促成了唐代古文运动的成功。不可否认，大历年间，司马相如等人的文章，当时已经得到了很多人的认可。如梁肃《送谢舍人赴朝廷序》就提到："初公以文似相如，得盛名于天下。大历再居献纳，俄典书命，时人谓公视三事大夫犹寸步耳。"③梁肃对两汉之文的重视，或许有时代风气使然的因素。但是，梁肃的观点和刘知幾重儒家经典、亦重屈宋之文及魏晋时人之作的观点有异曲同工之妙。最终目的

---

① 董诰《全唐文》卷五百一十八，中华书局，1983 年，第 5261 页。
② 陈鸿墀《全唐文纪事》"卷首"，上海古籍出版社，1987 年，第 18 页。
③ 董诰《全唐文》卷五百一十八，中华书局，1983 年，第 5264 页。

即并习辞采雄富及内容博厚之文,使得文章做到文理兼胜,得其双美。这一点是毋庸置疑的。下面,我们结合梁肃的《补阙李君前集序》一文来具体分析。

二、由梁肃《补阙李君前集序》看其对刘知幾散文观的效仿

中唐时期,梁肃以前的很多古文家则对于作品文辞之美不够重视。如萧颖士就在《送刘太真诗序》中对何谓"学"与"文"的问题给出了自己的定义:"学也者,非云征辩说,撼文字,以扇夫谈端、揉厥词意;其于识也,必鄙而近矣。所务乎宪章典法,膏腴德义而已。文也者,非云尚形似,牵比类,以局夫俪偶,旅于奇靡,其于言也,必浅而乖矣。"①萧颖士为刘太真作送行诗并序,同时在序中阐明了自己的文学观,教导刘太真应该"宪章典法、膏腴德义",认为追求文辞之美是"鄙而近"、"浅且乖"的做法。对于萧颖士上述反对文章修辞的论点,杨明这样评价:"他并非从审美角度提出这一问题,而是从强调教化角度出发,认为不应致力于修饰文辞而忽略内容之合乎道。这与后来韩、柳等人的态度尚有所不同。"②杨明指出萧颖士和韩、柳不同,萧颖士忽略了文章的审美而片面地强调教化作用,这个点评无疑是非常恰当的。

李华与萧颖士齐名,且是好友,世称"萧李"。李华同样持重视道德教化而反对文采修辞的观点,这和萧颖士的区别并不太大。李华《赠礼部尚书孝公崔沔集序》云:"文章本乎作者,而哀乐系乎时。本乎作者,六经之志也;系乎时者,乐文武而哀幽厉也。"③又

① 萧颖士《萧茂挺文集》,上海古籍出版社,1993 年,第 17 页。
② 杨明《中国历代文论选新编·先秦至唐五代卷》,上海教育出版社,2007 年,第 322 页。
③ 李华《李遐叔文集》,上海古籍出版社,1993 年,第 10 页。

于《质文论》言:"天地之道易简,易则易知,简则易从。"①对于李华的观点,罗宗强评曰:"他(李华)所说的质文,是泛指文化问题而言的,但也可以看出他对文章的观点。他的宗经,否定屈、宋,就是这种由文返质的思想的反映"②。

萧、李二人都对文章修辞不够重视。其中,李华把"简"上升到"天地之道"的高度,就这一点而言,较之萧颖士,李华的观点甚至可以说更为保守。总之,如罗根泽先生所指出的:"萧李主张宗六经,尚简易,虽是古文运动的应有的提议与应有的阶段,但他们实与道德家相近。"③

相对于之前的萧颖士、李华、独孤及,梁肃对文辞之美则更为重视。之所以梁肃和萧、李诸人观点有异,是因为梁肃上承刘知幾而来。刘知幾提倡重质而不摒文的观点,对文章的文辞之美非常重视,这一点在梁肃身上也可以发现。在遣词用句上,梁肃甚至直接化用刘知幾《史通》的行文。如上文中刘知幾论述《左传》时的一些观点又多可在梁肃《补阙李君前集序》中找到。我们通过梁肃代表作之一《补阙李君前集序》与刘知幾《史通·杂说上》有关内容的对比,来看下梁肃对刘知幾的模仿。

刘知幾最为推崇的作品就是《左传》,《史通·杂说上》认为"《左氏》之叙事":

> 述行师则簿领盈视,咙聒沸腾;论备火则区分在目,修饰峻整;言胜捷则收获都尽,计奔败则披靡横前;申盟誓则慷慨有余,称谲诈则欺诬可见;谈恩惠则煦如春日,纪严切则凛若秋霜;叙兴邦则滋味无量,陈亡国则凄凉可悯。或腴辞润简

<hr />

① 李华《李遐叔文集》,上海古籍出版社,1993年,第10页。
② 罗宗强《隋唐五代文学思想史》,中华书局,2003年,第136页。
③ 罗根泽《中国文学批评史》,上海书店出版社,2003年,第421页。

牍,或美句入咏歌,跌宕而不群,纵横而自得。若斯才者,殆将
工侔造化,思涉鬼神,著述罕闻,古今卓绝。

下面我们主要从三个方面来分析刘知幾对《左传》无比推崇的
原因。

一是《左传》语言的表现力。正如上文所云:"(《左传》)述行师
则簿领盈视,咙聒沸腾;论备火则区分在目,修饰峻整;言胜捷则收
获都尽,计奔败则披靡横前;申盟誓则慷慨有余,称谲诈则欺诬可
见。"在其看来,《左传》的叙事,描述行军打仗的过程,则让人似乎
看到了将帅筹划于帷幄之中,文书频繁传递,战场上杀声震天,火
热沸腾;谈论武器装备与士兵队伍,则让各种武器,历历在目,士兵
队伍整齐严肃;如果表述的是一次胜仗,就会说敌方全军覆没,一
个不剩;如果叙述的是一次被打垮而逃命的败仗,那么你的面前会
出现人奔旗倒的场面;记述诸侯结盟,发誓和好的情景时,似乎让
人听到了诸侯们慷慨激昂的誓词;而在叙述他们谲诈行事时,又似
乎看到了尔虞我诈的伎俩。所谓"盈视"、"在目"、"横前"、"可见"
都是讲的形象鲜明宛如在眼前。刘知幾认为《左传》写行军,则满
眼皆是战报,充耳杀声震天,军容整肃,历历在目。这些强调的是
《左传》语言富于表现力。

二是语言的感染力。《史通·杂说上》认为《左氏》之行文:"谈
恩惠则煦如春日,纪严切则凛若秋霜;叙兴邦则滋味无量,陈亡国
则凄凉可悯。"谈到了君主施与百姓的恩惠时,恰如那春天的暖融
融的太阳,而纪录君主的威势时,又宛若秋天里冷冰冰的严霜;叙
述到国家振兴时,让人兴致盎然,陈诉亡国之痛时则让人凄凉悲
悯。刘氏所言"煦如春日"、"凛若秋霜"、"滋味无量"、"凄凉可悯"
等语句,就是指《左传》叙事语言的巨大感染力。

三是语言的音乐美。刘知幾《史通·杂说上》赞美《左传》曰:
"或腴辞润简牍,或美句入咏歌,跌宕而不群,纵横而自得。"刘知幾

认为《左传》的叙述，或者给简单的文牍增加了修饰词，使枯燥变得温润；或者将美丽的句子汇入到原有的诗歌中，使短促变的韵永。这样的行文，自由放纵，汪洋恣肆，形成了自己独特的个性。而"跌宕"、"纵横"又可"咏歌"的"腴辞"、"美句"，谈的是文章的诵读上口，韵味隽永。

刘知幾以高度文学化且富有美感的语言来大加褒扬他所欣赏的作品。刘知幾推崇《左传》的原因即其文章的表现力、感染力与音乐美。

梁肃誉刘知幾学为天下之表率、文开一代之风，他和刘知幾一样，对作品的文辞颇为重视。梁肃《补阙李君前集序》云："文本于道，失道则博之以气，气不足则饰之以辞。盖道能兼气，气能兼辞，辞不当则文斯败矣。"和萧颖士、李华等人看似相同，都对"道"非常重视，但是梁肃其实又有其独到处，他所谓的"辞不当则文斯败矣"，旗帜鲜明地点明了文章之"辞"的重要性。

梁肃于《补阙李君前集序》提出了著名的"唐文三变说"：

> 唐有天下几二百载，而文章三变：初则广汉陈子昂以风雅革浮侈，次则燕国张公说以宏茂广波澜，天宝已还，则李员外、萧功曹、贾常侍、独孤常州比肩而出，故其道益炽。若乃其气全，其辞辨，驰骛古今之际，高步天地之间，则有左补阙李君。

梁肃对唐代将近二百年的文章演变进行宏观通论，认为其中共有"三变"：第一变为陈子昂"以风雅革浮侈"，倡风雅之说，反对浮华绮靡之文；第二变为张说"以宏茂广波澜"，即进一步以自己的实际创作为陈子昂掀起的革新推波助澜；第三变代表人物为李华、萧颖士、贾至、独孤及，"其道益炽"。

然而，梁肃认为成就最高的还要推李翰，因为只有李翰的文章充分达到了"气全"与"辞辨"完美融合的境地,故"驰骛古今之际,高步天地之间"。"辞辨"二字体现了梁肃对文辞的重视。

在对李翰的高度评价后,梁肃《补阙李君前集序》极力赞美李翰及其作品。其云:"君名翰,赵郡赞皇人也。天姿朗秀,率性聪达,博涉经籍,其文尤工。"然后接着说:

> 故其作,叙治乱则明白坦荡,纡徐条畅,端如贯珠之可观也;陈道义则游泳性情,探微豁冥,涣乎春冰之将泮也;广劝戒则得失相维,吉凶相追,焯乎元龟之在前也;颂功美则温直显融,协于大中,穆如清风之中人也。议者又谓君之才,若崇山出云,神禹导河,触石而弥六合,随山而注巨壑。盖无物足以遏其气而阂其行者也。世所谓文章之雄,舍君其谁欤?①

梁肃这段文字和刘知幾《史通·杂说下》论《左传》的文字极其相似。将两者细加比较,很容易就会发现梁肃这段议论无论从形式还是内容都很明显受到了刘知幾的影响。

首先体现在具体字句的模仿上。就形式而言,《史通·杂说上》认为《左氏》之叙事":述行师则簿领盈视,咙聆沸腾;论备火则区分在目,修饰峻整;言胜捷则收获都尽,计奔败则披靡横前;申盟誓则慷慨有余,称谲诈则欺诬可见;谈恩惠则煦如春日,纪严切则凛若秋霜;叙兴邦则滋味无量,陈亡国则凄凉可悯。"这里,刘知幾运用了"述行师"、"论备火"、"言胜捷"、"计奔败"、"申盟誓"、"称谲诈"、"谈恩惠"、"纪严切"、"叙兴邦"、"陈亡国"打头的五组排比句式,其中,每组内又两两作对比。而梁肃《补阙李君文集序》则云:"叙治乱则明白坦荡,纡徐条畅,端如贯珠之可观也;陈道义则游泳性情,探微豁冥,涣乎春冰之将泮也;广劝戒则得失相维,吉凶

---

① 董诰《全唐文》卷五百一十八,中华书,1983年,第5260页。

相追,焯乎元龟之在前也;颂功美则温直显融,协于大中,穆如清风之中人也。"梁肃用了"叙治乱"、"陈道义"、"广劝戒"、"颂功美"四组排比句式。其中梁肃以"叙治乱"发端,这和刘知幾起句之"述行师",又极为相似。

　　其次,就内容而言,主要可分为下面三点:其一,梁肃对文章语言表现力的重视。正如梁肃称赞李翰所言:"(其文)叙治乱则明白坦荡,纾徐条畅,端如贯珠之可观也。""广劝戒则得失相维,吉凶相追,焯乎元龟之在前也。"梁肃认为李翰的文章在叙述国家治乱时,行文明白坦荡,从容不迫,下笔条理清晰,语言晓畅,如贯珠之历历在目,清晰可见。在劝告人改正错误,警惕未来时,文章中得失相连,吉凶相继,遣词用句的效果如占卜之龟甲上面预示吉凶的花纹,让人清楚地看到。这些说的即是文章语言的表现力。其中梁肃所言的"可观"、"在前"等字句与刘知幾上文的"可见"、"在目"、"横前"等用语如出一辙。其二,梁肃对注重语言感染力的重视。论及李翰文章的感染力时,梁肃云:"陈道义则游泳性情,探微豁冥,涣乎春冰之将泮也。""颂功美则温直显融,协于大中,穆如清风之中人也。"梁肃认为,李翰之文章,在陈述道义,探索微妙事理,阐明幽深道理之时;如春天的薄冰,焕然流散,消释融化。歌颂功美时,则态度温和、品行正直,显明融洽,合乎大中之道。梁肃所谓"穆如清风"之语,出自《诗·大雅·烝民》:"吉甫作诵,穆如清风。"意指和美如清风化雨滋养万物。梁肃"涣乎春冰之将泮"、"穆如清风之中人"之语句,和刘知幾上文所言的"凛若秋霜"、"煦如春日"可谓类同,都以春日清风等自然气象来比喻文章的巨大感染力,这恐怕不仅仅是巧合吧! 第三,梁肃对李翰的评价也和刘知幾对左丘明的称美相似。刘知幾《史通·杂说上》极力赞美左丘明:

　　　　若斯才者,殆将工侔造化,思涉鬼神,著述罕闻,古今卓绝。

刘知幾认为,像左丘明具这样有才能的人,他的写作艺术已等同于
造化天地万物的自然了,他的思想已经和鬼神相接,他所描述的都
是人们在一般著作中见不到的,可以说是千古绝唱。而梁肃《补阙
李君前集序》则称赞李翰说:

> 君之才,若崇山出云,神禹导河,触石而弥六合,随山而注
> 巨壑。盖无物足以遏其气而阏其行者也。世所谓文章之雄,
> 舍君其谁欤?①

梁肃所言:"若崇山出云,神禹导河,触石而弥六合,随山而注巨
壑。"正常的语序应为:"若崇山出云,触石而弥六合。神禹导河,随
山而注巨壑。"其中"触石"者,谓山中云气与峰峦相碰击,吐出云
来。左思《蜀都赋》云:"冈峦纠纷,触石吐云。"李善引《春秋元命
包》注曰:"山有含精藏云,故触石而出也。"②"六合"者,指上下和
四方,泛指天地或宇宙。梁肃所言"神禹导河",意为大禹用疏导的
方法治理黄河。《尚书·禹贡》曰:"导河积石,至于龙门。"③"随山
而注巨壑",所说的就是大禹治理黄河之时,从小积石山开始,一
直到下游河南,凿山穿地以通流,使黄河最终归于大海。在梁肃
看来,李翰之才气,如高山之行云,充满天地之间。又如黄河之
流水,其顺畅其磅礴,没有任何东西可以阻挡。梁肃认为,写文
章能如此雄伟壮丽、刚健豪放者,世间除了李翰外,还能有谁呢?
这和刘知幾对《左传》的赞美,"若斯才者,殆将工侔造化,思涉鬼
神,著述罕闻,古今卓绝",几乎可以等同了。梁肃所言甚至可以
说是直接模仿了刘知幾,是刘知幾言论的加强版,更尽夸张之

---

① 梁肃《梁肃文集》,甘肃人民出版社,2000 年,第 41 页。
② 萧统《文选》,中华书局,1977 年,第 75 页。
③ 《十三经注疏》,中华书局,2009 年,第 319 页。

能事。

　　梁肃所极力推崇的李翰,是李华之子,唐代著名古文家,曾为杜佑《通典》作序。李翰作品存世较少,从中很难看出梁肃所美誉的艺术功力。但是梁肃这段文字中,对李翰文章的词采、感情以及内容三者的结合给予了极高的评价,这与刘知幾《史通》评价《左传》的论调却是非常相似的。

　　梁肃受佛教的影响比较深,他对文学的社会功利性作用谈的不多,不过从现存文献中仍然可以看出梁肃赞同文学应该对现实有所反映的观点,如梁肃《秘书监包府君集序》云:"文章之道与政通矣。"①这很明显脱胎于《礼记·乐记》中"声音之道与政通矣"②。梁肃又于《左补阙李翰前集序》言:"文之作,上所以发扬道德,正性命之纪;次所以裁成典礼,厚人伦之义;又其次所以昭显义类,立天下之中。"③梁肃认为文的作用有三,一是发扬道德,二是敦厚人伦,三是昭显善良。前两条侧重于对道义的发扬,第三条有反映现实的意味。梁肃认为文与政通、文章要反映社会现实的观点显然和刘知幾是相通的。

　　在梁肃心目中,在创作文章时,必须要文辞和道理兼重。梁肃的观点将文章的修辞提到了前所未有的高度,与认为华辞丽句妨害文意,反对以声色愉悦耳目的肖、李、独孤诸人的观点是有着根本的不同的。"它显示了古文理论由'宗经明道'向'缘情体物'的发展,为韩愈、柳宗元所继承,用他们博厚雄富、情兼雅怨的新型古文辞,造就了唐代古文运动的历史功绩。"④而梁肃很明显受到了刘知幾的影响。

---

① 梁肃《梁肃文集》,甘肃人民出版社,2000 年,第 36 页。
② 《十三经注疏》,中华书局,2009 年,第 3311 页。
③ 梁肃《梁肃文集》,甘肃人民出版社,2000 年,第 41 页。
④ 胡大浚《梁肃的文学观》,《甘肃广播电视大学学报》,2002 年第 3 期。

第六章　《史通》"叙事为宗"的小说观

　　刘知幾《史通》共八次提到"小说"一词,其中《杂说中》①提到的"小说"是指殷芸的《小说》一书。除此之外,"小说"一词则与其他词汇构成偏正或联合结构的短语,作为文体术语出现。分别为"偏记小说"(见《杂述》及《古今正史》)、"诸子小说"(见《表历》)、"委巷小说"(见《补注》)、"杂家小说"(见《叙事》)、"短才小说"(见《杂说下》)、"小说厄言"(见《杂述》)。对应这些"小说"术语,刘知幾《史通》正文中明确指出的具体作品共有48部。

　　一为"偏记小说",所涉作品最多,共46部,《古今正史》中未具体提及,主要见于《杂述》篇:"神农尝药,厥有《本草》;夏禹敷土,实著《山经》;《世本》辨姓,著自周室;《家语》载言,传诸孔氏。是知偏记小说,自成一家。……榷而为论,其流有十焉:一曰偏纪,二曰小录,三曰逸事,四曰琐言,五曰郡书,六曰家史,七曰别传,八曰杂记,九曰地理书,十曰都邑簿。"此篇中刘知幾"小说"指涉的具体作品,除《神农本草经》、《山海经》、《世本》、《孔子家语》外,所谓的"其流有十"分别对应:陆贾《楚汉春秋》、乐资《山阳公载记》、王韶《晋安陆纪》、姚最《梁后略》;戴逵《竹林名士》、王粲《汉末英雄记》、萧

---

　　①　这里的《杂说中》以及下文的《杂述》、《古今正史》、《表历》、《补注》、《叙事》、《六家》、《杂说下》、《杂说上》、《称谓》、《载文》、《采撰》、《申左》、《暗惑》、《书事》诸篇目皆出自《史通》。

　　程千帆先生言，"刘知幾无愧为古文运动的先驱者之一"①，"对唐代的古文运动起了一种'导夫先路'的作用"②。李少雍在《刘知幾与古文运动》一文中也指出："刘知幾的历史癖，以及他的文学观，都曾经对古文运动的代表人物产生过相当的影响。"③正如名师大家所言，刘知幾的散文观是非常值得我们重视的。又张锡厚在《刘知幾的文学批评》一文中认为："刘知幾正是继刘勰之后的又一位优秀的文学批评家。他不仅为唐宋古文运动的发展奠定了理论基础，而且对我国的史传文学和叙事文学的繁荣产生过有益的影响。"④下一章，我们一起来看下刘知幾及其《史通》对于小说文体的有关论断。

---

①　乔象钟、陈铁民《唐代文学史（上）》，人民文学出版社 1995 年版，第 49、50 页。

②　程千帆《史通读法（代序）》，见姚松、朱恒夫《史通全译》，贵州人民出版社，1997 年，第 5 页。

③　李少雍《刘知幾与古文运动》，《文学评论》，1990 年第 1 期。

④　张锡厚《刘知幾的文学批评》，《四川师范大学学报（社会科学版）》，1980 年第 4 期。

世诚《怀旧志》、卢子行《知己传》；和峤《汲冢纪年》、葛洪《西京杂记》、顾协《琐语》、谢绰《拾遗记》、郭宪《洞冥记》、王嘉《拾遗记》；刘义庆《世说新语》、裴荣期《语林》、孔思尚《语录》、阳玠松《谈薮》；圈称《陈留耆旧传》、周斐《汝南先贤行状》、陈寿《益部耆旧传》、虞预《会稽典录》；扬雄《家谍》、殷敬《世传》、《孙氏谱记》、《陆宗系历》；刘向《列女传》、梁鸿《逸民传》、赵采《忠臣传》、徐广《孝子传》、祖台《志怪》、干宝《搜神记》、刘义庆《幽明录》、刘敬叔《异苑》；盛弘之《荆州记》、常璩《华阳国志》、辛氏《三秦记》、罗含《湘中记》；潘岳《关中记》、陆机《洛阳》、《三辅黄图》、《建康宫殿》）。

二为"诸子小说"，指涉《洞纪》、《帝代年历》两部作品。《表历》篇曰："若诸子小说，编年杂记，如韦昭《洞纪》、陶弘景《帝代年历》，皆因表而作，用成其书。既非国史之流，故存而不述。"

再为"委巷小说"，指涉刘孝标为之作注的《世说新语》。《补注》篇曰："孝标善于攻缪，博而且精，固以察及泉鱼，辨穷河豕。嗟乎！以峻之才识，足堪远大，而不能探赜彪、峤、网罗班、马，方复留情于委巷小说，锐思于流俗短书。"《世说新语》又归于"偏记小说"。

最后是"小说厄言"，指涉《世说新语》、《语林》、《语录》、《谈薮》四部作品。《杂述》篇曰："街谈巷议，时有可观，小说厄言，犹贤于已。故好事君子，无所弃诸，若刘义庆《世说》、裴荣期《语林》、孔思尚《语录》、阳玠松《谈薮》。此之谓琐言者也。"四部作品亦为"偏记小说"[1]。

针对上述指涉的"小说"作品，特别是其中的《列女传》、《神仙传》、《洞冥记》、《拾遗记》、《搜神记》、《世说新语》、《语林》、《笑林》等，刘知幾于《史通》中，集中阐释了自己的小说叙事观。其观点大

---

[1] 48种小说存佚情况，因篇幅所限，不再赘述。另可参马铁浩《〈史通〉引书考》（学苑出版社，2011年）。

致包含三个方面的内容：一是小说应以"叙事为宗"；二是叙事以"附于物理"为准；三是小说叙事具有"流俗"性的特点。刘氏小说叙事观对欧阳修等唐宋小说家之小说创作及小说观有着深远影响。详论如下。

第一节　小说以"叙事为宗"

"小说"在中国古代一直被视为子部之作，然而唐前论及"小说"，多和经部对举，是不"经"之谈，侧重其"说"。唐后对"小说"的认识，则多和史部对举，是"偏记"，重其"叙事"。在这个转变过程中，刘知幾首次提出"小说"当以"叙事为宗"的观点。并对之进行了较为全面的阐述。其小说叙事观受到前代小说家小说创作实践和史家有关理论认识的启发而产生。同时，对欧阳修史著中小说目录的编撰也有着深刻的影响。

先秦诸子散文中，"小说"是与"大达"、"智者"之论相对应的语词，如《庄子·外物》云："饰小说以干县令，其于大达亦远矣。"①类似的观点又见《荀子·正名》："智者论道而已矣，小家珍说之所愿皆衰矣。"②这一时期的"小说"一词即是指见识浅薄的言论观点。

至迟于东汉，"小说"与所谓儒者之"圣人文语"相对举。前者因记录简策之长度少于载录"圣人文语"的"二尺四寸"③，故又被称为"短书"。如桓谭《新论·本造》云："小说家合丛残小语，近取譬论，以作短书。"④又王充《论衡·骨相》云："在经传者较著可信；若夫短书俗记，竹帛胤文，非儒者所见，众多非一。"⑤这一时期小

---

① 陈鼓应《庄子今译今注》，中华书局，1983 年，第 753 页。
② 王先谦《荀子集解》，中华书局，2012 年，第 416 页。
③ 黄晖《论衡校释·谢短》，中华书局，1990 年，第 557 页。
④ 朱谦之《新辑本桓谭新论》，中华书局，2009 年，第 1 页。
⑤ 黄晖《论衡校释》，中华书局，1990 年，第 112 页。

说一词的内涵与先秦时期变化不大,亦指一种篇幅短小的细碎之作。就内容而言,多不稽之谈。如《新论·本造》云:"庄周《寓言》,乃云'尧问孔子';《淮南子》云'共工争帝,地维绝',亦皆为妄作。故世人多云短书不可用。"①

这一点在班固所列小说之目录中亦可看出。班固在刘向《别录》、刘歆《七略》基础上进行整理,删去浮冗、取其指要而成《汉书·艺文志》,著录"小说"十五部。其中,据班固之注,只有二部明确为言"事"之作:"考周事"之《周考》与"古史官记事"的《青史子》。《周考》书已全佚。《青史子》,现有鲁迅从《新书》、《大戴礼记》、《风俗通义》中所辑得本,见《古小说钩沉》第一篇。其主要谈及的是周王子胎教及抚育,士大夫贵族出行及祭祀的相关礼仪和规定。除《周考》、《青史子》外,尚有《待诏臣安成未央术》一部,应劭注曰:"道家也,好养生之事,为未央之术。"《说文解字》卷二《行部》曰:"术,邑中道也。从行,术声。"是指实现某种目的的方法和途径。《待诏臣安成未央术》从题目来看,其内容应不为叙"事",而为方术之士妄求长生"未央"等言谈。总的看来,班固提到的"小说"十五家应该多为子著浅薄杂说,间或有近史者,所记之内容,也并不是历史事件。

在初唐史臣眼中,小说地位有所提升,成了和儒、道殊途同归的圣人之教。如《隋书·经籍志》曰:"《易》曰:'天下同归而殊途,致而百虑。'儒、道、小说,圣人之教也,而有所偏。"②《隋书》虽然把"小说"提到了和儒、道相提并论的"圣人之教",但在文体观念上,注重的仍是其具有教化作用的言辞。强调的是"靡不毕纪"的"道听途说"③。其子部"小说家"著录作品二十四部。

---

① 朱谦之《新辑本桓谭新论》,中华书局,2009 年,第 1 页。

② 魏徵《隋书》,中华书局,1973 年,第 1012 页。

③ 魏徵《隋书》,中华书局,1973 年,第 1012 页。

二十四部小说具体为《燕丹子》一卷、《杂语》五卷、《郭子》三卷、《杂对语》三卷、《要用语对》四卷、《文对》三卷、《琐语》一卷、《笑林》三卷、《笑苑》四卷、《解颐》二卷、《世说》八卷、《世说》十卷、《小说》十卷、《小说》五卷、《迩说》一卷、《辩林》二十卷、《辩林》二卷、《琼林》七卷、《古今艺术》二十卷、《杂书钞》十三卷、《座右方》八卷、《座右法》一卷、《鲁史欹器图》一卷、《器准图》三卷、《水饰》一卷。由其名目即可见其中大量的都是笑话、语对、辩词类的作品,其次是一些记录水饰、器具的杂书,叙事类的作品寥寥无几。

唐前,虽然对小说的地位的认识是逐步提升的,但就文体层面而言,小说重其"说"的根本属性,并没有发生改变。刘知幾首次提出"小说"当以"叙事为宗"的观点,同时指出"叙事为宗"强调的是对事件自身及其过程的讲述。认识到小说采用纪传之体,对事件的叙述更为清晰,更容易理解和接受。此外,还谈到小说叙事中的比拟手法等。最后,刘知幾指出,即使是小说的注文内容也重其叙事性。

刘知幾《史通》中第一次明确提出"小说"当以"叙事为宗"的观点。其《杂述》开篇明义:"偏记小说,自成一家,而能与正史参行,其所由来尚矣。"紧接着又列举出自己所划定的十大类近五十种偏记小说。最后总结:"案子之将史,本为二说。然如《吕氏》、《淮南》、《玄晏》、《抱朴》,凡此诸子,多以叙事为宗,举而论之,抑亦史之杂也。但以名目有异,不复编于此科。"刘知幾视小说为"偏记"、为"史之杂"者,指出其体兼子、史,认为偏记小说与《吕氏春秋》等诸子之书的不同之处在于"名目有异",而共同之处,即"以叙事为宗"。

"叙事"其意为何?《说文解字》曰:"叙,次弟也。"[1]强调一个挨一个,就是按次序排列的意思。《说文解字》又云:"事,职也。从

---

① 许慎《说文解字》,中华书局,1963 年,第 69 页。

史,之省声。"①最初是指职事,后强调所从之事本身。和"事"的两种意思相对应;"叙事"一词连用,唐前,其意可分为两类。首先是对事物的排列。如《周礼·春官·宗伯下》在谈及官员职责的时候,两处谈到"叙事"。一如:"冯相氏掌十有二岁,十有二月,十月二辰,十日二十,有八星之位;辨其叙事,以会天位。"指排列年月时节朔望等历法之事。再如:"内史……掌叙事之法,受纳访以诏王听治。"是以尊卑秩序,安排群臣向国王奏事。这种排列事物之用法,直至唐代仍被沿用。如唐徐坚《初学记》每个子目都有"叙事"部分:"其例前为叙事,次为事对,末为诗文。其叙事虽杂取群书,而次第若相连属。"②《初学记》之"叙事"是将杂取群书的相关事物依次列出来。

其二是对事件本身或其具体进程的叙述,这个意项较为晚出,为魏晋之后"叙事"所指之主流。如陈寿《三国志·魏书》第十三引王肃对魏明帝曰:"司马迁记事不虚美不隐恶。刘向、扬雄服其善叙事,有良史之才,谓之实录。"又刘勰《文心雕龙·诔碑》:"周乎众碑,莫非精允。其叙事也该而要,其缀采也雅而泽,清词转而不穷,巧义出而卓立。"刘知幾指出小说当以叙事为宗的"叙事",指的主要是对事件的叙述,并运用这一指导思想对小说进行分类评价。

刘知幾将偏记小说视为"史氏流别",并将之分为十类,《杂述》曰:"爰及近古,斯道渐烦。史氏流别,殊途并骛。榷而为论,其流有十焉。"十流者,各有其特点,但它们的共同之处就是坚持了"叙事为宗"。其中七类,叙事性尤其显著。

一为记作者生活的当时之事。如"偏纪"者,"皇王受命,有始有卒,作者著述,详略难均。有权记当时,不终一代"。二为记录作

---

① 许慎《说文解字》,中华书局,1963 年,第 65 页。
② 永瑢等《四库全书总目》卷一百三十五"子部""类书类一",中华书局,1965 年,1143 页。

者所知道的人物及其事迹。如"小录"者，"普天率土，人物弘多，求其行事，罕能周悉，则有独举所知，编为短部"。三为记史官遗逸之事。如"逸事"者，"国史之任，记事记言，视听不该，必有遗逸。于是好奇之士，补其所亡"。四为记录作者家乡的人物行事。如"郡书"者，"汝、颍奇士，江、汉英灵，人物所生，载光郡国。故乡人学者，编而记之"。五为记录祖先功业，以传后世。如"家史"者，"高门华胄，奕世载德，才子承家，思显父母。由是纪其先烈，贻厥后来"。六为分门别类，记人善行。如"别传"者，"贤士贞女，类聚区分，虽百行殊途，而同归于善。则有取其所好，各为之录"。七为记录怪异事物，以广异闻。如"杂记"者，"阴阳为炭，造化为工，流形赋象，于何不育。求其怪物，有广异闻"。

此外三类，亦有一定的叙事色彩。"琐言"类，如刘义庆《世说新语》等，"皆轶事琐语，足为助谈"①。"地理书"者，如常璩《华阳国志》等；"首述巴蜀、汉中、南中之风土；次述公孙述、刘二牧、蜀二主之兴废及晋太康之混一，以迄于特、雄、寿、势之僭窃，继之以两汉以来先后贤人，梁、益、宁三州士女；总赞序志终焉。然三者之间，于一方人物，尤致深意。"②汇历史、地理、人物于一编。"都邑簿"者，若《三辅黄图》等，多记长安古迹，以及与之相关的历史典故。

刘知幾指出了小说"叙事"的优点：便于采录。他指出叙事有两种方式，一为编年，一为纪传。两者相较，编年体叙事容易糅杂在一起，纪传类叙事则可以非常容易的区分开来。《语林》《世说》《搜神记》《幽明录》这些小说作品采用的皆为纪传之体式。同时篇幅较为短小，所以很容易阅览，更容易被史著的编选者所采录。其《杂说上》云："夫编年叙事，溷杂难辨；纪传成体，区别易观。

---

① 永瑢等《四库全书总目》卷一百四十"子部""小说家类一"，中华书局，1965年，1182页。

② 常璩《华阳国志》，齐鲁书社，2010年，第1页。

昔读《太史公书》,每怪其所采多是《周书》、《国语》、《世本》、《战国策》之流。近见皇家所撰《晋史》,其所采亦多是短部小书,省功易阅者,若《语林》、《世说》、《搜神记》、《幽明录》之类是也。"

刘知幾又于《叙事》篇专门谈到了小说作品的"叙事":"诸子短书,杂家小说,论逆臣则呼为问鼎,称巨寇则目以长鲸。邦国初基,皆云草昧;帝王兆迹,必号龙飞。斯并理兼讽喻,言非指斥,异乎游、夏措词,南、董显书之义也。"在刘知幾看来,小说叙事说到逆臣就称曰"问鼎",提到巨盗则视为"长鲸",邦国初建就说是"草昧",帝王发迹一定号为"龙飞"。孔子修《春秋》,不直接阐述对人物和事件的看法,却字字寓褒贬,即使以"文学"著称的子游、子夏不能增饰以片言。南史、董狐记录史事时,则秉笔直书、不加隐晦。然小说叙事,既不能做到指斥其事,却又多陈词套语,虽暗含讽喻,终异乎上述史著的两种叙事原则。

刘知幾不仅意识到小说当以"叙事为宗",甚至看到小说的注文也是强调"叙事"性的。《补注》篇云:"既而史传小书,人物杂记,若挚虞之《三辅决录》,陈寿之《季汉辅臣》,周处之《阳羡风土》,常璩之《华阳士女》,文言美辞列于章句,委曲叙事存于细书。此之注释,异夫儒士者矣。"刘知幾指出,小说家将华美的言辞列为正文,叙述事情的详细经过作为附注,这种注释,不同于儒家一派。正如浦起龙《史通通释》于此处释语所云:"异夫儒士者,于本文外增补事绪,是注家之变体。"在小说的注文中也强调其叙事性,增加了叙事的内容,较之儒家之注疏,成为一种新型的注释。

刘知幾"叙事为宗"的小说观,是建立在殷芸等前代小说家具体的文学创作实践基础之上,又受同时代史家李延寿等启发,是对前人创作实践及理论探索的认知、归纳与提高。

南朝梁殷芸《小说》,为中国古代典籍中最早用"小说"一词作为书名者,全书于明代已佚,今辑本中收录较全者为上海古籍出版社1984年版的周楞伽《殷芸小说》,收录163条。殷芸《小说》大部

分内容采自各种杂书，但同时又有自己的选材标准：这些材料多
有较强的叙事色彩。如其第 8 条为"汉武微行遇刺"事，原注出《幽
明录》，清晰交代了事件的起因、经过、高潮及结果。其中亦有刺客
数次意欲行刺而未行之细节描写。又如第 17 条，原出《世说新语》
"假谲"篇。记录了曹操与袁绍抢劫别人新婚妻子与曹操所谓梦中
杀人事等。除明确可考采录他书之事外，亦有部分出处未明者，概
广为流传于民间，或其先已见于他书，后由殷芸整理收录，如第
151 条，下人被王武子冤杀后，魂魄至天帝处告状，终索王氏性命。
故事首尾具完，意在劝诫。总的看来，殷芸《小说》所载内容已经不
同于魏晋以前小说的琐屑言论，而对记事较为重视。

　　刘知幾《史通》当为最早提及殷芸《小说》这一作品的内容，并
阐发其编撰缘由的理论著作。《梁书》、《南史》之《殷芸传》，皆未提
及殷芸著述《小说》一事。《隋书·经籍志》子部"小说家"仅提到：
"《小说》十卷，梁武帝敕安右长史殷芸撰。梁目，三十卷。"①而刘
知幾于《杂说中》云："刘敬叔《异苑》称晋武库失火，汉高祖斩蛇剑
穿屋而飞，其言不经。故梁武帝令殷芸编诸《小说》。"刘知幾认为
武库失火，高祖斩蛇剑穿屋而飞等怪异事件，荒诞不经，所以未入
官方正史，而被殷氏编成《小说》一书。

　　刘氏此说影响颇大，姚振宗《隋书经籍志考证》卷三十二"殷芸
《小说》"条目下引刘知幾《史通》上段话后，又以小字继续阐发曰：
"案此殆是梁武作通史时，事凡不经之说，为通史所不取者，皆令殷
芸别集为小说。是此小说因通史而作，犹通史之外乘也。"②后余
嘉锡《殷芸小说辑证·序言》、周楞伽《殷芸小说·前言》等皆承其
说，遂为定论。

　　刘知幾"叙事为宗"的小说观亦应受初唐史家对小说一体有关

---

　　① 魏徵《隋书》，中华书局，1973 年，第 1011 页。
　　② 《二十五史补编》，中华书局，1955 年，第 5537 页。

看法的影响与启发。刘知幾对李延寿评价较高。《六家》篇云:"李延寿抄撮近代诸史,南起自宋,终于陈,北始自魏,卒于隋,合一百八十篇,号曰《南北史》。其君臣流别,纪传群分,皆以类相从,各附于本国。凡此诸作,皆《史记》之流也。"刘知幾小说叙事观似亦受到李延寿的影响或者启发。李延寿《北史》卷一百《序传》云:"北朝自魏以还,南朝从宋以降,运行叠变,时俗污隆,代有载笔,人多好事。考之篇目,史牒不少,互陈闻见,同异甚多。而小说短书,易为湮落,脱或残灭,求勘无所。"① 这时的小说依然与短书联系在一起,不过在李延寿等史家之观念中,其已经和南北朝时期的"互陈闻见,同异甚多"的叙事类"史牒"作品有类似的功能,甚至略可相提并论。

"小说"作为文体之观念,由来已久,可上溯东汉桓谭、班固等人。小说由于自身文体的独特性,口传于街谈巷语,集成于稗官之手,内容琐屑,故很难为人重视,同时这又使得魏晋南北朝时期的小说创作出现了颇为芜杂的局面。从某种程度上说,这是人们对于小说本质属性的认识不同或者说是偏差导致的。刘知幾的贡献在于,他第一个明确指出小说当以"叙事为宗",给传统小说观以新的内涵,从而逐渐改变了人们小说以记言为主的固有认识;同时,又使得小说文类可以容纳大量传统史传不能收录的材料,为其发展与繁荣开辟了新的道路。

第二节 叙事以"附于物理"为准

刘知幾对小说文体除了提出"叙事为宗"的要求外,还指出这些作品之叙事要"附于物理"。如《杂说下》云:

---

① 李延寿《北史》,中华书局,1975 年,第 2 页。

> （刘向《列女传》"邻人之妻"、"贫人女"）以彼乌有,特为指
> 实,何其妄哉! 又有甚于此者,至如伯奇化鸟,对吉甫以哀鸣;
> 宿瘤隐形,干齐王而作后。此则不附于物理者矣。

刘知幾将《列女传》归入"偏记小说"中的"别传"类,认为里面的一些记载,违背了事物的客观规律,这比无中生有的捏造还要荒唐。刘知幾对小说叙事能否"附于物理"这一点是非常重视的。试从五个方面对之阐释,一是何谓附于物理,二是此观点产生的内在动因,三是观点产生的外在契机,四是此观点对小说叙事的要求,五是"附于物理"之标准适用范围的延展性。

"物理"即万物本然之理。"附于物理",就是指要符合其自身原理。《周易·坤·文言》曰:"君子黄中通理,正位居体,美在其中,而畅于四支,发于事业,美之至也。"孔颖达《周易正义》疏曰:"黄中通理者,以黄居中兼四方之色,奉承臣职,是通晓物理也。"①又如《孔丛子·公孙龙》云:"君子之谓,贵当物理不贵繁辞。"②君子的议论,所贵者,在于其合乎万物之理,不在于繁缛的言辞。再如刘熙《释名》卷四:"善;演也,演尽物理也。"③何为善者?引申物理,莫不曲尽其情。"贵当物理"本为所谓"君子"言论之高标。

刘知幾对于小说叙事要"附于物理"的要求,源自对小说补史之阙的内在需要。《论语·卫灵公》载孔子之语:"吾犹及史之阙文也。"④是知史文有阙,其来久矣。孰能补? 如何补? 补的效果又怎样?

一方面,是小说家通过创作小说主动来补史。史官历来为人们所重视,史著对个体生命具有极大的价值与意义,这是史家的一种共识。刘知幾的好友朱敬则以正议大夫兼修国史,侍中韦安石

---

① 《十三经注疏》,中华书局,2009 年,第 34 页。
② 《孔丛子》,中华书局,2009 年,第 148 页。
③ 刘熙《释名疏证补》,中华书局,1975 年,第 116 页。
④ 《十三经注疏》,中华书局,2009 年,第 5470 页。

尝阅其所撰史稿,深为佩服,叹曰:"董狐何以加! 世人不知史官权重宰相! 宰相但能制生人,史官兼制生死,古之圣君贤臣所以畏惧者也。"①所谓制人之"生死",就是说史著可以使人身后留名得以不朽。即使是圣君贤臣,让自己青史留名,也要借助史官及史著。

　　小说家则向来地位较低,所以就自觉地向史官靠拢,以"补史之阙"的名义抬高自己作品的地位。魏晋南北朝时托名郭宪的《汉武帝别国洞冥记·序》就指出:"籍旧史之所不载者,聊以闻见,撰《洞冥记》四卷,成一家之书。"②又见葛洪《西京杂记·跋》:"抄出为二卷,名曰《西京杂记》,以裨《汉书》之阙。"③梁萧绮《拾遗记·序》:"绮更删其繁紊,纪其实美,搜刊幽秘,捃采残落,言匪浮诡,事弗空诬。推详往迹,则影彻经史。考验真怪,则叶附图籍。"④伴随着补史之阙,问题也随之而来,正如刘勰《文心雕龙·史传》指出的:"俗皆爱奇,莫顾实理。传闻而欲伟其事,录远而欲详其迹,于是弃同即异,穿凿傍说,旧史所无,我书则博,此讹滥之本源,而述远之巨蠹也。"⑤指责一些著作随意采录传闻以耸动视听而不加考核征实。

　　刘知幾认识到了小说家补史之阙的弊端。如其《史通·杂述》言:"逸事者,皆前史所遗,后人所记,求诸异说,为益实多。及妄者为之,则苟载传闻,而无铨择。由是真伪不别,是非相乱。如郭子横之《洞冥》,王子年之《拾遗》,全构虚辞,用惊愚俗。此其为弊之甚者也。"

　　另一方面,是史官利用小说史料来补史。如初唐史家在编撰国史时,其自言采取的做法是先将萧绮《拾遗记》等归入"杂史"类,

①　欧阳修《新唐书》卷一百一十五《朱敬则传》,中华书局,1975年,第4220页。

②　《汉魏六朝笔记小说大观》,上海古籍出版社,1999年,第123页。

③　《古今逸史精编》,重庆出版社,2000年,第140页。

④　《汉魏六朝笔记小说大观》,上海古籍出版社,1999年,第492页。

⑤　范文澜《文心雕龙注》,人民文学出版社,1958年,第287页。

把郭氏《汉武洞冥记》、刘义庆《幽明录》、干宝《搜神记》等置以"杂传"的名义,保存下来,以备编撰正史之用。《隋书·经籍志》在"杂史"、"杂传"小序中对此类著作总评曰:"委巷之说,迂怪妄诞,真虚莫测。然其大抵皆帝王之事。通人君子,必博采广览,以酌其要,故备而存之,谓之杂史。"①又曰:"虚诞怪妄之说。推其本源,盖亦史官之末事也。载笔之士,删采其要焉。鲁、沛、三辅,序赞并亡,后之作者,亦多零失。今取其见存,部而类之,谓之杂传。"②

初唐史臣用小说来补史之阙,提出"酌其要"、"删采其要"的观点,但是对何谓"要",却没有清晰准确的认识与定位,以致在具体的创作中出现了一系列较大问题。如刘知幾《采撰》所举:"晋世杂书,谅非一族,若《语林》、《世说》、《幽明录》、《搜神记》之徒,其所载或诙谐小辩,或神鬼怪物。其事非圣,扬雄所不观;其言乱神,宣尼所不语。皇朝新撰《晋史》,多采以为书。"

刘知幾并非完全反对以小说补史,而是肯定小说杂记的存在价值,《杂述》评价"偏记小说"时反复提到这一点:"求诸国史,最为实录";"前史所遗,后人所记,求诸异说,为益实多";"街谈巷议,时有可观,小说为言,犹贤于已"。他一直强调史学家必须博闻广识。《采撰》云:"史文有阙,其来尚矣。自非博雅君子,何以补其遗逸者哉?盖珍裘以众腋成温,广厦以群材合构。自古探穴藏山之士,怀铅握椠之客,何尝不征求异说,采摭群言,然后能成一家,传诸不朽。"认为有些资料无法入史,但又确有保存的价值。

如何对材料进行区分以至选择,直接或间接谈及者古来有之。概而言之,其论有四:一为提倡混而为一的,如《老子》第四章:"挫其锐,解其纷,和其光,同其尘。"③二为主张即使事物价值不大但

---

① 魏徵《隋书》,中华书局,1973 年,第 962 页。
② 魏徵《隋书》,中华书局,1973 年,第 982 页。
③ 饶尚宽《老子(译著)》,中华书局,2006 年,第 11 页。

亦有可取之处,如《诗·邶风·谷风》:"采葑采菲,无以下体。"①朱熹认为其意为"不可以其根之恶,而弃其茎之美"②。又如《诗·大雅·板》:"先民有言,询于刍荛。"③古代圣贤也要向割草打柴的人虚心请教。三为承认其有高下之分而暗含取舍之意,如《文子·上德》篇:"见之明白,处之如玉石,见之黯,必留其谋。百星之明,不如一月之光,十牖毕开,不如一户之明。"④看得明白,处事就能像玉石那样坚定明确;见识昏昧,则必定心存疑虑,行动犹豫。星星虽然数量众多,但比不上月亮的光。打开十扇窗户还不如打开一扇门更明亮。言下之意,要有取舍。四为明确主张丢弃不要,如《论衡·书解》篇:"或曰:古今作书者非一,各穿凿六经之实,传违圣人质,故谓之蕞残,比之玉屑。故曰:蕞残满车,不成为道;玉屑满箧,不成为宝……安可采用而施行?"⑤以上都从自己的角度谈论如何判断及处理良莠不齐的各种材料。刘知幾将其筛选后总结为自己的观点,《杂述》篇云:

> 盖语曰:"众星之明,不如一月之光。"历观自古,作者著述多矣。虽复门千户万,波委云集;而言皆琐碎,事必丛残。固难以接光尘于《五传》,并辉烈于《三史》。古人以比玉屑满箧,良有旨哉!然则刍荛之言,明王必择;葑菲之体,诗人不弃。故学者有博闻旧事,多识其物,若不窥别录,不讨异书,专治周、孔之章句,直守迁、固之纪传,亦何能自致于此乎?且夫子有云"多闻,择其善者而从之","知之次也"。苟如是,则书有

---

① 《十三经注疏》,中华书局,2009 年,第 639 页。
② 朱熹《诗集传》,中华书局,2011 年,第 28 页。也有人认为意思是:采葑采菲的人,不能因为它们的茎叶粗老,连它们的根也不要。这里采朱熹说法。
③ 《十三经注疏》,中华书局,2009 年,第 1183 页。
④ 王利器《文子疏义》,中华书局,2009 年,第 265 页。
⑤ 黄晖《论衡校释》,中华书局,1990 年,第 1158 页。

非圣，言多不经，学者博闻，盖在择之而已。

刘知幾一方面承认材料存在价值上的高低之别，但同时又认为即使价值不高的材料也有对之进行选择的必要性。刘知幾赞同《论语·述而》中孔子的话："多闻，择其善者而从之，多见而识者，知之次也。"如何对纷繁芜杂的材料进行选择呢？刘知幾提出了一套"附于物理"的判断标准。

"附于物理"的判断标准，其产生的最直接外在诱因，始于刘知幾对于史著记载存在不同的剖析。钮麑（按：《公羊传》作"勇士某者"）刺杀赵盾是《春秋》中的一个著名事件。但是在《左传》和《公羊传》中的相关阐释却有很大不同。如《左传·宣公二年》载：

> 宣子骤谏，公患之，使钮麑贼之。晨往，寝门闢矣，盛服将朝，尚早，坐而假寐。麑退，叹而言曰："不忘恭敬，民之主也。贼民之主，不忠。弃君之命，不信。有一于此，不如死也。"触槐而死。①

而《公羊传·宣公六年》载：

> 灵公心怍焉，欲杀之。于是使勇士某者往杀之，勇士入其大门，则无人门焉者；入其闺，则无人闺焉者；上其堂，则无人焉。俯而窥其户，方食鱼餐。勇士曰："嘻！子诚仁人也！吾入子之大门，则无人焉；入子之闺，则无人焉；上子之堂，则无人焉；是子之易也。子为晋国重卿而食鱼餐，是子之俭也。君将使我杀子，吾不忍杀子也。虽然，吾亦不可复见吾君矣！"遂

---

① 《十三经注疏》，中华书局，2009年，第4053页。

刎颈而死。①

刺客放弃暗杀赵盾的行动，又不愿意违抗国君的命令，最后自尽而死。赵盾打动刺客的原因，《左传》认为是其为国事而辛劳，《公羊传》则认为是其"为晋国重卿而食鱼餐"的节俭。

刘知幾对于在《左传》、《公羊传》"鉏麑触槐"的不同所作的评论，体现了一种"物理"标准至上的原则。《杂说上》云：

> 语曰："彭蠡之滨，以鱼食犬。"斯则地之所富，物不称珍。案齐密迩海隅，鳞介惟错，故上客食肉，中客食鱼，斯即齐之旧俗也。然食鲂鲙鲤，诗人所贵，必施诸他国，是曰珍羞。如《公羊传》云：晋灵公使勇士杀赵盾，见其方食鱼餐。曰："子为晋国重卿而食鱼餐，是子之俭也。吾不忍杀子。"盖公羊生自齐邦，不详晋物，以东土所贱，谓西州亦然。遂目彼嘉馔，呼为菲食，著之实录，以为格言，非惟与左氏有乖，亦于物理全爽者矣。

刘知幾认为《左传》的记载是真实的，而《公羊传》的记载是虚假的，判断真伪之标准即是否"合乎物理"。

对于"鉏麑触槐"事，钱锺书曰：

> 如僖公二十四年介之推与母偕逃前之问答，宣公二年鉏麑自杀前之慨叹，皆生无傍证、死无刎证者。注家虽曲意弥缝，而读者终不餍心息喙。……盖非记言也，乃代言也。如后世小说、剧本之对话独白也。左氏设身处地，依傍性格身份，假之喉舌，想当然耳。《文心雕龙·史传》篇仅知"追述远代"而欲"伟其事"、"详其迹"之"讹"，不知言语之无征难稽，更逾

---

① 《十三经注疏》，中华书局，2009 年，第 4950 页。

事迹也。①

刘知幾生活于唐代,并没有意识到《左传》和《公羊传》所记刺客之事,实际上都是钱先生所谓的"想当然耳"。但是,刘知幾却提出了自己的一种辨别真伪的方法:是否"物理全爽者"。如果套用现代批评理论来说的话,这体现了刘知幾对"艺术真实"的重视,故而,对于一千多年前的刘知幾来说,能有这种认识还是难能可贵的。

刘知幾这种以"物理"为衡量标准的做法,从史传延伸到小说领域,对小说叙事亦明确提出了"附于物理"的要求,亦是如此。其《杂说下》严厉批评刘向曰:"伯奇化鸟,对吉甫以哀鸣;宿瘤隐形,干齐王而作后。此则不附于物理者矣。""伯奇化鸟,对吉甫以哀鸣"的故事不见今日刘向存世之作。曹植《贪恶鸟论》:"昔尹吉甫信用后妻之谗而杀孝子伯奇,其弟伯封求而不得,作黍离之诗。俗传云:吉甫后悟,追伤伯奇,出游于田,见异鸟鸣于桑,其声嗷然。吉甫心动曰:'无乃伯奇乎?'鸟乃抚翼,其音尤切。吉甫曰:'果吾子也。'乃顾曰:'伯劳乎? 是吾子,栖吾舆;非吾子,飞勿居。'言未卒,鸟寻声而栖于盖。归入门,集于井干之上,向室而号。吉甫命后妻载弩射之,遂射杀后妻以谢之。"②据这个记载,可以看出故事里面很多不合乎情理的地方,比如说孝子被杀变成伯劳鸟等。刘知幾极为反对这种死后变为异类的故事,如《杂说下》批评扬雄曰:"观其《蜀王本纪》,称杜魄化而为鹃,荆尸变而为鳖,其言如是,何其鄙哉!"刘知幾作为正统史家,其观点是对的。当然,在今天看来,小说恰恰允许此类虚构。

刘氏所言"宿瘤隐形,干齐王而作后"则是刘向《列女传·辩通传》中的齐国"宿瘤女"与"钟离春"的故事,说的是一脖子上长着大

---

① 钱锺书《管锥编·左传正义一》,三联书店,2001 年,第 316 页。
② 严可均《全上古三代秦汉三国六朝文·全三国文》,中华书局,1958 年,第 1151 页。

瘤子的女子与一奇丑无比的女子分别做了齐闵王和齐宣王的王后。据班固《汉书·刘向传》载:"向睹俗弥奢淫,而赵、卫之属起微贱,逾礼制。向以为王教由内及外,自近者始。故采取诗书所载贤妃贞妇,兴国显家可法则,及孽嬖乱亡者,序次为《列女传》,凡八篇,以戒天子。"①刘向看着汉成帝宠信赵飞燕姐妹及李平(成帝赐李平姓卫,故班固称赵氏姐妹及李平为"赵、卫之属")等人,便制造出宿瘤、无盐二女的传说来诠释"红颜祸水"。刘知幾认为这些故事都是不合乎其"物理"标准的。

最后,我们还应注意到,刘知幾小说叙事"附于物理"之标准并非僵化的、机械的,而是具有一定的延展性。《书事》云:"怪力乱神,宣尼不语;而事鬼求福,墨生所信。故圣人于其间,若存若亡而已。"《杂述》云:"若论神仙之道,则服食炼气,可以益寿延年;语魑魅之途,则福善祸淫,可以惩恶劝善,斯则可矣。"刘知幾认为,可以谈论这些若存若亡之事,但是要符合益寿延年或者惩恶劝善的目的和要求。

综上,刘知幾叙事应"附于物理"一说的提出,是文史分合过程中补史之阙的必然要求和结果,是历史发展与当时时代的需要。这对小说的内容有所规范。同时小说叙事"附于物理"这一标准又具有一定的灵活性。小说作品中也可以收录一些在当时看来若存若亡、荒诞无稽的怪异之事。如谈鬼问神,求仙论道等内容,从根本上说,这些鬼神的故事都是虚妄荒诞的。但因为它们在"福善祸淫"、"惩恶劝善"等方面有着独特的作用,所以正统史家刘知幾对其也给予肯定,为它们的存在和发展预留下了一定的空间。

第三节 小说叙事的"流俗"性

刘知幾把史书内容的典雅纯正,视为一种史学理想。《称谓》

---

① 班固《汉书》,中华书局,1962年,第1745页。

曰:"史论立言,理当雅正。"《载文》云:"禁淫之堤防,持雅之管辖,凡为载削者,可不务乎?"刘知幾认为从事史书编撰的人,要坚持雅正之道。《采撰》盛赞《史记》、《汉书》等经典史著云:"当代雅言,事无邪僻,故能取信一时,擅名千载。"和史著的"雅正"相对,谈及小说叙事,刘知幾则给予其鲜明的标签——"流俗"。《补注》曰:"不能探赜彪、峤,网罗班、马,方复留情于委巷小说,锐思于流俗短书。"刘知幾将"委巷小说"与"流俗短书"等而视之,点出了小说叙事的"流俗"特点,并反复予以阐释。要深入、准确把握刘知幾这一观点,可结合其对小说叙事的思想、内容、传播途径及与史学叙事本质区别等方面之论断进行分析。

一、思想上多为"异端"

古代儒家多称其他学说、学派为异端。《论语·为政》:"子曰:'攻乎异端,斯害也已。'"魏何晏等注曰:"攻,治也。善道有统,故殊途而同归。异端,不同归也。"①深受儒家思想浸染的刘知幾作为正统史家,对小说家的观点学说或思想亦视之为"异端"。魏徵等修《隋书·经籍志》曰:"《易》曰:'天下同归而殊途,一致而百虑。'儒、道、小说,圣人之教也,而有所偏。"②魏徵以为小说与儒、道之思想殊途而同归。刘知幾认为小说乃流俗之作,其为"异端",此观点概针对魏徵等人而言。刘知幾的批判锋芒所指,从神话传说到神仙列传至志人小说,无不在其视域之内。

首先,古代神话及传说,关于一些名人出生的一些奇异记载,是小说中较具异端思想的部分。如启母化石、伊尹产自桑树的记载见《淮南子》、《博物志》等著作中。《汉书·武帝纪》元封元年有

---

① 《十三经注疏》,中华书局,2009 年,第 5348 页。
② 魏徵《隋书》,中华书局,1973 年版,第 1012 页。

"见夏后启母石"的记载,颜师古注曰:"禹治鸿水,通轩辕山,化为熊。谓涂山氏曰:'欲饷,闻鼓声乃来。'禹跳石,误中鼓,涂山氏往,见禹方作熊,惭而去。至嵩高山下,化为石,方生启。禹曰:'归我子!'石破北方而启生。事见《淮南子》。"①伊尹的故事,见《博物志》卷九:"思士不妻而感,思女不夫而孕,后稷生于巨迹,伊尹生于空桑。"②说的是伊尹母亲化为桑树后生下他。启为夏代开国之主。伊尹为商代名臣,他们的身世充满了怪异色彩。人们认为他们的母亲化为石头、树木等异物后产下他们。

除了对最高统治者或者政治家的身世好奇外,古代关于人类如何登天,特别是到达月亮或者银河的记载非常多。东晋干宝《搜神记》有嫦娥奔月的故事:"羿请无死之药于西王母,嫦娥窃之以奔月,将往,枚筮之于有黄。有黄占之曰:'吉。翩翩归妹,独将西行。逢天晦芒,毋恐毋惊。后且大昌。'嫦娥遂托身于月,是为'蟾蜍'。"③如何到达银河也是人们关心的话题,晋张华《博物志》卷十:"旧说云天河与海通,近世有人居海渚者,年年八月有浮槎去来不失期,人有奇志,立飞阁于槎上,多赍粮,乘槎而去。十余日中,犹观星月日辰,自后芒芒忽忽,亦不觉昼夜,去十余日,奄至一处,有城郭状,屋舍甚严,遥望宫中多织妇,见一丈夫牵牛渚次饮之。牵牛人乃惊问曰:'何由至此?'此人具说来意,并问此是何处。答曰:'君还至蜀郡访严君平则知之。'竟不上岸,因还如期。后至蜀问君平,曰:'某年月日有客星犯牵牛宿。'计年月,正是此人到天河

---

① 班固《汉书》,中华书局,1962年,第190页。颜师古所言之事,不见今本《淮南子》。今本《淮南子·修务训》仅有"禹生于石",自注曰:"禹母修己,感石而生禹,折胸而出。"见刘文典《淮南鸿烈集解》,中华书局,1989年,第782页。颜师古之注是否有误,暂不作考。

②《汉魏六朝笔记小说大观》,上海古籍出版社,1999年,第221页。

③《汉魏六朝笔记小说大观》,上海古籍出版社,1999年,第385页。

时也。"①

对于这些记载,刘知幾亦皆视之为"异端"。其《采撰》云:"百家诸子,私存撰录,寸有所长,实广闻见。其失之者,则有苟出异端,虚益新事,至如禹生启石,伊产空桑,海客乘槎以登汉,姮娥窃药以奔月。如斯踳驳,不可殚论,固难以污南、董之片简,霑班、华之寸札。"认为小说的思想多属诸子、杂家一类,是不同于孔孟圣人之道的异端。

其次,刘知幾的批判锋芒不仅限于神话传说题材,对后世小说中神仙传记的记载,亦在他的关注视线之内。如《杂说下》云:"观刘向对成帝,称武、宣行事,世传失实,事具《风俗通》,其言可谓明鉴者矣。及自造《洪范》、《五行》及《新序》、《说苑》、《列女》、《列仙》诸传,而皆广陈虚事,多构伪辞。"在同一篇又批评说:"夫故立异端,喜造奇说,汉有刘向,晋有葛洪。近者沈约,又其甚也。后来君子,幸为详焉。"

最后,是志人小说。如《申左》篇批评云:"《先贤》、《耆旧》、《语林》、《世说》,竞造异端,强书它事"。《先贤》、《耆旧》等书,据刘知幾自注,就是泛指《楚国先贤传》、《汝南先贤行状》、《益部耆旧传》、《襄阳耆旧传》等书。《楚国先贤传》,西晋张辅著,原书在元朝时已经亡佚,现有湖北人民出版社出版的辑录本。书中记载了春秋时期同情政变者白公胜的熊宜僚、东汉时期能够预言洪水何时退却的陈宣等人②。《世说新语》,南朝宋刘义庆撰,书中记载魏晋士人轶事琐语。其《任诞》篇多载那些纵酒放旷、诋毁礼法、傲视权贵、愤世嫉俗的人物。可见,正如刘知幾所说,这类小说的思想确有不同于正史之处。

由上文还可以看出,刘知幾批评小说著作,多用"苟出异端,虚

---

① 《汉魏六朝笔记小说大观》,上海古籍出版社,1999年,第225页。
② 张辅《楚国先贤传》,湖北人民出版社,1999年,第24、40页。

益新事","故立异端,喜造奇说","竞造异端,强书它事"语句。刘知幾对小说"异端"之评价,是建立在"新事"、"奇说"、"它事"认识基础之上的。小说思想之"异端"和对事件之"新"、"奇"的评价紧密相连,是互为表里的。

二、内容多"流俗嘲谑"、"嗤鄙异闻"

魏晋以来,出现了一些记载人物言谈轶事的志人小说,如《语林》、《笑林》、《世说》、《俗说》等,这些作品或记载一些调笑戏谑的细事琐言,或收录名士贵族的逸闻轶事,颇受当时人们欢迎。风气一起,对国史的编撰和注解也产生了很大影响。

有的写沉溺于饮酒等不良嗜好,如《世说新语·任诞》写晋人毕卓爱喝酒,甚至因为偷酒而被邻居绑到酒缸上,同时爱吃螃蟹。酒后曾对人说,左手剥着蟹螯,右手拿着酒杯,漂游在酒池中,就足以了此一生了。这个故事又被采录于《晋书·毕卓传》。

有的是写饮食方面闹出的笑话,《笑林》:"吴人至京师者,人戒之曰:'汝得物唯食,慎勿问其名也。'后诣主人,入门内,见马矢便食之,觉恶臭。乃止步,进见败屦,弃于路。因复嚼,殊不可咽。顾伴曰:'且止!人言不可皆信。'后诣贵官,为设馔,因相视曰:'汝是首物,且当勿食。'"①嘲谑初到京城的南方人分不清马粪、旧鞋和美食佳肴,带有几分恶俗的意味。这些记载影响了当时的唐修八史,虽为止史,也载入了类似内谷。

《宋书·刘穆之传》提到刘穆之的孙子刘邕爱吃人的疮痂:"邕所至嗜食疮痂,以为味似鳆鱼。尝诣孟灵休,灵休先患灸疮,痂落在床上,因取食之。灵休大惊。答曰:'性之所嗜。'灵休疮痂未落者,悉褫取以饴邕。邕既去,灵休与何勗书曰:'刘邕向顾见噉,遂

---

① 鲁迅《〈古小说钩沉〉手稿》,浙江古籍出版社,2008 年,第 145 页。

举体流血。'南康国史二百许人,不问有罪无罪,递相与鞭,鞭疮痂常以给膳。"①此类记载在今天看来也很有些恶心。

刘知幾认为史家在史著中记述驱蝇、食痂癖之类的猥杂琐事是不应该的。在刘知幾看来,这些事情被记录下来,能使读到它的人开颜一笑,听到的人鼓掌叫好,不过实在和记录功过、扬善惩恶的目的不符。这些和正统史著完全是两回事。其《书事》曰:"魏、晋已降,著述多门,《语林》《笑林》《世说》《俗说》,皆喜载调谑小辩,嗤鄙异闻,虽为有识所讥,颇为无知所说。而斯风一扇,国史多同。至如王思狂躁,起驱蝇而践笔,毕卓沉湎,左持螯而右杯,刘邕榜吏以膳痂,龄石戏舅而伤赘,其事芜秽,其辞猥杂。而历代正史,持为雅言。苟使读之者为之解颐,闻之者为之抚掌,固异乎记功书过,彰善瘅恶者也。"

上述内容说明了刘知幾对小说叙事和史著叙事的雅俗之分的强调,反复指出庸俗甚至恶俗的记载和史著的"记功书过,彰善瘅恶者"的追求有着本质的不同,这是小说区别于史著的重要特征。

三、产生并传播于民间"委巷"

《汉书·艺文志》曾云:"小说家者流,盖出于稗官。街谈巷语,道听涂说者之所造也。孔子曰:'虽小道,必有可观者焉,致远恐泥,是以君子弗为也。'然亦弗灭也。闾里小知者之所及,亦使缀而不忘。如或一言可采,此亦刍荛狂夫之议也。"虽然指出小说传播于街头巷尾,但同时又说其出于"稗官",在传播途径上,重点又似突出它直接来源的官方性。

刘知幾则明确指出了小说叙事产生与传播途径的民间性,并将之与所谓的"国史"对立。如《补注》篇提到"委巷小说"一词,用

---

① 沈约《宋书》,中华书局,1974年,第1308页。

"委巷"来直接修饰"小说"。何谓"委巷"？字面上是指僻陋曲折的小巷，引申义为民间，同时又含有一种价值判断的意味。《礼记·檀弓上》："小功不为位也者，是委巷之礼也。"郑玄注："委巷，犹街里，委曲所为也。"①往往和鄙俗之事相连。《孔丛子·执节》："此委巷之鄙事尔，非先王之法也。"②这一点，还可以结合刘知幾对《博物志》、《神仙传》、《语林》等志人志怪小说的评价来看。

魏晋时期，崇尚道家及神仙之说。一些小说打着补史的名义，记载了许多形成、流传、发展于民间的故事。这些故事，出自历史，但由于民间的长期加工、渲染，使其充满了神奇色彩。如晋张华《博物志》卷八"史补"篇："燕太子丹质于秦，秦王遇之无礼，不得意，思欲归。请于秦王，王不听，谬言曰：'令乌头白，马生角，乃可。'丹仰而叹，乌即头白；俯而嗟，马生角。秦王不得已而遣之，为机发之桥，欲陷丹。丹驱驰过之，而桥不发。遁到关，关门不开，丹为鸡鸣，于是众鸡悉鸣，遂归。"③

又葛洪《神仙传》卷六"淮南王"条则曰："武帝疑之（按：指淮南王刘安），诏大宗正持节淮南，以案其事，宗正未至，八公谓王曰：'伍被人臣，而诬其主，天必诛之，王可去矣。此亦天遣王耳，君无此事，日复一日，人间岂可舍哉？'乃取鼎煮药，使王服之，骨肉近三百余人，同日升天，鸡犬舔药器者，亦同飞去。八公与王驻马于山石上，但留人马踪迹，不知所在。"④

刘知幾对这些记载做了评判。认为它们"记事"，"不凭国史"而"别讯流俗"。如《采撰》："古今路阻，视听壤隔，而谈者或以前为后，或以有为无，泾、渭一乱，莫之能辨。而后来穿凿，喜出异同，不凭国史，别讯流俗。及其记事也，则有师旷将轩辕并世，公明与方

---

① 《十三经注疏》，中华书局，2009 年，第 2776 页。
② 傅亚庶《孔丛子校释》，中华书局，2011 年，第 373 页。
③ 《汉魏六朝笔记小说大观》，上海古籍出版社，1999 年，第 219 页。
④ 邱鹤亭《神仙传注译》，中国社会科学出版社，2004 年，第 192 页。

朔同时;尧有八眉,夔唯一足;乌白马角,救燕丹而免祸;犬吠鸡鸣,逐刘安以高蹈。此之乖滥,往往有旟。"这实际上指明了小说叙事和史著叙事的区别所在。

志人小说采录的内容虽然看似不像上述那么奇幻,但仍然带有它的民间性和世俗性。《语林》曰:"魏武将见匈奴使,自以形陋,不足雄远国,使崔季珪代当坐,乃自捉刀立床头。坐既毕,令人问曰:'魏王何如?'使答曰:'魏王信自雅望非常,然床头捉刀人,此乃英雄也。'魏武闻之,驰遣杀此使。"①刘知幾《史通·暗惑》认为此为"闾巷"之言,产生于"流俗相欺",其:"夫乌兔鄙说,闾巷谰言,凡如此书,通无击难。而裴引《语林》斯事,编入《魏史注》中,持彼虚词,乱兹实录。盖曹公多诈,好立诡谋,流俗相欺,遂为此说。"在刘知幾看来,《语林》所载曹操追杀匈奴使者一事,纯属民间传说。历史上的曹操确实诡计多端、为人狡诈,民间根据他的性格,编造了他追杀匈奴使者这个故事。所谓民间委巷就是《语林》这一类小说的主要传播途径。

四、对"实录"标准的摒弃

刘知幾对史著叙事提出明确的"实录"要求。其《惑经》篇提到:"明镜之照物也,妍媸必露,不以毛嫱之面或有疵瑕,而寝其鉴也;虚空之传响也,清浊必闻,不以绵驹之歌时有误曲,而辍其应也。夫史官执简,宜类于斯。苟爱而知其丑,憎而知其善,善恶必书,斯为实录。"刘知幾认为史官叙事当如明镜照物,虚空传响,善恶必书,方为实录。小说叙事和史学叙事的根本区别,刘知幾对此有着清醒的认识。《酒孝经》被欧阳修《新唐书·艺文志》收入"小说家类",该书今已亡佚,刘知幾对其叙事有所评论,《杂说下》曰:

---

① 《汉魏六朝笔记小说大观》,上海古籍出版社,1999年,第570页。

"夫以博采古文而聚成今说,是则俗之所传有《鸡九锡》、《酒孝经》、《房中志》、《醉乡记》,或师范五经,或规模三史,虽文皆雅正,而事悉虚无,岂可便谓南、董之才,宜居班、马之职也?"小说家在创作时,自觉地向五经三史学习,语言上追求雅正,但是他们记载的事件都是不存在的,这是小说家和史家的根本区别所在。《杂说中》亦提到:"士安撰《高士传》,具说箕山之迹;令升作《搜神记》,深信叶县之灵。此并向声背实,舍真从伪,知而故为,罪之甚者。近者,宋临川王义庆著《世说新语》,上叙两汉、三国及晋中朝、江左事。刘峻注释,摘其瑕疵,伪迹昭然,理难文饰。"在刘知幾看来,《搜神记》、《世说新语》等之所以为小说,根本点就在于其叙事"向声背实,舍真从伪","伪迹昭然,理难文饰"。这从一方面来说,是正统史家对小说的严厉批评。从另一方面来说,也是对小说叙事非实录性的一种默许。

总的来看,刘知幾一方面强调小说叙事和史学叙事有着"流俗"、"雅正"的不同,但同时又认识到小说叙事对史著叙事的巨大影响,史书中亦有小说叙事的内容。然就根本而言,刘知幾认为小说叙事思想异端、内容粗鄙且流播于民间委巷,虽文皆雅正,而事皆虚无,所以说,"固异乎记功书过,彰善瘅恶者也"。

第四节 对欧阳修等史家之小说观与
小说创作的影响

刘知幾的小说叙事观对其后史家之小说观与小说创作都有着较为深远的影响,推动了唐宋一脉文言小说的创作。其中,尤以他的儿子刘餗以及中唐人李肇及宋代欧阳修等较有代表性。

刘餗子承父业,继承发展了刘知幾的事业和学术思想。如黄庭坚《书欧阳子传后》云:"司马谈之子迁,刘向之子歆,班彪之子固,王铨之子隐,姚察之子简,李大师之子延寿,刘知幾之子餗,皆以继世,功在汗简。"①刘悚的小说观深受《史通》的影响。

刘悚所著现在存世的仅有《隋唐嘉话》,他把自己这部作品明确界定为"小说",刘悚的观点和看法,可观其《隋唐嘉话·序》:"余自髫丱之年,便多闻往说,不足备之大典,故系之小说之末。昔汉文不敢更先帝约束而天下理康,若高宗拒乳母之言,近之矣。曹参择吏必于长者,惧其文害。观焉马周上事,与曹参异乎!许高阳谓死命为不能,非言所也。释教推报应之理,余尝存而不论。若解奉先之事,何其明著。友人天水赵良玉睹而告余,故书以记异。"②

这段话是值得细细品味的。无论其序文的开端"余自髫丱之年,便多闻往说,不足备之大典,故系之小说之末",还是举汉文不更汉高祖制,唐高宗不改太宗事,萧规曹随,袁思古议谥许高阳为"缪"事,这都是在突出子承父志或者后随前制的重要性和必要性,这都是在暗示其书的创作受到父亲刘知幾的影响或者是继承了父亲刘知幾的观点和看法,甚至是材料也来自刘知幾。

在《隋唐嘉话》一书中,刘悚对无法证实的佛家因果报应之事,存而不论,不在其书收录范围。但是在他自己看来确有其事的,则记录下来,如"解奉先"条,事见《隋唐嘉话》卷下:"洛阳画工解奉先为嗣江王家画壁像,未毕而逃。及见擒,乃妄云:'功直已相当。'因于像前誓曰:'若负心者,愿死为汝家牛。'岁余,奉先卒。后岁余,王牸产一骑犊,有白文于背曰'解奉先',观者日夕如市。时今上二十年也。"③解奉先做工不守约、贪污人钱财,生前罚毒誓,死后竟真的投胎为人做牛,牛身上还留有自己的名字。这种事情很明显是不符合刘知幾所谓"附于物理"标准的。但刘悚通过"记异"的方式,以惩恶扬善,告诫世人切勿妄贪不义之财;这则又是在用作品

---

① 郑永晓《黄庭坚全集辑校编年》,江西人民出版社,2011年,第1528页。

② 《唐五代笔记小说大观》,上海古籍出版社,2000年,第92页。

③ 《唐五代笔记小说大观》,上海古籍出版社,2000年,第114页。

直接验证和践行了刘知幾《杂述》篇所云"福善祸淫,可以惩恶劝善,斯则可矣"的观点。

刘知幾《史通》小说观还影响到李肇的小说创作。李肇,大和初官中书舍人,卒于开成元年(836)之前。李肇对《史通》是非常推崇的,其《经史释题》序云:"史以《史通》为准,各列其题,从而释之。"①《经史释题》今天已经失传,存世的另一部小说集《国史补》则更为有名。

李肇《国史补序》首先明确说明自己的这部作品是学习刘𫗧《隋唐嘉话》的,但同时又标明"续"而"有不为"。其曰:"昔刘𫗧集小说,涉南北朝至开元,著为《传记》(按:即《隋唐嘉话》。此据程毅中先生的观点,详参其所点校《隋唐嘉话》之"点校说明")。予自开元至长庆撰《国史补》,虑史氏或阙则补之意,续《传记》而有不为。言报应,叙鬼神,征梦卜,近帷箔,悉去之;纪事实,探物理,辨疑惑,示劝戒,采风俗,助谈笑,则书之。仍分为三卷。"②

这里可以看出,李肇秉承了刘𫗧续《传记》而为国史补阙之意,且其选材标准更为明确,可以大致分成三大方面:一是纪事实,探物理;二是辨疑惑,示劝戒;三是采风俗,助谈笑。这和刘知幾"叙事为宗"、"附于物理"以"惩恶劝善"但同时和史著有着"雅"、"俗"之别的小说叙事观非常相似。

除李肇自序外,其作品亦可与刘知幾小说叙事观相互证,中有思想颇为异端者,如卷上第一条:"元鲁山自乳兄子,数日,两乳湩流,兄子能食,其乳方止。"《国史补》说元鲁山用自己的乳汁养大他的侄子,还极力夸张其奶水充足,一直把孩子奶到能自己吃饭。很明显,元鲁山身为男子,不能产乳汁。这种带有猎奇色彩的记载是

---

① 王应麟《玉海》卷四十二"《唐经史释题》"条,上海古籍出版社,1992 年,第179 页。

② 《唐五代笔记小说大观》,上海古籍出版社,2000 年,第158 页。

不合乎"雅正"之道的，而有着较强的"流俗"性。

李肇《国史补》上承刘悚所著《隋唐嘉话》，并与之体例相同，卷数相当，但总体而言内容较为客观，少了许多怪异。其书正如今人周勋初所言，"排除了鬼神梦幻的成分，也不载男女猥亵之事，这就与志怪的传统划清了界线，确立了纯粹的笔记小说的宗旨"①。《国史补》较早把奇怪之事排在笔记体之外。承其后而又不尽相同的，又有欧阳修的《归田录》一书。

李肇自序曾云："予自开元至长庆撰《国史补》，虑史氏或阙则补之意。"由自序中此句还可看出，李肇有着向史著靠拢的意识；所以其在记载人物轶事时，往往爱憎褒贬，表露无遗。即使涉及最高统治者时，也不讳言。如该书卷中载："德宗自复京阙，常恐生事，一郡一镇，有兵必姑息之。唯浑令公奏事不过辄私喜曰：'上必不疑我也。'"德宗对藩镇姑息纵容，凡有所请必允之。这继而造成藩镇越是得到皇帝的认可，越是疑虑重重。而浑碱因为奏事不下而庆幸不被皇帝怀疑。李肇记录下这样一种很不正常的情况，写出了当时异常复杂的政治生态，尤其是"姑息"二字，更是非常直接地写出自己对唐德宗对藩镇的苟安政策的批评。

刘知幾在前人及同时代史家的基础之上，鲜明提出"小说"当以"叙事为宗"的观点。至此，对小说本质属性的认识才有了质的变化。这一观念的提出，对唐后史家小说观的发展变化有着巨大的推进作用。

唐后五代至宋代的作家中，欧阳修的小说创作受刘知幾小说叙事观的影响最具代表性。两《唐书》刘知幾本传皆引徐坚语曰："为史氏者宜置此（按：指《史通》）坐右也。"②刘昫《旧唐书·刘子

---

① 周勋初《唐代笔记小说叙录》，凤凰出版社，2008 年，第 34 页。
② 欧阳修《新唐书》，中华书局，1975 年，第 4521 页。《旧唐书》"刘子玄传"引徐坚语为："居史职者，宜置此书于座右。"见刘昫《旧唐书》，中华书局，1975 年，第 3171 页。与《新唐书》所引基本相同。

玄传》对刘知幾的评价非常高,其云:"刘、徐等五公,学际天人,才兼文史,俾西垣、东观,一代粲然。"然由于政局动荡、时间仓促以及对文学相关认识的自身发展惯性等种种原因,五代后晋年间修撰的《旧唐书》,"大抵抄撮唐代史料成书"①,而其《经籍志》亦基本因袭了《隋书·经籍志》对小说一家的认识。

钱大昕《十驾斋养新录》卷十三《史通》条指出:"刘氏用功既深,遂言立而不朽,欧、宋《新唐》,往往采其绪论。"②傅振伦《刘知幾年谱》:"唐后诸史中,采《史通》之说者,以欧阳《唐书》为最多,《新唐书》而后,刘氏之学说,始大盛兴,盖《史通》不易之说,十有八九也。"③前贤今人对《史通》极为推重,认为刘知幾对欧阳修等后世史家在修撰史著方面有着深远影响,这是符合事实的。

时至北宋,欧阳修主修的《新唐书·艺文志》接受了刘知幾的观点,打上了刘氏小说当以"叙事为宗"之观念的烙印。一方面,《新唐书·艺文志》"小说家"将大量的记言类、科技发明类作品,如《杂对语》、《要用语》、《琐语》、《迩说》、《古今艺术》、《鲁史欹器图》、《器准图》、《水饰》等逐出了小说的队伍。另一方面,大量选入题名为"传"、"记"等的叙事类作品。正如鲁迅指出的:

> 宋皇祐中,曾公亮等被命删定旧史,撰志者欧阳修,其《艺文志》小说类中,则大增晋至隋时著作,自张华《列异传》、戴祚《甄异传》至吴筠《续齐谐记》等志神怪者十五家一百十五卷,王延秀《感应传》至侯君素《旌异记》等明因果者九家七十卷,诸书前志本有,皆在史部杂传类,与耆旧高隐孝子良吏列女等

---

① 刘昫《旧唐书》"出版说明",中华书局,1975年,第2页。
② 钱大昕《十驾斋养新录》,上海书店出版社,2011年,第256页。
③ 傅振伦《刘知幾年谱》之七《史通要论》,中华书局,1963年,第146页。

　　传同列，至是始退为小说，而史部遂无鬼神传。①

　　至宋皇祐中，史籍目录《新唐书·艺文志》中小说队伍急剧扩军，大量"志神怪"、"明因果"的叙事作品开始被欧阳修为代表的史家视为"小说"，而此后，"史部遂无鬼神传"。这在中国小说发展史上是极不寻常的，具有里程碑式的意义。此一现象之所以会出现，是和刘知幾小说当以"叙事为宗"的观念分不开的。

　　与李肇相比，欧阳修在创作《归田录》时，则清醒地意识并反复地强调自己作品和史著有着根本的不同。其《自序》云："《归田录》者，朝廷之遗事，史官之所不记，与士大夫笑谈之余而可录者，录之以备闲居之览也。"为了让人们意识到自己的初衷，欧阳修于《后序》又云："余之所录，大抵以肇为法，而小异于肇者，不书人之过恶。以谓职非史官，而掩恶扬善者，君子之志也。览者详之。"②

　　欧阳修《归田录》对为恶之事的记载很少，即使有也非常隐晦。如其卷二记载了一次宫廷内的暴动："庆历八年正月十八日夜，崇政殿宿卫士作乱于殿前，杀伤四人。取准备救火长梯登屋入禁中，逢一宫人，问：'寝阁在何处？'宫人不对，杀之。既而宿直都知闻变，领宿卫士入搜索，已复逃窜。后三日，于内城西北角楼中获一人，杀之。时内臣杨怀敏受旨'获贼勿杀'，而仓卒杀之，由是竟莫究其事。"一个"竟"字，这似乎是这则故事的弦外之意：欧阳修认为罪责要归到杨怀敏身上；但是在字面上却是仅以"仓卒"二字轻描淡写，一带而过，行文至"莫究其事"，戛然而止。

　　欧阳修为何要反复强调自己"职非史官"，而作品"史官之所不记"，和史著有着根本的不同呢？概正如《四库全书总目》引王明清

---

　　① 鲁迅《中国小说史略》第一篇《史家对于小说之著录及论述》，上海古籍出版社，1998年，第3页。

　　② 欧阳修《归田录》，上海古籍出版社，2012年，第30页。

《挥麈三录》曰："欧阳公《归田录》初成未出，而序先传，神宗见之，遽命中使宣取。时公已致仕在颍州，因其间所记有未欲广布者，因尽删去之。又恶其太少，则杂记戏笑不急之事，以充满其卷帙。"①欧阳修并不想记录下"有未欲广布者"的内容，以免带来祸害。实际上，换句话说，这也是小说家创作的一个出发点，可以起到一种对自己保护的作用。欧阳修也注意到了其作与史著的不同处，将刘知幾"惩恶劝善"的观点发展为"掩恶扬善"。同时，欧阳修《归田录》里面记录了大量"戏笑不急之事"，这又和刘知幾所言小说叙事多"流俗嘲谑"的看法相一致。和李肇的《国史补》不尽相同。故《四库全书总目》将其收录于"子部""小说家类""杂事之属"，并评其书云："然大致可资考据，亦《国史补》之亚也。"②

余　　论

中国古代小说具有体兼子、史的独特属性。刘知幾较早地认识到了这些，其《史通》以为子、史之间并没有不可跨越的鸿沟，俾使小说出入子史，且更侧重其史的属性。如《杂述》篇在论述偏记小说时，即明确指出"小说"为"偏记"、为"史之杂"者。对唐宋之际笔记小说发展之历史事实而言，这个观点不失为一个颇为恰切的论断。董乃斌先生《中国古典小说的文体独立》一书曾以唐传奇为例，对中国古典小说在文体上做了一个大致限定。其基本特征可以分为六点：生活的细节化、叙事的自觉虚构、结构的复杂化、语言的多样性、情节的戏剧性、注重人物形象的塑造。这已成为当下对古典小说的一个普遍认识。我们并非想也不可能改变这一认

---

① 永瑢等《四库全书总目》卷一百四十"子部""小说家类"，中华书局，1965 年，第 1190 页。

② 永瑢等《四库全书总目》卷一百四十，中华书局，1965 年，第 1190 页。

识,而是对小说文体的扩展、扩容,希望扩大人们对小说阅读的趣味,不仅关注小说中虚构性较强的人物塑造、情节冲突或者细节描写等相关内容,还能注意到中国古代小说,特别是以志人、志怪为主体的笔记体小说,体兼子、史的一种特殊韵致。

　　刘知幾的小说叙事观对今天的小说研究来说也是有借鉴意义的。石昌渝先生曾云:"传统目录学的'小说'与作为散文体叙事文学的小说,分水岭就是实录还是虚构。说实话(至少作者自以为)是传统目录学的'小说',编假话的是作为散文体叙事文学的小说。"①把目录学家和小说家的"小说"观,区分为完全对立的两大类。这实际上是不完全符合历史事实的。尤其是唐宋以后,有些目录学家本身就是小说家,比如欧阳修等。他们心目中的"小说"观与自己的"小说"创作也不是自我分裂的。在他们看来,小说的职责在于"惩恶扬善"亦或"掩恶劝善",其本身记载的事实与虚构的探究,其目录归类的是子部还是史部,反而是其次的。这也许更贴近古人小说观之实际。具体体现有三。

　　首先,体现在小说家自我定位上。古代文史的界限并不是那么明确,史家往往有时也是小说家。特别在小说和史著(尤其是"杂史"、"杂记")的区分上,史家显然没有用"虚构"和"真实"刻意地将二者完全区分开。如对于自己的作品,刘𫗧《隋唐嘉话·序》自言为"小说之末"。李肇则言其作秉承刘𫗧的作品,"虑史氏或阙则补之意,续《传记》而有不为"。欧阳修《新唐书·艺文志》将刘𫗧的《传记》,收录于丙部小说家类。同时将李肇《国史补》收录于乙部"杂史类"。《归田录》自言仿李肇之作,然又反复申明其职非史官而其作亦非史著。可见,在他们的观念中,小说和杂史类作品可以互相仿效,并不是那么界限分明。

　　其次,体现在小说文本自身上。古代小说作品内容庞杂,就单

────────────

　　① 石昌渝《中国小说源流论》,三联书店,1994年,第7页。

篇来说,长短不一,然就整部书来说,又不乏卷帙浩繁之作。其间包罗万象,体例不一,出入子史。如明代吴琯《古今逸史》"凡例"所云:"入正史则可以补其阙,出正史则可以拾其遗。"①这样的例子如《国史补》之"元鲁山"条,今天看来,很难符合"实录"或者"雅正"的范围。但是古人不一定这么认为,《新唐书·卓行传》"元德秀(按:即元鲁山)传"即云:"初,兄子褓襁丧亲,无资得乳媪,德秀自乳之,数日湩流,能食乃止。"故事照录《国史补》,甚至连遣词用字上都基本相同。这样很难称得上实录且雅正的内容由小说而入正史,可以"扬善",赞美鲁山之德行,应是其根本原因。

　　第三,体现在笔法高于内容之评价标准上。《国史补》卷下载:"沈既济撰《枕中记》,庄生寓言之类。韩愈撰《毛颖传》,其文尤高,不下史迁。二篇真良史也。"②正如《杂说下》所言:"嵇康撰《高士传》,取《庄子》、《楚辞》二渔父事,合成一篇。夫以园吏之寓言,骚人之假说,而定为实录,斯已谬矣。"庄生"寓言"和"实录"是完全相反的。很明显,这里将《枕中记》、《毛颖传》视之为"良史",甚至可与《史记》相提并论,其评价高低之标准定非内容的"真实"或"虚构"。那么何谓"庄生寓言"和韩愈之"文"?"寓言"一词,最早见于《庄子·天下篇》:"以天下为沉浊,不可与庄语,以卮言为曼衍,以重言为真,以寓言为广。"③《寓言篇》又说:"寓言十九,藉外论之。"④郭象对此的解释是:"言出于己,俗多不受,故借外耳。"⑤就是指作者不直接出面发表见解,而是假托一个人物来说,以此来增加言语的说服力。韩愈之"文"的意思呢?则是强调其模拟史传之形式来创作《毛颖传》。换句话说,在《国史补》看来,小说即使内容

---

①　熊宪光《古今逸史精编》"前言",重庆出版社,2000年,第1页。

②　《唐五代笔记小说大观》,上海古籍出版社,2000年,第193页。

③　陈鼓应《庄子今注今译》,中华书局,2009年,第939页。

④　陈鼓应《庄子今注今译》,中华书局,2009年,第775页。

⑤　陈鼓应《庄子今注今译》,中华书局,2009年,第776页。

是虚构的,但只要在笔法架构上是优秀的,便可以称得上是媲美史传之作。

"传统目录学的'小说'与作为散文体叙事文学的小说,分水岭就是实录还是虚构",这一看法把所谓目录学的"小说"等同于"实录",把所谓小说家创作的"散文体叙事文学的小说"完全视为虚构,这种二元对立、非此即彼的"分水岭"式论断,即使对当下的文学创作来说,恐亦难以说是非常合适的。就很多作品自身而言,"虚构"和"实录"的文史界限并不是那么清晰的。

1905 年《新小说》第 15 号"小说丛话"栏目刊登定一的文章,其在对比中西方小说时曾提到"以西例律我国小说"①的现象。此语正如谭帆先生所言:"不幸'一语成谶',成了 20 世纪以来中国小说研究的绝好注脚。"②近日,吕景胜等刊发文章《科研政策导向:社科研究应重视本土化》指出:"社科研究忽视本土化的现象日益严重。"③当下中国古代小说研究,要重视乃至实现"本土化",回归古代文学现场,原原本本,看下古人的小说观到底为何,或应成为一条必经之路。

初唐史学家刘知幾于《史通》一书中较早鲜明提出自己的小说叙事观,其对欧阳修等史家的小说观及其创作都有着深远影响。《旧唐书》刘知幾本传之赞曰:"学者如市,博通甚难;文士措翰,典丽惟艰。马、褚、兢、术、徐、元、子玄,文学之书,胡宁比焉!"④刘昫认为刘知幾等对后世的影响,绝非纯粹的文学之书可比。刘氏之语,并非虚誉。刘知幾的小说叙事观影响深远,泽被后世,非止一代。在其影响下,后世的小说创作,自成一派,其中《国史补》一书

---

① 《小说丛话》定一语,载《新小说》1905 年第 15 号。
② 谭帆《论中国古代小说文体研究的四种关系》,《学术月刊》,2013 年第 11 期。
③ 见 2014 年 12 月 22 日《光明日报》,吕景胜、郭晓来撰。
④ 刘昫《旧唐书》,中华书局,1975 年,第 3186 页。

更被纪昀誉为"在唐宋说部中,最为近正"①。刘知幾的小说叙事观,不完全等同于西方"虚构之叙事散文"的小说观。当下中国本位的小说史研究,对之是应该给予应有重视的。

---

① 永瑢等《四库全书简明目录》卷一百四十"子部""小说家类",华东师范大学出版社,2012 年,第 532 页。

第七章　《史通》"崇真"、
"尚简"的叙事观

　　文学离不开叙事。史学更是以叙事为生命,没有叙事就不会有历史。叙事是文与史的交集。我们经常说的"文史不分",主要就是指与叙事有关的内容。史著的书、表、志,没有人会把它们当成文学作品。而一些纯抒情性的诗歌和散文,即使被收录于史书之中,也没有人认为它们是史著。但是一旦涉及了叙事的内容,如论及史著中的人物纪传与文学中的小说作品,文与史的界限就不是那么清楚了。刘知幾在谈到文史关系的问题时,意识到了两者在叙事方面的共性。刘氏在《史通》内篇卷六第二十三以《叙事》为标目专篇阐述自己的叙事观。其云:"夫史之称美者,以叙事为先。"又云:"史之为务,必藉于文。自五经已降,三史而往,以文叙事,可得言焉。"刘知幾认为"以文叙事"的问题,有必要专门来谈一谈。

　　《史通》主要是史论,但文史难分的客观事实使刘知幾不能不涉及文学的问题。关于刘知幾及其《史通》的文学观,本书前面几章已从诗学观、散文观、小说观等方面有所论述。我们除了关注这些内容外,还必须关注其叙事观。这一点既是由文史不分的事实所决定,也是考察、研究刘知幾及其《史通》之文学观相关理论认识的应有之义。

第一节 内容的求实和叙事的虚构

一、以《列女传》为例论对有意混淆真实与虚构之做法的批评

刘知幾对于实录的要求极为严格,他对刘向把战国时期的纵横家苏秦、名将甘茂虚构的"邻人之妾"、"贫人女"混作实录,选入《列女传》的做法进行激烈的批评。

西汉时期,汉成帝即位,外戚王氏倚仗太后之势,独掌国权,时数有大异,刘向"睹俗弥奢淫,而赵、卫之属起微贱,逾礼制。向以为王教由内及外,自近者始。故采取《诗》《书》所载贤妃贞妇,兴国显家可法则,及孽嬖乱亡者,序次为《列女传》,凡八篇,以戒天子。"①刘向编著《列女传》时收录了"邻人之妾"和"贫人女"的故事。

"邻人之妾"是苏秦虚构的一个故事,目的是为了替自己辩解以免于小人的中伤。苏秦居燕,受到燕易王的重用。有人故意陷害苏秦,在燕易王面前说他的坏话。苏秦为了向燕易王说明"如果君主不明,忠信之人也会被误认为有罪",就给燕王讲了"邻人之妾"的故事。《战国策·燕策一》:

> 燕王曰:"夫忠信又何罪之有也?"对曰:"足下不知也。臣邻家有远为吏者,其妻私人。其夫且归,其私之者忧之。其妻曰:'公勿忧也,吾已为药酒以待之矣。'后二日夫至。妻使妾奉卮酒进之,妾知其药酒也,进之则杀主父,言之则逐主母,乃阳僵弃酒。主父大怒而笞之。故妾一僵而弃酒,上以活主父,下以存主母也。忠至如此,然不免于笞,此以忠信得罪者也。

① 班固《汉书·刘向传》,中华书局,1999年,第1520页。

臣之事,适不幸而有类妾之弃酒也。"①

这段话表现出了苏秦的高明之处,面对别人的责难,他没有直接辩白,而是通过一个小故事,驳斥了那些对自己的指责,也巧妙地说明了自己的处境。

"贫人女"是甘茂在受谗离秦国准备逃到齐国去,说服苏代想办法让他在齐国得到重用时虚构的一个人物(《战国策·秦策二》与《史记·甘茂传》都有记载)。甘茂对苏代说:

> 夫江上之处女,有家贫而无烛者,处女相与语,欲去之。家贫无烛者将去矣,谓处女曰:"妾以无烛故,常先至扫室布席。何爱余明之照四壁者? 幸以赐妾,何妨于处女? 妾自以有益于处女,何为去我?"处女相语以为然而留之。今臣不肖,弃逐于秦而出关,愿为足下扫室布席,幸无我逐也。②

苏代认为甘茂说得很对,于是答应帮助他,后来果然使用计策使得甘茂在齐国得到了上卿之位。

"邻人之妾"和"贫人女"只是苏秦和甘茂虚构的两个人物,在刘向《列女传》中则似乎成了曾经真实存在过的历史人物。刘向在其《列女传》中收录"邻人之妾"的故事时说:"周主忠妾者,周大夫妻之媵妾也。大夫号主父,自卫仕于周,二年且归……"③采入"贫人女"时云:"齐女徐吾者,齐东海上贫妇人也。与邻妇李吾之属会烛,相从夜绩。徐吾最贫,而烛数不属……"④刘向给两个故事设

---

① 刘向《战国策》,岳麓书社,2007年,第407、408页。
② 刘向《战国策》,岳麓书社,2007年,第194页。
③ 刘向《古列女传·节义传》,哈尔滨出版社,2009年,第150、151页。
④ 刘向《古列女传·辩通传》,哈尔滨出版社,2009年,第198页。

定了时间、地点,丰富了人物和情节;让这两个故事看起来像实有其事一样。

刘知幾认为事情不目见耳闻有时难免记载失实,但刘向在其作品中的失实记载在刘知幾看来是故意撒谎、存心欺骗后人,为"过之尤甚者",《杂说下》中的言辞颇为激烈:

> 观刘向对成帝,称武、宣行事,世传失实,事具《风俗通》,其言可谓明鉴者矣。及自造《洪范》、《五行》及《新序》、《说苑》、《列女》、《神仙》诸传,而皆广陈虚事,多构伪辞。非其识不周而才不足,盖以世人多可欺故也。呜呼!后生可畏,何代无人,而辄轻忽若斯者哉!夫传闻失真,书事失实,盖事有不获已,人所不能免也。至于故为异说,以惑后来,则过之尤甚者矣!

对于刘知幾的上述观点,程千帆认为:"子玄核论史事,必求其真,固属无可非议,然以其于古昔著述之体例、文章之情态,犹有所未明,故于陈古刺今、借人喻己之作,亦每绳之以实录,则其蔽也。"[1]程氏批评刘知幾对"陈古刺今、借人喻己"的文章也要以实录要求之,是其鉴识不明的地方。我们今天看来,刘知幾之论固然也可以说是一个史家对文学的隔膜,即所谓的"蔽"。但从根本上讲,刘氏对《列女传》的批评,其出发点应为其对刘向混淆真实与虚构做法的坚决反对。就这个角度来说,刘知幾的做法是无可厚非的。

二、以《国语》"骊姬夜泣"为例论叙事内容的求实

《史通》主张史著叙事要实录。《史通·惑经》云:"君子以博闻多识为工,良史以实录直书为贵。"何为"实录"? 在同一篇中,其

---

① 程千帆《史通笺记》,中华书局,1980 年,第 305 页。

云:"爱而知其丑,憎而知其善,善恶必书,斯为实录。"《史通》反对史著中的不实记载,但同时也出现了误把史著中的"虚构"内容当成"实录"记载的问题。我们以《国语·晋语》中的"骊姬夜泣"的故事为例,对之加以说明。《国语》一书中记载了夜半时分,骊姬在枕边向晋献公哭诉来诬陷太子的一段对话:

> 骊姬夜半而泣谓公曰:"吾闻申生甚好仁而强,甚宽惠而慈于民,皆有所行之。今谓君惑于我,必乱国,无乃以国故而行强于君。君未终命而不殁,君其若之何? 盍杀我,无以一妾乱百姓。"公曰:"夫岂惠其民而不惠于其父乎?"
>
> 骊姬曰:"妾亦惧矣。吾闻之外人之言曰:为仁与为国不同。为仁者,爱亲之谓仁;为国者,利国之谓仁。故长民者无亲,众以为亲。苟利众而百姓和,岂能惮君? 以众故不敢爱亲,众况厚之,彼将恶始而美终,以晚盖者也。凡民利是生,杀君而厚利众,众孰沮之? 杀亲无恶于人,人孰去之? 苟交利而得宠,志行而众悦,欲其甚矣,孰不惑焉? 虽欲爱君,惑不释也,今夫以君为纣,若纣有良子,而先丧纣,无章其恶而厚其败。钧之死也,无必假手于武王,而其世不废,祀至于今,吾岂知纣之善否哉? 君欲勿恤,其可乎? 若大难至而恤之,其何及矣!"君惧曰:"若何而可?"
>
> 骊姬曰:"君盍老而授之政。彼得政而行其欲,得其所索,乃其释君。且君其图之,自桓叔以来,孰能爱亲? 唯无亲,故能兼翼。"公曰:"不可与政。我以武与威,是以临诸侯。未殁而亡政,不可谓武;有子而弗胜,不可谓威。我授之政,诸侯必绝;能绝于我,必能害我。失政而害国,不可忍也。尔勿忧,吾将图之。"①

---

① 佚名《国语》,岳麓书社,2007年,第60页。

从上面两人对话内容看，骊姬向晋献公大谈"为仁"与"为国"的不同，暗示献公为了王位不能顾及父子之仁，最后终于说服献公使其下定决心要杀掉太子申生，完全就是战国辩士做派。更何况，夜半无人私语时，除了当事人，谁也不可能知道并详细地记载下来。从任何一方面来看，这个故事都是后世虚构出来的。即使真有骊姬夜泣一事，也可以判断，两人对话的细节绝大部分也是虚构出来的，绝对不是这样一种情景：床上夫妻缠绵，卿卿我我，心怀鬼胎的骊姬梨花带雨，老迈昏庸的献公对亲子痛下杀心，两人交头耳语之时，床边站着一位女史，两眼圆睁，双耳直竖，手持笔墨，奋笔直书。但是，刘知幾却认为这个故事是实有发生的，还把其作为晋献公时代就有女史时时刻刻待在内朝（后宫）记载君王和后妃的言行的证据，《史通·史官建置》说："古者人君，外朝则有国史，内朝则有女史，内之于外，其任皆同。故晋献惑乱，骊姬夜泣，床笫之私，房中之事，不得掩焉。"

刘知幾这个老实到有点迂腐可笑的观点，在钱锺书看来，只不过是暗地沿袭秦末陈涉起义军中所谓博士的老一套说法而已：

> 《孔丛子·答问》篇记陈涉读《国语》骊姬夜泣事，顾博士曰："人之夫妇，夜处幽室之中，莫能知其私焉，虽黔首犹然，况国君乎？余以是知其不信，乃好事者为之词！"博士对曰："人君外朝则有国史，内朝则有女史……故凡若晋侯骊姬床笫之私、房中之事，不可掩焉。"学究曲儒以此塞黔涉之问耳，不谓刘知幾阴拾唾余，《史通·史官建置》篇言古置内朝女史，"故晋献惑乱，骊姬夜泣，床笫之私，不得掩焉"（浦起龙《通释》未注）。有是哉？尽信书之迂也！……骊姬泣诉，即俗语"枕边告状"，正《国语》作者拟想得之，陈涉所谓"好事者为之词"耳。①

---

① 钱锺书《管锥编·左传正义一一》，三联书店，2001年，第316—317页。

钱锺书对刘知幾的说法不无揶揄，谓之曰"阴拾唾余"。之所以刘知幾竟然还不如一个目不识丁的农民起义军领袖陈涉的看法更为客观的原因，正如钱锺书所言是因为"尽信书之迂也"。但是，刘知幾对"骊姬夜泣"事得出的"女史实录"之结论，虽可笑，却也可以看出其作为一位极具使命感的史官对于"实录"之追求的认真以至于苛刻。

三、以"掩恶扬善"的方式开启叙事虚构的门户

孔子是鲁国人，他在《春秋》中尽量不记载鲁国国君的一些丑事。《春秋》中，鲁隐公、桓公被弑而写成"薨"，鲁昭公、哀公被流放而写成逊让去位，鲁桓公夫人姜氏与人私奔说成是逃亡齐国，子般被杀说是早夭。

刘知幾认为这些隐讳是可以的，在他看来，这些都是鲁国的奇耻大辱，不便张扬，讳之即可，虽和秉笔直书的原则相违背，但是却符合儒家的伦理原则。《史通·曲笔》说："略外别内，掩恶扬善，《春秋》之义也。自兹已降，率由旧章。史氏有事涉君亲，必言多隐讳，虽直道不足，而名教存焉。"

有人在自己的作品中并不隐瞒先祖的种种劣行，并不对其进行所谓的讳饰。如王充自叙家世而揭其父祖之行迹云：

> 世祖勇任气，卒咸不揆于人。岁凶，横道伤杀，怨仇众多。会世扰乱，恐为怨仇所擒，祖父泛举家担载，就安会稽，留钱唐县，以贾贩为事。生子二人，长曰蒙，少曰诵。诵即充父。祖世任气，至蒙、诵滋甚，故蒙、诵在钱唐，勇势凌人。末复与豪家丁伯等结怨，举家徙处上虞。[1]

---

① 王充《论衡校释·自纪》，中华书局，1990年，第1187页。

王充说自己的曾祖父好意气用事,和别人合不来,战乱时候,曾经拦路抢劫,因此仇家众多。自己的父亲和伯伯倚仗勇力,欺凌别人,和土豪结下怨仇以至于被迫搬家避开仇人。

刘知幾指出王充做法是错误的,他在《史通·序传》篇中说:

> 王充《论衡》之《自纪》也,述其父祖不肖,为州闾所鄙,而己答以瞽顽舜神,鲧恶禹圣。夫自叙而言家世,固当以扬名显亲为主,苟无其人,阙之可也。至若盛矜于己,而厚辱其先,此何异证父攘羊,学子名母?必责以名教,实三千之罪人也。

刘知幾认为王充自叙家世,却叙述自己父祖不贤,为乡人所鄙视的事迹。大肆夸耀自己而侮辱自己的祖先,这种做法是不对的,用礼教名分来评判就是不孝。自叙家世应为亲属扬名为主,如果没有值得宣扬的人,空缺不载就是了,无论如何也不应该把祖先的丑行记录下来的。

刘知幾一面坚持史著必须直笔实录,一面又主张事涉君亲,务必要"掩恶扬善",这本身是颇为矛盾的,因为"掩恶扬善"就要删汰、屏蔽一些史实。所谓虚构既可以是添枝加叶,也可以是芟枝去叶,增加与删减都属于虚构,所以很可能使得历史叙事作品转化为文学之作。韩愈有些碑志之文被讥为谀墓之作,就能说明这一点。韩愈《故中散大夫河南尹杜君墓志铭》记载了杜兼一生军功和政绩及仕宦经历,备与其受皇帝的信任和宠爱。铭文称颂杜兼曰:

> 始为进士,乃笃朋友,及作大官,克施克守。篆辞奋笔,涣若不思。公牒盈前,笑语指麾。禄以给求,食以会同。不畜不收,库厩虚空。事在于人,日远日忘。何以传之,刻此铭章。[①]

---

① 韩愈《韩昌黎文集注释·碑志》,三秦出版社,2004 年,第 63—64 页。

给人以杜兼性格醇厚、奉公守法、德才兼备、清正廉洁的印象。但实际情况却可能不是如此。《旧唐书·杜兼传》说其"性浮险"、"恣凶威"、"人侧目":

> 兼性浮险,豪侈矜气。属贞元中德宗厌兵革,姑息戎镇,至军郡刺史,亦难于更代。兼探上情,遂练卒修武,占召劲勇三千人以上闻,乃恣凶威。录事参军韦赏、团练判官陆楚,皆以守职论事忤兼,兼密诬奏二人通谋,扇动军中。忽有制使至,兼率官吏迎于驿中,前呼韦赏、陆楚出,宣制杖杀之。赏进士擢第,楚兖公象先之孙,皆名家,有士林之誉;一朝以无罪受戮,郡中股慄,天下冤叹之。又诬奏李藩,将杀之,语在藩事中。故兼所至,人侧目焉。①

杜兼为人阴险狡诈、心胸狭窄、欺骗朝廷、滥杀无辜以至"人皆侧目焉"。欧阳修等修撰的《新唐书·杜兼传》在《旧唐书》原有的记载外,又加上"所至大杀戮,哀艺财赀,极奢欲,适幸其时,未尝败。卒,年六十"②的语句。在《新唐书》编撰者看来,杜氏其人嗜杀残暴、穷奢极欲,只是生逢其时、运气颇佳,才侥幸得以全身终老。

　由两《唐书》来看,韩愈所说的杜兼"始为进士,乃笃朋友,及作大官,克施克守",似乎纯属臆说。不过仔细分析,韩愈实际上使用了所谓"掩恶扬善"的叙事手法。世上没有绝对的坏人,每人都有善良的一方面,哪怕只是体现在某一个阶段或者是在处理具体的某一事、针对特定的某一个人时。杜兼也不例外,在刚中进士时,和朋友们的关系还是不错的。即韩愈所说的"始为进士,乃笃朋友"。"克施克守"是在"作大官"时,大约在元和三年下半年,杜兼官至河南大尹,任职不到一年病死。韩愈所谓"克施克守"主要指的或许就是这

---

① 刘昫《旧唐书·杜兼传》,中华书局,1975年版,第3969页。
② 欧阳修《新唐书·杜兼传》,中华书局,1975年,第5205页。

极短的一个时期吧。这都是杜兼"善"的一方面,所以着重指出,加以彰显,即所谓"扬善"。而杜兼的恶行,在当时影响极坏,以至于路人皆知,其所至之处,人皆侧目。韩愈受杜兼亲戚及子女之托为其写墓志铭,以让后世子孙追宗怀远,避免"日远日忘"。这当然要有所"掩恶",而不能像史传那样对之大加贬低、甚至近乎辱骂了。

刘知幾强调史著事涉君亲时一定要务存隐讳。出于维护名教的目的,要求有所讳饰、掩恶扬善。但是既要"掩恶",就难免对人和事情的不良之处有所掩饰,既要"扬善",就有可能对好的方面有所夸大。这样就给作家打开了一道通往文学虚构的门户,使历史著作与文学创作的界限变得模糊起来。

第二节 对叙事细节的处理

细节是描绘人物性格、事件发展、自然景物、社会环境等最小的组成单位。在叙事作品中,侧重于指那些表现人物性格形成与发展变化的、一系列的生活事件。刘知幾要求叙事简要,主张尽量删掉无关紧要的细节部分而只保留其关键处。但是叙事离不开细节,对细节的过于漠视,将会削弱叙事作品的艺术魅力,即使是史著作品也不例外。而对细节的重视,又会强化叙事作品的文学色彩。文史难分的重要体现之一就是对叙事细节问题如何进行处理。对这一难题,刘知幾有自己的解决方式。他主张叙事当善于"用晦"。"用晦"亦即含蓄叙事,使叙述精炼又包缊多层意义,这能在叙事简要的同时增强文字的艺术表现力,不失为处理叙事细节的一个好方法。详论如下。

一、叙事"尚简"的高标

刘知幾把是否"简要"作为衡量叙事优劣的重要标准之一。在

《史通·叙事》篇提出：“夫国史之美者，以叙事为工，而叙事之工者，以简要为主，简之时义大矣哉！历观自古，作者权舆，《尚书》发踪，所载务于寡事；《春秋》变体，其言贵于省文。”所谓“简要”，所谓“寡事省文”，即纪事少而精，文字省而净，这样才能让叙事更加精巧、细致、纯净、完美，合乎规范，达到所谓的“工”的标准。在同一篇中，他甚至提出：

> 盖饵巨鱼者，垂其千钓，而得之在于一筌；捕高鸟者，张其万罝，而获之由于一目。夫叙事者，或虚益散辞，广加闲说，必取其所要，不过一言一句耳。苟能同夫猎者、渔者，既执而置钓必收，其所留者唯一筌一目而已，则庶几骈枝尽去，而尘垢都捐，华逝而实存，滓去而渖在矣。

刘知幾以钓鱼捕鸟作喻，提出叙事的人只需叙述其中关键的一言一句而已，其他闲散之言、无关之辞都可以去掉。这样才能达到去掉老皮厚茧、灰尘污垢，去花留实，去渣滓而留下汁水的效果。他接着还说“损之又损，而玄之又玄”，认为精简了再精简，才能达到玄妙之极的境界。

　　刘知幾在《叙事》篇还提到了叙事简要的方法，主张要凝练叙事所用之字句，“叙事之省，其流有二焉：一曰省句，二曰省字”，两者相比，“省句为易，省字为难，洞识此心，始可言史矣”。刘知幾认为：“苟句尽余剩，字皆重复，史之烦芜，职由于此。”

二、由“骊姬谮申生”事看“尚简”标准和叙事作品的矛盾

　　刘知幾在《史通·叙事》篇以《左传》和《谷梁传》对“骊姬谮申生”的相关叙述为例，将二者进行对比，认为《左传》的叙事简要，属于“十无一二”的好作品，而《谷梁传》浪费笔墨，犯了大多数史著都

有的过于繁琐的毛病。

他提出在叙事性作品中人物传记可以有四种写法：直纪才行、唯书事迹、因言语而可知、假论赞而自见。《史通·叙事》篇：

> 盖叙事之体，其别有四：有直纪其才行者，有唯书其事迹者，有因言语而可知者，有假赞论而自见者。至如《古文尚书》称帝尧之德，标以"允恭克让"；《春秋左传》言子太叔之状，目以"美秀而文"，所称如此，更无他说，所谓直纪其才行者。又如《左氏》载申生为骊姬所谮，自缢而亡；班史称纪信为项籍所围，代君而死。此则不言其节操而忠孝自彰，所谓唯书其事迹者。又如《尚书》称武王之罪纣也，其誓词："焚炙忠良，刳剔孕妇。"《左传》纪随会之论楚也，其词曰："筚路蓝缕，以启山林。"此则才行事迹，莫不阙如，而言有关涉，事便显露，所谓因言语而可知者。又如《史记·卫青传》后，太史公曰：苏建尝责大将军不荐贤待士。《汉书·孝文纪》末，其赞曰："吴王诈病不朝，赐以几杖。"此则传之与纪，并所不书，而史臣发言，别出其事，所谓假赞论而自见者。

刘知几认为才行等四者，不能兼采而用于一事，否则就是过多耗费笔墨，他说："才行、事迹、言语、赞论，凡此四者，皆不相须，若兼而毕书，则其费尤广。"刘知几重视的是尽量删去细节的事（或称"史"）。刘氏认为，在实际创作中，记事和载言，只需要其中一种就可以。如果多种方法并用，就会造成浪费。因而，他反对综合运用多种手法来传写人物，即使是运用多种手法产生的叙事艺术效果明显优于单纯记事或载言。

他担心读者不能明白他的用意，又用小字的形式加以自注，以《谷梁传》等史著中的记载为反面典型，对上述所论作出进一步的说明。其云：

　　如《谷梁传》云：骊姬以酖为酒，药脯为毒，献公田来，骊姬曰："世子已祠，故致福于君。"君将食，骊姬跪曰："食自外来者，不可不试也。"覆酒于地，而地坟，以脯与犬，犬毙。骊姬下堂而啼呼曰："天乎，天乎！国，子之国也，子何迟与为君！"又如《礼记》云：阳门之介夫死，司城子罕入而哭之哀。晋人之觇宋者反报于晋侯曰："阳门之介夫死，而子罕哭之哀，而民说，殆不可伐也。"此则既书事迹，又载言语也。

他认为这种"既书事迹，又载言语"，"兼而毕书"，"其费尤广"的毛病"自古经史，通多此类。能获免者，盖十无一二"。十里挑一的好作品有哪些呢？其自注曰："唯左丘明、裴子野、王劭无此也。"

　　刘知幾认为同述"骊姬潛申生"一事，《左传》的叙事要美于《谷梁传》。对此说法，有必要作进一步的分析。《谷梁传》载：

　　丽姬（即骊姬）欲为乱，故谓君曰："吾夜者梦夫人（齐姜）趋而来曰：'吾苦畏！'胡不使大夫将卫士而卫冢乎！"公（晋献公）曰："孰可使？"曰："臣莫尊于世子，则世子可。"故君谓世子（晋献公太子申生）曰："丽姬梦夫人趋而来曰：'吾苦畏。'女其将卫士而往卫冢乎！"世子曰："敬诺！"筑宫，宫成。丽姬又曰："吾夜者梦夫人趋而来曰：'吾苦饥！'世子之宫已成，则何为不使祠也？"故献公谓世子曰："其祠！"世子祠。已祠，致福于君。君田而不在。丽姬以酖为酒，药脯为毒，献公田来，丽姬曰："世子已祠，故致福于君。"君将食，丽姬跪曰："食自外来者，不可不试也。"覆酒于地，而地贲，以脯与犬，犬死。丽姬下堂而啼呼曰："天乎，天乎！国，子之国也，子何迟于为君！"君嘻然叹曰："吾与女未有过切，是何与我之深也！"使人谓世子曰："尔其图之！"世子之傅里克谓世子曰："入自明！入自明则可以生，不入自明则不可以生。"世子曰："吾君已老矣，已昏矣！

吾若此而入自明,则丽姬必死;丽姬死,则吾君不安。所以使吾君不安者,吾不若自死。吾宁自杀,以安吾君,以重耳为寄矣!"刎脰而死。①

《左传》的记载则和《谷梁传》差异较大,见下文:

> 姬谓大子曰:"君梦齐姜,必速祭之。"大子祭于曲沃,归胙于公。公田,姬寘诸宫六日。公至,毒而献之。公祭之地,地坟。与犬,犬毙。与小臣,小臣亦毙。姬泣曰:"贼由大子。"大子奔新城。公杀其傅杜原款。或谓大子:"子辞,君必辩焉。"大子曰:"君非姬氏,居不安,食不饱。我辞,姬必有罪。君老矣,吾又不乐。"曰:"子其行乎!"大子曰:"君实不察其罪,被此名也以出,人谁纳我?"十二月戊申,缢于新城。②

由上可见,同记"骊姬谮申生"一事,《谷梁传》先写骊姬两次借口"夫人托梦",设计让晋献公命太子先给齐姜修建祭庙并为之春祭。而《左传》则直截了当写骊姬自己假托君命让太子申生祭祀齐姜。《谷梁传》中骊姬在献公田猎归来后,告诉他太子祭祀完毕送来了献祭用的酒肉,写晋献公准备享用太子送给他的酒肉时,骊姬跪下说,酒肉来自外边,要尝试一下才能吃。然后才把酒撒在地上,把肉给狗吃。《左传》中骊姬并没有告诉献公酒肉是由太子所献,就直接叙述说晋献公主动检验酒肉是否有毒。《谷梁传》写检验出酒肉有毒后,骊姬装模作样走下堂呼天抢地大声哭喊,诬陷太子为了早日当上国君而在酒肉中下毒谋杀其父。《左传》中骊姬只是哭着说是太子要害献公,却并没有讲出太子谋害国君的缘由。

---

① 《谷梁传》卷五《僖公十年》,见《十三经》,上海书店出版社,1997年,第1336页。
② 《左传》卷五《僖公四年》,见《十三经》,上海书店出版社,1997年,第972页。

《谷梁传》中晋献公听到骊姬说太子要谋害他时，只是无可奈何地叹息，对太子的行为很难理解，并且给了太子申辩的机会。太子不愿意看到因为自己的辩解而使得父亲杀掉骊姬从而让父亲不痛快，所以宁愿刎颈自杀。《左传》中，骊姬哭诉后，并没有写献公此时的反应，而是接着写太子逃亡到新城后，既不想让其父失去骊姬后变得不高兴，又不愿带着弑君的罪名出逃，于是自缢而死。

　　两者相较，就叙事情节的优劣来看，《谷梁传》层层铺垫，情节环环相扣，细节符合情理且更为具体，人物形象丰满立体。《谷梁传》中，骊姬心狠手辣、思维缜密、颇具心机；献公虽然不相信太子会谋害自己，但终因老迈昏庸为骊姬所骗，逼死太子。太子为人单纯还有些愚孝，为了让老父亲安心而选择自尽。与《谷梁传》相反，《左传》叙事则颇显突兀，情节组织缺少铺垫和过渡，一些主要人物如骊姬和献公的形象相应也非常模糊。

　　就两传的人物语言来说，《谷梁传》也要高于《左传》。其中，最突出的一点就是《谷梁传》记述骊姬进献酒肉时，先"曰"，说酒肉为太子所献；接着在献公要享用酒肉时"跪曰"，说酒肉为外边所来要检验是否有毒；最后，又"啼乎曰"，说太子为了早日当上国君而谋杀献公。用辅以动作而受到强化的人物语言推进情节的发展，丰满了人物形象。而《左传》中，骊姬的相关语言只有一句描述"泣曰'贼有大子'"，相比之下，《左传》中人物语言对于情节的推动作用过于单薄。

　　在今天看来，《谷梁传》叙事之可读性优于《左传》的一个重要体现，正是由于其"既书事迹，又载言语"。而这一点，恰恰是刘知幾赞誉《左传》而批评《谷梁》的根本原因。这个现象是很值得我们注意的。之所以出现这种情况，表面原因在于，我们和刘知幾所处的时代不同，所持的评价标准有差异；深层的原因则是，在刘知幾看来，"文"只不过是为"史"服务的，是史著叙事的媒介和手段。对于叙事的问题，他重视的首先是"事"（或者说是"史"）的真实，然后是"叙"的详略繁简。

三、叙事内容的细节化

唐初所修八史,叙事内容出现了细节化的趋势,如《晋书·袁宏传》所载:

> 宏有逸才,文章绝美,曾为咏史诗,是其风情所寄。少孤贫,以运租自业。谢尚时镇牛渚。秋夜乘月,率尔与左右微服泛江。会宏在舫中讽咏,声既清会,辞又藻拔,遂驻听久之,遣问焉,答云:'是袁临汝郎诵诗。'即其咏史之作也。尚倾率有胜致,即迎升舟,与之谭论,申旦不寐。①

文笔华丽,记事琐细,叙述迁缓,不类史书,反似文学小传。刘知幾对史著中的这种现象是非常不满的,他在《史通·点烦》篇就对《晋书·袁宏传》中上述那段文字进行了删减。

在今天我们看来,叙事的细节化,是由历史著作向文学作品转化的重要方式和途径。有无细节描写是区别叙事文学和历史著作的一个重要标志。董乃斌先生在《中国古典小说的文体独立》指出:"使得我们得以把作为小说的唐传奇和历史著作区分开来的首要依据,是它们内容上的巨大差异。从历史到小说,就内容而言,是经历了一个由政事纪要式向生活细节化的转变"。②

总的看来,叙事的细节化,是史著文学化的一个表现和途径。刘知幾对史著叙事的细节部分去烦就简的坚持和执著从某种程度上又恰恰凸显了文、史二体的和而不同之处。

---

① 房玄龄《晋书·文苑传》,中华书局,1974 年,第 2391 页。
② 董乃斌《中国古典小说的文体独立》,中国社会科学出版社,1994 年,第172 页。

四、去显用晦

刘知幾在《史通·叙事》篇论述叙事如何简要的时候提出了"用晦"的主张，何谓"晦"？他说："晦也者，省字约文，事溢于句外。""晦"的对立面是"显"，"显也者，繁词缛说，理尽于篇中"。"章句之言，有显有晦。""然则晦之将显，优劣不同，较可知矣。夫能略小存大，举重明轻，一言而巨细咸该，片语而洪纤靡漏，此皆用晦之道也。"

刘知幾《史通·摸拟》篇还把这种"用晦"之法归功于左丘明："盖文虽缺略，理甚昭著，此丘明之体也。至如叙晋败于邲，先济者赏，而云：'上（中）军、下军争舟，舟中之指可掬。'夫不言攀舟乱，以刀断指，而但曰'舟指可掬'，则读者自睹其事矣。"后世史著多有对左氏的此法进行模仿的地方，如："至王劭《齐志》述高季式破敌于韩陵，追奔逐北，而云'夜半方归，槊血满袖'。夫不言奋槊深入，击刺甚多，而但称'槊血满袖'，则闻者亦知其义矣。以此而拟《左氏》，又所谓貌异而心同也。"

刘知幾认为史著叙事要善于"用晦"，并将此法视为史官撰述世代相传的一个法宝。在我们看来，"用晦"用简要的文字表现丰富的内涵，增强了语言的表现力。无论是对史学叙事还是文学叙事来说，都是非常重要的。除此之外，"用晦"之法"要求语言精粹而意义丰厚，表达简洁而含不尽之思，这本是中国古代诗论所提倡的，刘知幾将其用于史述，实有沟通抒情和叙事之功"①。

---

① 董乃斌《中国文学叙事传统的一块里程碑——论刘知幾〈史通〉的叙事观》，《文衡》，2008 年卷，第 166 页。

第三节　叙事手法举隅

刘知幾对预叙、呼应、补叙、互见等叙事手法有自己的看法,站在史家的立场上,对之或推崇或批评。但这些手法不是史学所专用的,文学也可以适用。后世文史、文学叙事对之都非常重视。叙事手法本身就是文史不可彻底分离的最好、最有力的证明。

一、预叙

所谓"预叙",是指对将来发生事件的暗示或间接描述,是"事先讲述或提及以后事件的一切叙述活动"[①]。这种手法在古代叙事性作品中是非常多见的,尤其是开国帝王的纪传中更是比比皆是,如《三国志·蜀书·先主传》载:"先主少孤,与母贩履织席为业。舍东南角篱上有桑树生高五丈余,遥望见童童如小车盖,往来者皆怪此树非凡,或谓当出贵人。"在刘备很小的时候,他的父亲就去世了。刘备只能与母亲一起靠卖草鞋织席子维持生计。家境极为贫寒,处在生活的最底层。在他家房子东南角的篱笆边,有一棵桑树,树高五丈多,远远望去,枝叶茂密,就像一个车盖,而有盖的车子,只有天子才能乘坐。过往的人中,有人说这棵树下当出贵人。这段描写,实际上是在暗示刘备终将身登大宝,成为开国之君。

刘知幾《史通·摸拟》篇高度评价了预叙的叙事手法,认为欲叙其事,先张其本,可以收到"弥缝混说"、"无取眷言"的效果,前后互补,就省去回头倒叙的麻烦。他还举例说:

---

① 热奈特《叙事话语·新叙事话语》,社会科学出版社,1990年,第17页。

如《左传》称叔辄闻日蚀而哭，昭子曰：子叔其将死乎？秋八月，叔辄卒。至王劭《齐志》称张伯德梦山上挂丝，占者曰："其为幽州乎？"秋七月，拜为幽州刺史。以此而拟《左氏》，又所谓貌异而心同也。

《左传》昭公二十一年："秋七月壬午朔，日有食之。……于是叔辄哭日食（杜预注：意在于忧灾）。昭子曰：'子叔将死，非所哭也。'八月，叔辄卒。"王劭《齐志》，今已佚，但是《史通》中所提到王劭《齐志》中记载的张伯德的事迹，今在《北齐书·张亮传》可见："薛琡尝梦亮于山上挂丝，以告亮，且占之曰：'山上丝，幽字也。君其为幽州乎？'数月，亮出为幽州刺史。"刘知幾认为王劭的记载是模拟《左传》中的做法。

这种或是通过占梦，或是通过天象来预言的记载，在我们今天看来无疑是不可靠的。可能只是后人附会而成。不过，正如这种在叙述某件事情之前，预先埋下伏笔，前后弥补的手法确实是很值得赞赏的。史著中的这种预叙手法在后世小说几乎成了惯例，话本小说的开头多是叙事者三言两语把事件的前因后果概括出来，然后再从容不迫地展开叙事。即使是中国长篇古典小说的巅峰之作《红楼梦》也是如此，在全书故事之前就以十二支曲子的形式暗示出了书中主人公金陵十二钗的命运。

二、呼应

刘知幾认为叙述一件事时，有时候可能不会一下子全说完，而是先说事情的开始，然后中间就叙述其他的事情了，最后再接续上一个事情。这样前后呼应，互相配合来记叙同一件事情。刘知幾这里谈的实际上是叙事中前后呼应的问题。刘知幾《史通·摸拟》云：

夫当时所记或未尽,则先举其始,后详其末,前后相会,隔越取同。若《左氏》成七年,郑获楚钟仪以献晋,至九年,晋归钟仪于楚以求平,其类是也。至裴子野《宋略》叙索虏临江,太子劭使力士排徐湛、江湛僵仆,于是始于劭有隙。其后三年,有江湛为元凶所杀事。以此而拟《左氏》,亦所谓貌异而心同也。

他认为《左传》成公七年,郑国俘虏了楚国的钟仪把他献给了晋国。到了成公九年,才又接续说晋国把钟仪归还给楚国以求和解。裴子野在《宋略》先叙述太子刘劭让武士推倒徐湛、江湛,徐、江二人于是和太子有了矛盾,三年后,接续上、江湛被刘劭所杀的事情。这就是一种预设伏笔、前后呼应的叙事技巧。刘知幾认为这是一种非常高明的叙事技法,他认为这种技巧是裴子野善于学习《左传》的结果,并对裴子野的这种模拟给予了高度评价,即谓其"貌异而心同"。《史通·浮词》篇还对当时史著中出现前后矛盾的现象提出了批评:

> 盖古之记事也,或先经张本,或后传终言,分布虽疏,错综逾密。今之记事也则不然。或隔卷异篇,遽相矛盾;或连行接句,顿成乖角……非惟言无准的,固亦事成首鼠者矣。夫人有一言,而史辞再三,良以好发芜音,不求谠理,而言之反覆,观者惑焉。

刘知幾认为古人记事,在前面就为后来的叙事埋下伏笔,在后面写明结尾呼应开头。分布虽然看似有些松散,但实际上错综叙事更显细密。当今的叙事则不是那个样子了,有的篇卷不同,记载就有矛盾。还有的甚至上句和下句都不能吻合一致,这样就造成了说话没有标准,叙事前后矛盾,对人物评价不一致,议论繁杂而没有确切的道理，说话反复无常，只会让读者迷惑！

三、补叙

"补叙"即对往事的一种叙述和补充，是"对故事发生到现阶段之前的事件的一切事后追述"①。如《史记·卫将军骠骑传》赞语说："太史公曰：'苏建语余曰：吾尝责大将军至尊重，而天下之贤大夫毋称焉。愿将军观古名将所招选择贤者，勉之哉。'"《汉书·文帝纪》赞语说："吴王诈病不朝，赐以几杖。群臣袁盎等谏说虽切，常假借纳用焉。"这些在本纪和列传中都没有记载，而是在论赞中出现，对人物的描写和事件的叙述起到一个补充说明的作用，实际上就是补叙。刘知幾重点谈到了叙事的补叙问题。他在《史通·叙事》篇说："此则传之于纪，并所不书，而史臣发言，别出其事，所谓假论赞而自显者。"在同一篇中，刘知幾对这种方法非常重视，把这种补叙的方法归为四种"叙事之体"之一。

四、互见

何谓"互见"？简而言之，即为一种缺于本传而详于他传的叙事手法。互见的种类起码有两种。

（一）略于此而详于彼。目的或者说好处是使得行文简洁而重点突出，非重点一掠而过，但又不缺失。《史记》多用此法。如《史记·萧相国世家》云："吕后用萧何计，诛淮阴侯，语在淮阴事中。"萧何帮助吕后除掉韩信这件事，在萧何传中简单一提，而在韩信传中详加论述。又如《史记·留侯世家》曰："令项伯具言沛公不敢倍项羽，所以距关者，备他盗也。及见项羽后解，语在项羽事

---

① 热奈特《叙事话语·新叙事话语》，社会科学出版社，1990年，第17页。

中。"鸿门宴一事,张良和项羽都是参与者。项羽是主角,所以此事主要在项羽传中浓墨重彩、大笔渲染。于张良传,则蜻蜓点水,点到为止。对于"互见"之法,《文心雕龙·史传》篇指出:"或有同归一事,而数人分功,两记则失于重复,偏举则病于不周,此又铨配之不易也。故张衡摘史班之舛滥,傅玄讥《后汉》之尤烦。"刘知幾大概受到了张衡和傅玄的影响,他在《史通·二体》篇也批评《史记》说:"《史记》者……若乃同为一事,分在数篇,断续相离,前后屡出,于《高纪》则云语在《项传》,于《项传》则云事具《高纪》。……此其所以为短也。"刘知幾不认可《史记》所用互见之法,认为这是其不足之处。宋代的苏洵则认为:

> 迁之传廉颇也,议救阏与之失不载焉,见之赵奢传;传郦食其也,谋挠楚权之谬不载焉,见之留侯传。……夫颇、食其、勃、仲舒皆功十而过一者也,苟列一以疵十,后之庸人必曰:"智如廉颇,辩如郦食其……而十功不能赎一过。"则将苦其难而怠矣。是故本传晦之,而他传发之,则其与善也,不亦隐而彰乎!①

苏洵认为《史记》之所以一事而在数篇,一个重要目的就是"本传晦之,而他传发之,则其与善也,不亦隐而彰乎",这样做可以起到隐其短而彰其长,掩其恶而扬其善的作用。

（二）故意矛盾。《史通·杂说上》"诸汉史"非常清楚地点明了《汉书》中的互见之法,刘知幾对《史》、《汉》的互见法采取一种批评的态度。当然,刘知幾还没有用到"互见"这个词汇。见《史通·杂说上》:

---

① 苏洵《史论中》,见沈德潜选《唐宋八大家文》,岳麓书社,1995 年,第 432 页。

　　"成帝善修容仪,升车正立,不内顾,不疾言,不亲指。临朝渊嘿,尊严若神,可谓肃穆穆天子之容貌矣。"又《五行志》曰:成帝好微行,选期门郎及私奴客十余人,皆白衣袒帻,自称富平侯家。或乘小车,御者在茵上,或皆骑,出入远至旁县。故谷永谏曰:陛下昼夜在路,独与小人相随。乱服共坐,混淆无别。公卿百寮,不知陛下所在,积数年矣。由斯而言,则成帝鱼服嫚游,乌集无度,虽外饰威重,而内肆轻薄,人君之望,不其缺如。观孟坚《纪》、《志》所言,前后自相矛盾者矣。

刘知幾认为班固一边说汉成帝从外表来看是一位合格的皇帝,一边又写汉成帝不理朝政只喜欢和小人嬉戏游玩,作为天子实在不称职。他认为班固这里的记载是前后矛盾的。在今天看来,刘知幾的看法过于老实了。《汉书》中《孝成纪赞》言其"天子之貌",《五行志》道"成帝微行"。又借谷永之谏,写出了成帝"虽外饰威重,而内肆轻薄"的真实面目。目的在于记载全面,触及实质,而又不失为尊者讳,实为皮里阳秋的手法。司马迁惯用此法,写出了项羽、刘邦的性格多侧面,避免了人物平面化。班固对汉成帝的描写实为对这一手法的继承。

　　综上,刘知幾对史学中的虚构是难以理解的,不能接受甚至不敢或不愿直面史著中的虚构现象。然而事实是史家著史不可能完全做到实录,一些虚构的成分甚至是史著中不可或缺的内容。在史著叙事中,虚构又是和细节相联系的,很多细节部分就是由虚构而来。这些细节描写是必不可少的,如《史记》中对"鸿门宴"的描述,如果司马迁不使用自己的想象力对细节进行填补的话,那么史著只能是干巴巴的人物名字或毫无意义和色彩的数字而已。有了这些虚构细节的润滑,才使得史著内容丰富、光彩照人,散发出亘古不衰的艺术魅力。但是,这就形成了一个悖论,要实录就要去除虚构,而完全去掉了虚构,又写不成史著。这是任何一部优秀的史著作品都存在而又无法解决的症结。此外,叙事手法的文史并重,也从一个方面体现了文史难分的胶葛状态。文与史的血脉联系是无论如何也割不断的。

　　总的来说,刘知幾的叙事观,虽然有些地方看起来似乎是矛盾的,但这不是刘知幾本人的问题。矛盾产生的根源是由文之于史,互渗互融,既对立又统一的客观事实所决定的。刘知幾叙事观中,对求真原则的强调,以尚简、用晦为叙事文字的高标等观点,对我们今天来说仍是有借鉴意义的,值得我们关注。

第八章 "文史分合"轨迹述论

中国文史,向有"不分家"之说,而在文史的发展过程中,却又时时表现出"分家"的要求和趋势。这个现象既反映了中国古代文学与历史著述两科复杂错综的内在纠葛,也反映了人们对于二者认识的演变和深化。研读刘知幾《史通》,深感由六朝至唐初,是文史两科又一次"分家"的高潮,是文学史乃至思想史上非常有趣而值得深究的一章。

第一节 文史分合:从事实到观念

历史撰述在中国起源早,发达也早。汉字的发明应当就跟古人记录史事的需要有关,故传说中文字的发明者仓颉,身份便是"黄帝之史"①。然而,著史既需文字,既需成文,则文与史从一开始便结有不解之缘。据《周礼》记载,周官有太史、小史、内史、外史、御史等五史,五史的主要职责如下:太史辅助太宰处理天下诸国、各级官府、采邑呈送的有关治理情况的文书;小史掌管王国和王畿内侯国的史书,撰写周王及列国诸侯大夫的氏姓、世系、都邑、制作等;内史居宫中给周王读四方奏事的文书,帮助周王撰写有关

①《说文解字序》:"黄帝之史官仓颉,见鸟兽蹄迒之迹,知分理之可相别异也,初造书契。"见许慎《说文解字注》,上海古籍出版社,1988年,第753页。

官员俸禄或赏赐的各种文辞,并抄写副本加以保存;外史负责书写周王下达给畿外的命令,同时还负责把命令传达到四方,并掌管四方诸侯国及三皇五帝的历史典籍;御史掌管有关诸侯国、采邑以及民众治理等方面的文书,同时负责撰写国君的命令①。对史官的分工问题,《礼记》和《汉书》中也有记载。《礼记·玉藻》篇写道:"(天子)动则左史书之,言则右史书之。"②《汉书·艺文志》云:"古之王者世有史官,君举必书,所以慎言行,昭法式也。左史记言,右史记事,事为《春秋》,言为《尚书》。"③《周礼》史官有大、小、内、外史及御史之分,《礼记》、《汉书》中有左史、右史之别。虽然在分类上存在差异,但总的来看先秦史官既负责记载各国时事史实、国君世系,又要记录国君的言行、参与起草国君的命令,还要辅佐太宰治理天下。从史官的职责看,当时史官既要撰述历史,又要负责日常公文的写作。

从作品的角度来看,先秦典籍《诗经》和《春秋》,前者为文学作品,后者为史著,看似界限分明,实际上两书很多内容可以互相印证,所载本事多有相关乃至相同之处④。《左传》、《国语》、《战国策》则既是史书,又有很重要的文学价值,其文学性主要体现在叙事的精彩。如《左传·僖公三十年》所载的"烛之武退秦师"、《僖公三十三年》的"崤之战"、《成公二年》的"鞌之战"等篇章,描写政事与战争,写各国统治者、卿大夫和谋士们的折冲樽俎、纵横捭阖,写战前战后的政局、外交和备战活动,战争中各种人的表现,以及战争的惨烈场面。叙事组织严密,前后照应,起伏跌宕,曲折有致;记

---

① 《周礼》卷六《春官宗伯下》,见《十三经》,上海书店出版社,1997 年,第 444—448 页。

② 《礼记》卷九《玉藻》,见《十三经》,上海书店出版社,1997 年,第 831 页。

③ 班固《汉书》,中华书局,1999 年,第 1359 页。

④ 亦可参考钱念孙《分为异体,合为一家——文史关系漫议》一文,《安徽史学》,1996 年第 4 期。

载外交辞令,说理透辟,详略得当;塑造的人物形象鲜明、栩栩如生。《国语》《战国策》以记录各类对话说辞来刻画人物,都有文学性很强的篇章。所以文史两科都视其为古代经典。

先秦时期的学者对文史一体的客观事实即已有了一定的认识。《论语·雍也》篇云"子曰:'质胜文则野,文胜质则史。文质彬彬,然后君子'。"①虽然这里孔子谈论的是做人的道理,但是也能反映出孔子对文与史关系的看法,即所谓"盖史者,当时之文也"②。后人也有类似的看法。清人章学诚有"六经皆史"之论,其在《文史通义·易教上》开宗明义道:"六经皆史也。古人不著书,古人未尝离事而言理,六经皆先王之政典也。"③今人龚鹏程有"六经皆文"之说,他说:"经学与文学是两相穿透的,不是某方影响另一方或互相影响那么简单。如文学中论诗,皆推原于《诗经》,《诗经》学里正变、比兴、美刺等观念,及具体诗篇的美学表现,无一不影响着诗人的创作。可是文学家对《诗经》的理解,同样又刺激着研究《诗经》者,使得解诗时越来越重视其文学性。而这种文学性的《诗经》解说,当然更会跟诗家论诗相孚相发。"④无论是"六经皆史"之说,还是"六经皆文"之论,实际都谈论到了同一个问题,即文史同源,皆归于经,文之于史,很难分清。

司马迁《史记》的出现和纪传体史书的发展,更把文史的界限变得模糊起来。其创作"《史记》虽然窃比《春秋》,却并不用那咬文嚼字的书法,只据事实录,使善恶自现,"同时"天道的无常,世变的无常,引起了他的慨叹;他悲天悯人,发为牢骚抑扬之辞。这增加

---

① 《论语·雍也》,见朱熹《四书章句集注》,中华书局,1983 年,第 89 页。
② 浦起龙《史通通释·核才》,上海古籍出版社,2009 年,第 232 页。
③ 章学诚《文史通义》,上海古籍出版社,2008 年,第 1 页。
④ 龚鹏程《六经皆文》《四海游思录(上)》,东方出版社,2015 年,第 389 页。另参傅道彬《"六经皆文"与周代经典文本的诗学解读》,见《文学遗产》,2010 年第 5 期。

了他的书的情韵"①。当然,《史记》位居正史的首位,归根结底还是史,是以直笔、实录和历史的可靠性为基础的史学著述,它除了纪、传、世家之外,还有表、书等体裁的史文,但因其纪传在塑造人物、叙述故事、描写场面乃至创造戏剧效果等方面取得了巨大成就,具有突出的文学性;特别是其叙述文字极具个性,深含感慨,曲折而深刻地传达了作者本人内心世界的波澜,因而被誉为"史家之绝唱,无韵之《离骚》"②。

太史公司马迁将叙事议论融为一体,以良史之笔写出了一部经典性的文学巨著,在创作上把"文史不分"的传统推到了一个前人未曾到达的境界,也使得《史记》成了古代"文史不分"的最典型代表。可是,《史记》的成就太高,后人难以为继。《汉书》、《后汉书》、《三国志》之后的历代正史虽仍在"文史不分"的轨道上运行,但文学性的光彩始终难以超越"前四史"。即便如此,历代正史也还是各具高低不等的文学性,文史不分的现象仍在延续。后来史家固然很少具有司马迁那样的经历与修养,但文史毕竟是既不相同又密切关联的人文学科。于是之,文史两家的关系就更为微妙,说是两家,却又血脉相通。说"不分家",众皆同意;但完全合一,又不可能。杨树增先生在《中国古代文史的分合》一文中说:"《史记》之后,文史开始各行其道,正史的文学性日趋淡薄,史学性逐渐加强。"③大体符合文史发展的基本事实的。需要说明的是,此后文史虽分途发展,但二者内在的同源性仍然使它们无法彻底分离,文史一家的事实与观念从源头以至今日都存在着。

正因为文史不分、难分是一种客观事实,所以必然形成关于文

---

① 朱自清《经典常谈》,中华书局,2009 年,第 64 页。

② 鲁迅《汉文学史纲要》第十篇《司马相如与司马迁》,上海古籍出版社,2007 年,第 53 页。

③ 杨树增《中国古代文史的分合》,《齐鲁学刊》,2003 年第 6 期。

史不分的观念。又因为文史不分、难分现实所带来的种种矛盾、悖论，所以历代人们对于文史不分的观念也充满了模糊与冲突。这可以说是中国学术中一个亘久难解而极富趣味的问题。

第二节　文史之分与文学的自觉

文学史和批评史的研究显示，在魏晋以前，文学似乎还没有清晰的独立意识，《诗经》、《离骚》固然是公认的文学经典，但从诗骚的创作本身尚未引出文学自觉的观念。到汉代，以古诗继承者自居的汉赋，则更强调文学"润色鸿业"的作用。班固的《两都赋序》明白地宣示了此点。班固在《两都赋序》提到了赋的主要作用是"润色鸿业"："或曰：'赋者，古诗之流也。'昔成、康没而颂声寝，王泽竭而诗不作。大汉初定，日不暇给。至于武、宣之世，乃崇礼官，考文章，内设金马石渠之署，外兴乐府协律之事，以兴废继绝，润色鸿业。""故孝成之世，论而录之，盖奏御者千有余篇，而后大汉之文章，炳焉与三代同风。"①扬雄更从儒家政教观出发，否定了赋的创造价值②。

然而，当历史进入魏晋时代，政治腐朽，社会动乱，使儒学地位削弱，更使关注人自身和人的精神自由的庄老思想甚嚣尘上，玄学清谈蔚为风气，适性而为深入人心。随之，文学进入了自觉的时代，出现了重视文学的思潮，对文学特性的认识和阐发也达到新的高度。代表人物如曹丕，把文学的地位抬得很高，其《典论·论文》

---

① 萧统《文选》，中华书局，1977 年，第 21 页。

② 扬雄《法言·吾子》曰："或问：吾子少而好赋？曰：然。童子雕虫篆刻。俄而曰：壮夫不为也。或曰赋可以讽乎？曰：讽乎！讽则已；不已，吾恐不免于劝也。""或问：景差、唐勒、宋玉、枚乘之赋也益乎？曰：必也淫。淫则奈何？曰：诗人之赋丽以则，辞人之赋丽以淫。如孔氏之门用赋也，则贾谊升堂，相如入室矣，如其不用何？"见扬雄《法言》，中华书局，1996 年，第 4 页。

甚至把文学写作抬高到"经国之大业,不朽之盛事"的地步:

> 盖文章(主要是指诗赋、散文等文学作品①),经国之大业,不朽之盛事。年寿有时而尽,荣乐止乎其身;二者必至之常期,未若文章之无穷。是以古之作者,寄身于翰墨,见意于篇籍,不假良史之辞,不托飞驰之势,而声名自传于后。故西伯幽而演易,周旦显而制礼,不以隐约而弗务,不以康乐而加思。夫然则古人贱尺璧而重寸阴,惧乎时之过已。而人多不强力,贫贱则慑于饥寒,富贵则流于逸乐,遂营目前之务,而遗千载之功,日月逝于上,体貌衰于下,忽然与万物迁化,斯志士之大痛也。②

曹丕以王储之尊,而倡"盖文章,经国之大业,不朽之盛事",把文学创作提高到和治理国家、建功立业同等的地位,激励人们不必借助史书留名,也不需要拥有高官厚禄,而是要抓紧时间进行文学创作,因为"文章之无穷"而作者"声名自传于后",这无疑能对魏晋以后文学发展起到一定的推动作用。

曹丕认为诗赋等文学作品可以使人"不朽",反映了当时人们对于文学的重视。稍稍后出的陆机和钟嵘更夸张地宣称优秀文学作品具有"配霑润于云雨,象变化乎鬼神"③与"动天地、感鬼神"④的力量和作用。

的确,魏晋六朝的文学,无论诗文,都更深入到人的心灵世界,表现了更浓郁的个性色彩,而在修辞、声韵的技巧运用上,也达到了前所未有的水平,文学变得更精彩、更美丽了。文学家们的自我

---

① 郭绍虞《中国历代文论选》,上海古籍出版社,2009 年,第 163 页。
② 萧统《文选》,中华书局,1977 年,第 720 页。
③ 萧统《文选》,中华书局,1977 年,第 244 页。
④ 郭绍虞《中国历代文论选》,上海古籍出版社,2009 年,第 308 页。

感觉愈来愈好,思想也愈来愈解放。发展到梁代,身为王族的萧氏家族成了时代文学观念的主要代表。简文帝萧纲在东宫为太子时,就和徐摛、庾肩吾等文人大作宫体诗,刻意把文学创作与正统诗教拉开距离,因其风格淫靡轻艳而遭后世正人君子诟病。然而萧纲教导儿子,竟说:"立身先须谨慎,文章且须放荡。"①把文学写作与立身为人区分开来,强调作文不妨"放荡"——这里的"放荡"乃与"谨慎"相对,并非世俗所谓的"淫荡",具体到文学写作上来说,就是要摆脱束缚,坦露心声,要随性敢言,不要畏缩嗫嚅,要敢于追求文字音韵之美,而不要质木疏野、缺少文采。这当然是写出具有较高审美价值作品的重要条件。萧纲的弟弟萧绎,在《金楼子·立言》中,论"古之学者有二,今之学者有四",对"博穷子史,但能识其事,不能通其理"的人,对"不便为诗"或仅仅"善为章奏"的人,明显地表现出不屑之意,而对"文者"的要求则是"绮縠纷披,宫徵靡曼,唇吻遒会,情灵摇荡"②,这正与其兄教子的"文章且须放荡"意见基本一致。萧纲、萧绎重视文学,但没有直接轻史的议论;不过,从萧绎对某些人"博穷子史,但能识其事,不能通其理"的描述,不难令人联想到他之所指,很可能包括了一般文才不足的史家。而这一切在他们的兄长昭明太子萧统那里,就说得十分明白了。

　　萧统身为梁朝太子,本人热爱文学和辞章,在东宫聚集文士编成《文选》一书,收录先秦至当代符合其文学审美标准的各类作品,共三十卷,是为我国古代首部通代文学总集。在《文选序》中,萧统申述了自己的选录标准,特别着重讲了哪些文章不在收录之列。一类是"姬公之谈,孔父之书",他以经典著作"岂可重以芟夷,加之剪截"为借口加以拒绝。一类是"老庄之谈,管孟之流",理由是它

① 萧纲《诫子当阳公书》,见严可均《全上古三代秦汉三国六朝文·全梁文》,商务印书馆,1999年,第113页。

② 郭绍虞《中国历代文论选》,上海古籍出版社,2009年,第350页。

们"以立意为宗,不以能文为本",即文学性不够,也不能入选。再一类"若贤人之美辞,忠臣之抗直,谋夫之话,辨士之端……"大抵是一些实用性的言辞,"虽传之简牍,而事异篇章",也算不上文学作品,故也不取。最后说到历史著述:"至于记事之史,系年之书,所以褒贬是非,纪别异同,方之篇翰,亦已不同。若其赞论之综缉辞采,序述之错比文华,事出于沉思,义归于翰藻,故与夫篇什,杂而集之。"①萧统将史书的内容,剖分为二,其纪事写人的主体部分,够不上他所谓的"篇翰"、"翰藻"、"篇什"的标准,故予以刊落;而史书中的赞论序述,表达的是史臣们的"沉思",又是以富有文采,甚至颇具个性的语言表述出来,这一部分便有选择地少量收录到《文选》中去。

这里最值得注意的是萧统的文史观。他将以纪事写人为主体的史文,无论是纪传体还是编年体,一律排除在文学大门之外,明显地表现出要将文史分家的倾向。从文学这一边看,萧统《文选序》所标榜的观点,突出地体现了文学经过魏晋六朝时期的大发展,对自身特质的认识已大为加深,文学家对"史高于文"的传统观念发起了挑战。并且要让文学与经、史、诸子以及一般应用性言辞划清界限了。郭绍虞注意到这一事实,在其《中国文学批评史》中将其性质判定为"文学观念之演进",指出:"文学观念经了以上两汉与魏晋南北朝两个时期的演进,于是渐归于明晰。"并具体论道:"迨至魏晋南北朝,于是较两汉更进一步,别'文学'于其他学术之外,于是'文学'一名之含义,始于近人所用者相同。而且,即于同样美而动人的文章中间,更有'文'、'笔'之分:'笔'重在知,'文'重在情;'笔'重在应用,'文'重在美感;始与近人所云纯文学杂文学之分,其意义亦相似。"②

---

① 萧统《文选》,中华书局,1977 年,第 2 页。
② 郭绍虞《中国文学批评史》,商务印书馆,1935 年,第 9—10 页。

当然，南朝齐梁乃至初唐的文坛，的确也弥漫着一股追求形式美，即讲究修辞藻饰、声律对偶的靡丽之风，这是文学技巧精进的一种表现，也是文学向前发展的必经阶段。然而，这种新风也必定会招来保守者阵阵反对的浪潮。试看隋初李谔的《上隋高祖革文华书》，其态度是何等激烈：

　　　降及后代，风教渐落，魏之三祖（指曹操、曹丕、曹叡），更尚文词，忽君人之大道，好雕虫之小艺。下之从上，有同影响，竞骋文华，遂成风俗。江左齐、梁，其弊弥甚，贵贱贤愚，唯务吟咏。遂复遗理存异，寻虚逐微，竞一韵之奇，争一字之巧。连篇累牍，不出月露之形；积案盈箱，唯是风云之状。世俗以此相高，朝廷据兹擢士。禄利之路既开，爱尚之情愈笃。于是间里童昏，贵游总丱，未窥六甲，先制五言。至如羲皇、舜、禹之典，伊、傅、周、孔之说，不复关心，何尝入耳。以傲诞为清虚，以缘情为勋绩，指儒素为古拙，用词赋为君子。故文笔日繁，其政日乱。[①]

看李谔的意思，简直是要把齐梁的短祚速亡归罪于文学的发达了。这自然只是正统儒家的迂腐观念，既对澄清政治没有真正的益处，也不可能阻挡文学的发展势头。事实上，隋朝并未因李谔之流的呼吁而延迟灭亡，唐初对齐梁文风有所继承，却也并未因此出现"其政日乱"的局面。文学与政治的确相关，但夸大文学对政治的作用，是荒谬的。对此我们暂不深论，这里要探究的是文学的发展、文学观念的日趋自觉对历史撰述、对"文史分合"的影响。这就要说到唐初刘知幾在《史通》中的大声疾呼了。

---

① 魏徵《隋书》卷六十六《李谔传》，中华书局，1973 年，第 1544 页。

第三节 刘知幾的文史分合观

刘知幾之前的史家已经初步有了将文学独立出去的想法,这种想法具体表现在史家对史著类传的设立上,如范晔撰《后汉书》除因袭《史记》、《汉书》所列类传外又新增了《文苑传》。范晔《后汉书》单列《文苑列传》以试图将文学从文史不分的状态中独立出去,这一做法为后世多数纪传体史书所承袭。至刘知幾则在理论上对"文史分合"的问题有了自己更为深入独到的认识并将之在《史通》中详加阐述。

在《史通·叙事》中,刘知幾说到文学骈俪风气对历史撰述的不良影响:"自兹已降(按:指《史记》、《汉书》之后),史道陵夷,作者芜音累句,云蒸泉涌。其为文也,大抵编字不只,捶句皆双,修短取均,奇偶相配。故应以一言以蔽之者,辄足为二言;应以三句成文者,必分为四句。弥漫重沓,不知所裁。"这是对六朝人所撰史书的直接批评,矛头直指当时的靡丽文风。

这种严厉批评一直延伸到初唐官修史书,刘知幾对唐修《晋书》的指责相当尖锐。号称正史,后被列入二十四史之一的《晋书》,由房玄龄领衔修撰,因《宣纪》、《武纪》、《陆机传》、《王羲之传》等篇的论赞部分,由太宗自为之,故号"制曰",而总题其书为"御撰"。但是,尽管《晋书》打着唐太宗的旗号。刘知幾对其仍毫不客气,认为其书的行文不伦不类。《史通·论赞》曰:"大唐修《晋书》,作者皆当代词人,远弃史、班,近宗徐、庾。夫以饰彼轻薄之句,而编为史籍之文,无异加粉黛于壮夫,服绮纨于高士矣。"这一批评的要害,是指出"词人"与史家的区别。徐陵、庾信是词人,司马迁、班固是史家,让文字"轻薄"如"粉黛"的词人著史,是绝对不合适的。那样的话,就会造成"其立言也,或虚加练饰,轻事雕彩;或体兼赋颂,词类俳优。文非文,史非史,譬夫龟兹造室,杂以汉仪,而刻鹄不成,反类于鹜者也。"

　　"文""史"不能简单地混而为一,尤其不能以写文章的手法来著史,这是刘知幾的核心观点,是贯穿于《史通》全书的主旋律,我们在《史通》的很多篇章都能听到它的回响或变奏,如《史通·核才》篇:

> 　　是以略观近代,有齿迹文章,而兼修史传。其为式也,罗含、谢客宛为歌颂之文,萧绎、江淹直成铭赞之序,温子昇尤工复语,卢思道雅好丽词,江总猖獗以沉迷,庾信轻薄而流宕。此其大较也。然向之数子所撰者,盖不过偏记杂说、小卷短书而已,犹且乖滥踳驳,一至于斯。而况责之以刊勒一家,弥纶一代,使其始末圆备,表里无咎,盖亦难矣。

　　刘知幾略览南朝文士编修史传的事实,发现他们将史传要么写成歌功颂德的文章,要么写成铭、赞的序文。文士们有的长于对偶之句,有的喜好骈俪之词,有的沉迷于艳辞丽句而不能自拔,有的过于轻薄而不知约束。他们连人物小传都写不好,让其去专著国史而求没有错误,恐怕是太难了。又如《史通·史官建置》篇,刘知幾高唱"史著不朽说",在继承前人的基础上,刘知幾把"史"(既指史著,又指史家)的作用提高到了一个前所未有的高度,有且只有史著才可使人不朽,史的作用无可替代;这一方面说明了刘知幾作为史家的自信与自尊,另一方面还说明了刘知幾在暗示文史有着根本的不同,与其努力区分文史的意图相辅相成。

　　前面提到,梁昭明太子萧统是从文学方面想把文史分开,现在初唐史家刘知幾为了改变文人修史的错误做法,扭转史著为靡丽文风浸染的不良趋向,则是从史著方面想把文史分开。刘知幾和萧统的相同之处,都认为要将论赞和作为史著主体的纪传部分分开。《史通·杂说下》认为:

　　沈侯《谢灵运传论》，全说文体，备言音律，此正可为《翰林》之补亡，《流别》之总说耳。如次诸史传，实为乖越。陆士衡有云"离之则双美，合之则两伤，"信矣哉！

　　但是，刘知幾和萧统对史书论赞部分的欣赏不同，他对史家所作的那些无须置喙而强生其文，舞文弄墨只为夸饰文彩的论赞是持批评态度的，《史通·论赞》云：

　　夫论者，所以辩疑惑，释凝滞。若愚智共了，固无俟商榷。丘明"君子曰"者，其义实在于斯。司马迁始限以篇终，各书一论。必理有非要，则强生其文，史论之烦，实萌于此。夫拟《春秋》成史，持论尤宜阔略。其有本无疑事，辄设论以裁之，此皆私徇笔端，苟衒文彩，嘉辞美句，寄诸简册，岂知史书之大体，载削之指归者哉？

萧统选文而取史著中"事出于沉思，义归于翰藻"的论赞，意在崇文；刘知幾著史而斥之，意在正史。他们虽然相隔百年，身份不同，立场不同，所持根据也不同，可是思想的倾向却竟然完全一致，就是都强调向来不分家的文史，现在应该分开了，因为它们各有自己的性质、自己的职责和目标。文学自觉了，要摆脱经史而独立，史学也更清醒了，要竭力洗刷文学影响的痕迹。这就导致了双方各自强调自身特点而要与对方分开的强烈冲动。

　　萧统文权在握，用他主持编选的《文选》树起一堵高墙，将文史分在墙的两边。他暂时自我满足地实现了文史两分，但并未根本解决问题。至于刘知幾，他一方面承认汉之前"文之将史，其流一焉"（《史通·载文》）。另一方面，他也主张文与史是不同的。他在《核才》篇说："昔尼父有言：'文胜质则史。'盖史者当时之文也，然朴散淳销，时移世异，文之与史，较然异辙。"他极端崇史，而不免贬文,明确声称文人不够资格著史,也是要将文史两家分开。然而,关键在于:文史真能两分吗? 尤其是史真能离得开文吗? 答案当然是否定的。这只要看《史通》一书,虽号称论史,却处处不离论文,刘知幾虽对骈俪文风深致不满,自己却仍以骈体行文,即可知道文史实难分开,时代文风的渗透实难洗净。《史通》被后人视为一部文论著作,写入文学批评史不是偶然的。

其实,刘知幾的史学实践也使他深深懂得,写作史书,必然要借助于文。质木疏野、刻板寡淡地叙述历史事件而毫无文采,绝非好的史著。《史通·杂说上》还把文学性强弱作为判断史学著作优劣高低的标准之一:

> 《左氏》之叙事也,述行师则簿领盈视,咙聒沸腾;论备火则区分在目,修饰峻整。言胜捷则收获都尽,计奔败则披靡横前,申盟誓则慷慨有余,称谲诈则欺诬可见,谈恩惠则煦如春日,纪严切则凛若秋霜,叙兴邦则滋味无量,陈亡国则凄凉可悯。或腴辞润简牍,或美句入咏歌,跌宕而不群,纵横而自得。若斯才者,殆将工侔造化,思涉鬼神,著述罕闻,古今卓绝。如二传(按:指《公羊传》、《谷梁传》)之叙事也,榛芜溢句,疣赘满行,华多而少实,言拙而寡味。若必方于《左氏》也,非唯不可为鲁、卫之政,差肩雁行,亦有云泥路阻,君臣礼隔者矣。

《左传》叙事远优于《公羊传》、《谷梁传》,原因何在? 岂不就在于《左传》更富于文学色彩吗? 刘知幾在《史通》中多次表达了自己重视史著文学性的看法,他在读史的过程中,发现"读古史者,明其章句,皆可咏歌;观近史者,悦其绪言,直求事意而已"(《史通·叙事》)。在刘知幾看来,现代的史著只求"事意",乏味冗长,缺少文学性,不如古史,让人觉得语言流畅,节奏和谐,"皆可咏歌",富于音乐之美。可见,刘知幾在对史著作具体分析时,并未彻底排除文学的品评——事实上,文史二者犹如孪生兄弟,要将他们彻底拆散又谈何容易。

　　既想分清文史,又割不断它们的联系,刘知幾遇到的是一个人类至今尚未妥善解决的问题,也许竟是一个永恒的悖论和难题。面对纷繁复杂的文本和著作,刘知幾从实际出发,还是作出了明智而具有历史性的贡献。如其在《史通》中特设《杂述》篇,对纪传、编年二体以外的史述性著作,进行了分类和定性分析。刘知幾在这里醒目地提出了"偏记小说"的概念,并认为它们"自成一家",而且"能与正史参行"①。当然其中的"小说",并不等于今天所说的文学体裁之"小说",而更接近于《荀子·正名》所提到的"小家珍说"②。但是,需要指出的是,刘知幾文中提到的"史氏流别"的"十流"中,"逸事"、"琐言"、"杂记"三家,所举的例子分别是和峤《汲冢纪年》、葛洪《西京杂记》、顾协《琐语》、谢绰《拾遗》一组,刘义庆《世说》、裴荣期《语林》、孔思尚《语录》、阳玠松《谈薮》一组,祖台之《志怪》、干宝《搜神》、刘义庆《幽明》、刘敬叔《异苑》一组。仅从这十二种书来看,有不少已经接近于或者就是小说了,比如葛洪的《西京杂记》(且不论其真实作者是谁)、刘义庆的《世说新语》与《幽明录》、阳玠松的《八代谈薮》、祖台之的《志怪》、干宝的《搜神记》等。有趣的是这些书,在传统目录学的分类中,不少都经历过由史部降为子部小说家类的过程,即原来被视为史书,后来因为种种原因(主要因为内容大半荒诞离奇),而被剔出史部,正如下表所示:

---

　　① 《史通·杂述》曰:"在昔三坟、五典、春秋、梼杌,即上代帝王之书,中古诸侯之记。行诸历代,以为格言。其余外传,则神农尝药,厥有《本草》;夏禹敷土,实著《山经》;《世本》辨姓,著自周室;《家语》载言,传诸孔氏。是知偏记小说,自成一家。而能与正史参行,其所由来尚矣。爰及近古,斯道渐烦。史氏流别,殊途并骛。权而为论,其流有十焉:一曰偏纪,二曰小录,三曰逸事,四曰琐言,五曰郡书,六曰家史,七曰别传,八曰杂记,九曰地理书,十曰都邑簿。"

　　② 荀况《荀子校注》,岳麓书社,2007年,第289页。

	《隋书·经籍志》	《旧唐书·经籍志》	《新唐书·艺文志》	《直斋书录解题》	《宋史·艺文志》	《四库全书简明目录》
《洞冥记》	归于卷三十三,"史"部"杂史"类。	归于卷四十六,乙部"史录""杂传类""仙灵家"。	归于卷五十九,丙部"子录""神仙家"。	归于卷十一,"小说家类"。	归于卷二百六,"子类""小说家类"。	归于卷十四"子部十二"小说家类异闻之属"。
《西京杂记》	归于卷三十三,"史"部"旧事篇"。	归于卷四十六,乙部"史录""故事类"。又归于卷四十六,乙部"史录""地理类"。	归于卷五十八,乙部"史录""故事类"。又归于卷四十六,乙部"史录""地理类"。	归于卷七,"传记类"。	归于卷二百三,"史类""传记类"。	归于卷十四"子部十二"小说家类"。
《拾遗记》	归于卷三十三,"史"部"杂史"类。	归于卷四十六,乙部"史录""杂史类"。	归于卷五十八,乙部"史录""杂史类"。	归于卷十一,"小说家类"。	归于卷二百六,"子类""小说家类"。	归于卷十四"子部十二""小说家类异闻之属"。
《搜神记》	归于卷三十三,"史"部"杂传"类。	归于卷四十六,乙部"史录""杂传类""鬼神家"。	归于卷五十九,丙部"子录""小说家类"。		归于卷二百六,"子类""小说家类"。	归入卷十四"子部十二""小说家类异闻之属"。

《西京杂记》、《搜神记》等书,就连被刘知幾批为"全构虚辞,用惊愚俗"(《史通·杂述》)而归入"逸事"家的郭宪的《洞冥记》、王嘉的《拾遗记》,都曾厕身于史部之中,而今则全都是小说史殿堂里的固定成员了。

萧统和刘知幾,一个生活在南朝梁,一个生活在初唐,时代前后,但意欲分清文史的意愿,则基本一致。萧统对问题的处理比较简单,在他主持编撰的《文选》中,将史述一律逐出,并于《序》中作出了解释。刘知幾不同,《史通》是一部史评,他面对的是林林总总的史书著作。他坚持"文史之分",但又不能无视许多著作"文史难分"的客观现象。于是《史通·杂述》篇便不得不对众多亦文亦史的著作,做出评判和阐释。刘知幾的可取之处是承认现状,实事求是。他把众多亦文亦史的著作,即所谓"偏记小说"分门别类,根据不同内容,给予不同评价,指出它们各有用途,有的可以补史之阙,有的可以增广见闻,有的可以光耀乡贤、美化邦族,即使最不济的街谈巷议、神仙杂说,也可以起到娱己悦人,乃至惩恶劝善的作用。这就使这些亦文亦史的作品取得了存在的某种合法性。当然,刘知幾也不是十分重视这些作品,而是反复强调此类作品的写作需要适可而止,不可走偏,而且作者仍然必须有史家纪实的动机和直笔而书、拒绝虚辞的写作态度——由此可见,刘知幾并没有放弃或模糊他的史家立场,只是能够面对文史难分的局面,既坚持"分清",又不过于偏激绝对罢了。这无疑是明智的,在文史研究中具体操作起来也更切实有效,用不着像萧统那样简单化。

第四节 刘知幾《史通》文学观对当代文学与学术的新启示

文史二科从最初的混沌不分,经由漫长的发展之路,到萧统、刘知幾时代各自产生"分清"的强烈冲动,其大致轨迹已如上述。对于以萧统、刘知幾为代表的文史分合观,我们也作了评说。此后如何呢?刘知幾《史通》的做法实际上已预示了今后的方向,那就是文史持续不断地要求"分清",也确实产生了成效,文学、史学终于日益成为各自独立的人文学科。然而,有意思的是,"文史不分"的事实自唐宋以至今日却也仍然无可否认地存在着,学者们对如何分清文史,仍然在探索着,而并无最后结论。

而且,不仅是在中国,这个问题在国际史学界中也被广泛持久地讨论着。荷兰的安克斯密特教授就说:"即便是一个小孩子也能够在一部当代小说和一部当代史学著作之间作出分别来……我们有着一种准确无误的能力,来在小说和历史著作之间作出正确的区分,然而对于此种能力,还没有人能够找到一种理论上的解释,或许可以说这乃是史学理论和文学理论中的一个污点。"①污点谈不上,但是确实指出了文与史在理论认识上,是很难彻底分开的一个现实。

放眼今日中国文坛,与虚构性文学作品同样繁盛热闹的,不是还有以"非虚构"为基本要求和特征的传记、回忆录、报告文学,乃至标明"纪实文学"、"非虚构小说"以及众多文学色彩强烈的"准历史文本"(或称"历史草稿")的新闻报道和口述史料吗? 这些作品岂非亦文亦史? 同时,又有许多取材于历代史书而以文学手法加以重写的作品,它们究竟是文是史,抑或亦文亦史? 这种现状说明刘知幾以来渴欲分清文史的努力,至今远未成功。倒是中国的史学界,目前似乎还未对此问题引起强烈关注,更未见有持"史学即文学"观点者——这也许只是笔者的孤陋寡闻。而国际史学界,无论现代或后现代的学者,似乎早已就"史学与文学"(或曰"史与诗")之关系展开过思辨和讨论。海登·怀特认为,历史研究的过程是科学,而历史表述是文学。他说:"只要史学家继续使用基于日常经验的言说和写作,他们对于过去现象的表现以及对这些现象所做的思考就仍然会是'文学性的',即'诗性的'和'修辞性的',其方式完全不同于任何公认的明显是'科学的'话语。"②

2007 年 12 月由北京大学出版社出版的《邂逅——后现代主义之后的历史哲学》(彭刚译)一书,刊载了编者波兰学者埃娃·多

---

① 埃娃·多曼斯卡《邂逅——后现代主义之后的历史哲学》,北京大学出版社,2007 年,第 102、103 页。

② 海登·怀特《元史学:十九世纪欧洲的历史想象》,译林出版社,2004 年,第 1 页。

曼斯卡与包括海登·怀特(美国)、富兰克林·安克斯密特(荷兰)、耶尔恩·吕森(德国)、彼得·伯克(英国)在内的十位西方史学教授的学术对话,其中一个重要的主题就是如何区分历史与文学。史学教授们虽然都坚守史学本位,但又普遍承认文史难分。说得最清楚的是德国人耶尔恩·吕森。他说:"历史学一直就是一种文学。""历史学是文学这一点并没有什么新奇可言。新奇的是我们对于历史写作的文学品质的认识。"①

"文"与"史"之间既有区别又不能完全分开,从古至今都是如此。钱锺书先生曾说过:"史必征实,诗可凿空,古代史与诗混,良因先民史识犹浅,不知存疑传信,显真别幻。号曰实录,事多虚构;想当然耳,莫须有也。述古而强以就今,传人而借以寓己。史云乎哉,直诗而已。"②不仅古代史识犹浅的先民很难将诗和史完全分开,即使是对于当代人来说,如要使得诗史截然两分,也是一个很难完成的任务。

台湾大学的汪荣祖教授一再坚持史学本位,在论及诗和史的关系时,说:"诗具史笔,如西人所谓诗史,名篇络绎,皆以诗篇传史事,且谓一国的诗史'乃国史之精髓'。杜甫诗篇,也有诗史之称,老杜《石壕吏》一首,叙战乱之惨状,道出当代社会史之面相,表达民不聊生的实况,极为传神,不下于当时人的实录,秉笔直书之史笔。"③而另一方面,他又高倡"史蕴诗心",汪荣祖认为:"视史如诗,非欲舍真就虚,而欲将求真之史,增添美感。唐代刘知几即求诗于史,谓史之美者,以叙事为工;叙事则以简省为要,简省须知疏而不漏的隐晦之道,而此道实即诗道。"④

---

① 埃娃·多曼斯卡《邂逅——后现代主义之后的历史哲学》,北京大学出版社,2007年,第147页。

② 钱锺书《谈艺录》,三联书店,2001年,第102—103页。

③ 汪荣祖《史学九章》,三联书店,2006年,第196页。

④ 汪荣祖《史学九章》,三联书店,2006年,第200页。

　　看来文史的分合至今仍是一个撩拨学者心弦、悬而未决的问题。在我们深入思考这个难题，并试图在解决的过程中加深对文史两门学科的本质之把握时，刘知幾《史通》中圆融文史、分而未分的观点和做法当能继续提供有益的启发和参考。

参 考 文 献

专著:

1. 埃娃·多曼斯卡《邂逅——后现代主义之后的历史哲学》,北京大学出版社,2007年版

2. 班固《汉书》,中华书局,2007年版

3. 常璩《华阳国志》,齐鲁书社,2010年版

4. 陈寿《三国志》,中华书局,2006年版

5. 陈鸿墀《全唐文纪事》,上海古籍出版社,1987年版

6. 陈寅恪《金明馆丛稿初编》,三联书店,2001年版

7. 陈钟凡《中国文学批评史》,上海中华书局,1927年版

8. 程千帆《〈史通〉笺记》,中华书局,1992年版

9. 陈奇猷《韩非子新校注》,上海古籍出版社,2000年版

10. 陈尚君《全唐诗补编》,中华书局,1992年版

11. 陈立《白虎通疏证》,中华书局,1994年版

12. 陈毓贤《洪业传》,商务印书馆,2013年版

13. 陈鼓应《庄子今译今注》,中华书局,1983年版

14. 曹融南《谢宣城集校注》,上海古籍出版社,1991年版

15. 杜佑《通典》,中华书局,1988年版

16. 段玉裁《说文解字注》,上海古籍出版社,1988年版

17. 董诰《全唐文》,中华书局,1983年版

18. 董乃斌《中国古典小说的文体独立》,中国社会科学出版社,

1994 年版

19. 戴明扬《嵇康集校注》,人民文学出版社,1962 年版

20. 房玄龄《晋书》,中华书局,1974 年版

21. 封演《封氏闻见记》,中华书局,2005 年版

22. 傅振伦《刘知幾年谱》,中华书局,1963 年版

23. 傅亚庶《孔丛子校释》,中华书局,2011 年版

24. 冯友兰《中国哲学史》,重庆出版社,2009 年版

25. 范文澜《文心雕龙注》,人民文学出版社,1958 年版

26. 福斯特《小说面面观》,人民文学出版社,2009 年版

27. 谷神子《博异志》,重庆出版社,2000 年版

28. 顾炎武《日知录》,上海古籍出版社,2006 年版

29. 郭延年《〈史通〉评释》,上海古籍出版社,2006 年版

30. 郭绍虞《中国历代文论选》,上海古籍出版社,2001 年版

31. 郭绍虞《中国文学批评史》,商务印书馆,2010 年版

32. 郭绍虞《清诗话续编》,上海古籍出版社,1983 年版

33. 龚鹏程《六经皆文:经学史/史学史》,学生书局,2008 年版

34. 桓谭《新辑本桓谭新论》,中华书局,2009 年版

35. 胡应麟《少室山房笔丛》,上海书店,2009 年版

36. 胡应麟《诗薮》,上海古籍出版社,1979 年版

37. 胡震亨《唐音癸签》,古典文学出版社,1957 年版

38. 洪业《洪业论学集》,中华书局,1981 年版

39. 黄叔琳《史通训故补》,上海古籍出版社,2006 年版

40. 黄侃《文心雕龙札记》,中华书局,2006 年版

41. 黄晖《论衡校释》,中华书局,1990 年版

42. 何清谷《三辅黄图校注》,三秦出版社,2006 年版

43. 韩晖《隋及初唐赋风研究》,广西师范大学出版社,2002 年版

44. 海登·怀特《元史学:十九世纪欧洲的历史想象》,译林出版社,
   2004 年版

45. 皎然《诗式校注》,人民文学出版社,2003 年版

46. 计有功《唐诗纪事校笺》,中华书局,2007 年版

47. 焦竑《焦氏笔乘》,中华书局,2008 年版

48. 纪昀《史通削繁》,扫叶山房刊行,1926 年版

49. 金毓黻《中国史学史》,商务印书馆,2010 年版

50. 蒋寅《大历诗人研究》,北京大学出版社,2007 年版

51. 邝健行《诗赋合论稿》,江苏古籍出版社,2002 年版

52. 刘向《新序全译》,贵州人民出版社,1994 年版

53. 刘熙《释名疏证补》,中华书局,1975 年版

54. 刘劭《人物志》,中华书局,2009 年版

55. 刘昫《旧唐书》,中华书局,1975 年版

56. 刘师培《论文杂记》,人民文学出版社,1959 年版

57. 刘文典《淮南鸿烈集解》,中华书局,2013 年版

58. 刘大杰《中国文学批评史》,中华书局上海编辑所,1964 年版

59. 刘占召《史通评注》,中央编译出版社,2010 年版

60. 罗根泽《中国文学批评史》,上海书店出版社,2003 年版

61. 罗宗强《隋唐五代文学思想史》,中华书局,2003 年版

62. 李百药《北齐书》,中华书局,1972 年版

63. 李延寿《北史》,中华书局,1975 年版

64. 李延寿《南史》,中华书局,1975 年版

65. 李林甫《元和郡县图志》,中华书局,1983 年版

66. 李林甫《唐六典》,中华书局,1992 年版

67. 李昉《文苑英华》,中华书局,1966 年版

68. 李调元《雨村赋话》,哈佛大学汉和图书馆珍藏本

69. 李元度《天岳山馆文钞》,岳麓书社,2009 年版

70. 李维琦《战国策》,岳麓书社,2006 年版

71. 李梦生《左传译注》,上海古籍出版社,2004 年版

72. 陆机《陆士衡文集校注》,凤凰出版社,2007 年版

73. 陆侃如《陆侃如古代文论研究集》,安徽教育出版社 2011 年版

74. 陆键东《陈寅恪的最后二十年》,三联书店,1995 年版

75. 令狐德棻《周书》,中华书局,1971 年版

76. 柳宗元《柳宗元集》,中华书局,1979 年版

77. 梁肃《梁肃文集》,甘肃人民出版社,2000 年版

78. 鲁迅《汉文学史纲要》,上海古籍出版社,2007 年版

79. 鲁迅《中国小说史略》,上海古籍出版社,2009 年版

80. 鲁迅《唐宋传奇集全译》,贵州人民出版社,2009 年版

81. 鲁迅《〈古小说钩沉〉手稿》,浙江古籍出版社,2008 年版

82. 赖瑞和《唐代基层文官》,中华书局,2008 年版

83. 赖永海《维摩诘经》,中华书局,2010 年版

84. 吕思勉《史通评》,上海古籍出版社,2009 年版

85. 孟棨《本事诗》,上海古籍出版社,1991 年版

86. 马端临《文献通考》,中华书局,2011 年版

87. 马积高《历代辞赋研究史料概述》,中华书局,2001 年版

88. 马铁浩《〈史通〉与先唐典籍》,人民出版社,2010 年版

89. 欧阳修《新唐书》,中华书局,1975 年版

90. 彭定求《全唐诗》,中华书局,1960 年版

91. 浦起龙《史通通释》,上海古籍出版社,2009 年版

92. 钱锺书《管锥编》,三联书店,2008 年版

93. 钱锺书《谈艺录》,三联书店,2001 年版

94. 钱锺书《宋诗选注》,三联书店,1995 年版

95. 钱仲联《鲍参军集注》,上海古籍出版社,1980 年版

96. 钱穆《中国学术思想史论丛四》,三联书店,2009 年版

97. 钱大群《唐律疏义新注》,南京大学出版社,2007 年版

98. 乔象钟,陈铁民《唐代文学史》,人民文学出版社,1995 年版

99. 邱鹤亭《神仙传注译》,中国社会科学出版社,2004 年版

100. 任中敏《教坊记笺订》,中华书局,1962 年版

101. 任中敏《敦煌曲初探》,上海文艺联合出版社,1954 年版

102. 热奈特《叙事话语·新叙事话语》,社会科学出版社,1990 年版

103. 孔鲋《孔丛子》,中华书局,2009 年版

104. 阮元《十三经注疏》,中华书局,2009 年版

105. 饶尚宽《老子》,中华书局,2006 年版

106. 司马迁《史记》,中华书局,2006 年版

107. 沈约《宋书》,中华书局,1974 年版

108. 《唐五代笔记小说大观》,上海古籍出版社,2000 年版

109. 石昌渝《中国小说源流论》,三联书店,1994 年版

110. 脱脱《宋史》,中华书局,1977 年版

111. 谭帆《中国古代小说文体文法术语考释》,上海古籍出版社,2013 年版

112. 王充《论衡校释》,中华书局,1990 年版

113. 王通《文中子》,上海古籍出版社,1989 年版

114. 王定保《唐摭言》,三秦出版社,2011 年版

115. 王溥《唐会要》,上海古籍出版社,2006 年版

116. 王应麟《玉海》,上海古籍出版社,1992 年版

117. 王先谦《荀子集解》,中华书局,2012 年版

118. 王惟俭《史通训故》,上海古籍出版社,2006 年版

119. 王叔岷《钟嵘诗品笺证稿》,中华书局,2007 年版

120. 王利器《义子疏义》,中华书局,2009 年版

121. 王嘉川《清前〈史通〉学研究》,社会科学文献出版社,2013 年版

122. 王永兴《唐勾检制研究》,上海古籍出版社,1991 年版

123. 汪荣宝《法言义疏》,中华书局,1987 年版

124. 魏徵《隋书》,中华书局,1973 年版

125. 魏徵《群书治要》,中国财政经济出版社,2001 年版

126. 汪荣祖《史学九章》,三联书店,2006 年版

127. 许慎《说文解字》,中华书局,1963 年版

128. 萧统《文选》,中华书局,1977 年版

129. 萧绎《金楼子校笺》,中华书局,2011 年版

130. 萧子显《南齐书》,中华书局,1972 年版

131. 徐坚《初学记》,中华书局,1962 年版

132. 徐松《登科记考》,中华书局,1984 年版

133. 徐松《增订唐两京城坊考》,三秦出版社,2006 年版

134. 谢和耐《法国学者敦煌学论文选萃》,中华书局,1993 年版

135. 薛用弱《集异记》,中华书局,1980 年版

136. 熊宪光《古今逸史精编》,重庆出版社,2000 年版

137. 《逸周书》,见《帝王世纪·世本·逸周书·古本竹书纪年》,齐
　　鲁书社,2010 年版

138. 姚思廉《梁书》,中华书局,1973 年版

139. 姚思廉《陈书》,中华书局,1977 年版

140. 姚松,朱恒夫《史通全译》,贵州人民出版社,1997 年版

141. 余嘉锡《世说新语笺疏》,中华书局,1983 年版

142. 余嘉锡《四库提要辨证》,中华书局,1980 年版

143. 严可均《全上古三代秦汉三国六朝文》,中华书局,1958 年版

144. 永瑢《四库全书总目》,中华书局,1965 年版

145. 永瑢《四库全书简明目录》,华东师范大学出版社,2012 年版

146. 扬雄《法言义疏》,中华书局,1997 年版

147. 杨伯峻《春秋左传注》,中华书局,2009 年版

148. 杨天宇《礼记译注》,上海古籍出版社,2004 年版

149. 左丘明《左传》,上海书店出版社,1997 年版

150. 中敕《大唐开元礼》,民族出版社,2005 年版

151. 朱熹《四书章句集注》,中华书局,1983 年版

152. 朱自清《经典常谈》,中华书局,2009 年版

153. 朱金城《白居易集笺校》,上海古籍出版社,1988 年版

154. 朱东润《中国文学批评史大纲》,开明书店,1944 年版

155. 张辅《楚国先贤传》,湖北人民出版社,1999 年版

156. 张舜徽《史学三书平议》,中华书局,1983 年版

157. 张寅彭《文衡》,上海大学出版社,2009 年版

158. 张三夕《批判史学的批判——刘知幾及其〈史通〉研究》,华中师范大学出版社,2010 年版

159. 张觉《荀子校注》,岳麓书社,2007 年版

160. 张仲清《越绝书译注》,人民出版社,2009 年版

161. 张秀民《中国印刷术的发明及其影响》,上海人民出版社,2009 年版

162. 章学诚《文史通义》,上海古籍出版社,2008 年版

163. 曾枣庄《全宋文》,巴蜀书社,1993 年版

164. 祝尚书《卢照邻集笺注》,上海古籍出版社,2011 年版

165. 赵瑞蕻《鲁迅〈摩罗诗力说〉注释今译解说》,天津人民出版社,1982 年版

166. 郑永晓《黄庭坚全集编年辑校》,江西人民出版社,2011 年版

167. 周振甫《文心雕龙今译》,中华书局,1986 年版

168. 周勋初《唐代笔记小说叙录》,凤凰出版社,2008 年版

学位论文:

1. 吕海龙《〈史通〉与刘知幾文史观研究》,上海大学博士学位论文,2011 年

2. 林时民《刘知幾及其〈史通〉》,台湾师范大学硕士学位论文,1982 年

3. 张卫宏《萧颖士研究》,西北大学博士学位论文,2007 年

期刊论文:

1. 陈飞《唐代"射策"与"对策"辨略》,《清华大学学报》,2008 年第

1 期

2. 傅振伦《〈史通〉版本源流考》,《图书馆》,1962 年第 1 期

3. 傅道彬《"六经皆文"与周代经典文本的诗学解读》,《文学遗产》,2010 年第 5 期

4. 宫廷璋《刘知幾〈史通〉之文学概论》,《师大月刊》,1933 年第 2 期

5. 胡大浚《梁肃的文学观》,《甘肃广播电视大学学报》,2002 年第 3 期

6. 韩云波《刘知幾〈史通〉与"小说"观念的系统化——兼论唐传奇文体发生过程中小说与历史的关系》,《西南师范大学学报》,2001 年第 2 期

7. 李振东《刘知幾的文论》,《燕大月刊》,1928 年第 2 期

8. 李少雍《刘知幾与古文运动》,《文学评论》,1990 年第 1 期

9. 吕海龙《论"文史两分"认识的三阶段》,《齐鲁学刊》,2011 年第 2 期

10. 谭帆《论中国古代小说文体研究的四种关系》,《学术月刊》,2013 年第 11 期

11. 王家吉《刘知幾文学的我见》,《晨光》,1924 年第 2 期

12. 王春南《〈史通〉征引古籍及其存佚》,《南京大学学报》,1986 年增刊(社会科学文集)

13. 王齐洲《刘知幾与胡应麟小说分类思想之比较》,《江海学刊》,2007 年第 3 期

14. 王燕华,俞钢《刘知幾〈史通〉的笔记小说观念》,《上海师范大学学报》,2008 年第 11 期

15. 王嘉川《郭孔延〈史通评释〉编纂考》,《扬州大学学报》,2017 年第 1 期

16. 吴荣政《刘知幾〈史通〉评述书目考》,《湘潭大学学报》,1993 年第 3 期

17. 肖芃《〈史通〉的散文观与小说观述评》,《湘潭师范学院学报》,
　　2000 年第 4 期

18. 杨庆存《黄庭坚"点铁成金"、"夺胎换骨"说新论》,《齐鲁学刊》,
　　1992 年第 1 期

19. 杨树增《中国古代文史的分合》,《齐鲁学刊》,2003 年第 6 期

20. 杨文信《〈史通〉善本综述:以明清两代刊本、钞本为中心》,《明
　　清史集刊》,2001 年第 5 期

21. 张锡厚《刘知幾的文学批评》,《四川师范大学学报》,1980 年第
　　4 期

22. 张新民《史通版本源流考》,《中国历史文献研究》,1990 年第
　　3 期

23. 张玉璞《刘知幾文史观简论》,《江西社会科学》,1993 年第
　　12 期

24. 朱政惠《海外学者对中国史学的研究及其思考》,《史林》,2006
　　年第 4 期

报纸文章:

1. 白寿彝《刘知幾论文风》,《文汇报》,1961 年 4 月 18 日

2. 李洪岩《华好九章论史学》,《中华读书报》,2006 年 6 月 21 日

3. 吕景胜,郭晓来《科研政策导向:社科研究应重视本土化》,《光
　　明日报》,2014 年 12 月 22 日